总　　编　谭维克
副 总 编　许传玺　赵　弘

中外人文精神研究

第九辑

主　编　杜丽燕
副主编　程倩春
执行主编　孙　伟　王双洪　王玉峰　王　杰

人民出版社

《中外人文精神研究》编委会

总　　编　谭维克
副 总 编　许传玺　赵　弘
委　　员　刘牧雨　戚本超　周　航　殷爱平
主　　编　杜丽燕　程倩春
执行主编　孙　伟　王双洪　王玉峰　王　杰
编　　辑　梁劲泰　刘　东　郝　苑　李婉莉

目　录

中华精气神

中华人文信仰之当代重建 ………………………………………… 傅永吉／3
德性何以致福？——从《尚书》到《孟子》 …………………… 孙　伟／18
比较视域下的林兆恩格物致知解 ………………………………… 王　杰／27
元代对陶渊明价值再认识 ………………………………………… 傅秋爽／37
蔡元培的大学理念与陈独秀的新人生观——兼论新文化运动的精神 … 胡　军／49
革命与再生：朱谦之与五四新文化运动 ………………………… 季剑青／60
在复原历史中寻求共生——蓝博洲的《幌马车之歌》的存在意义 ……… 陈　言／67

西洋精华

苦难世界——赫西俄德思想的底色 ……………………………… 杜丽燕／79
论家庭与城邦之间的张力——从一种西方古典政治哲学的视角来看 … 王玉峰／91
西方马克思主义与黑格尔哲学相关性分析——以卢卡奇和霍耐特为例 … 黄小寒／99
梅洛-庞蒂与胡塞尔时间观比较研究 ……………………………… 李婉莉／108
梦想的变奏——美国文学中的美国梦 …………………………… 王双洪／118

给我一个支点

达尔文与赫胥黎在进化观上的分歧 ……………………………… 程倩春／127

海外中国学

孙文的中国革命方案——"由于中国人自由太多，所以中国要革命"
………………………………………………………… 安富步著　王杰译／139

社会视野

践行篇:参与式治理过程中的公民性 …………………………… 缪　青／157
新媒体背景下公民参与地方治理方式研究 ……………… 郑戈溪　崔　晶／177
转型期有序引导和培育社会心态的路径 ………………………… 刘　东／187
关注"塔西佗陷阱"与重视相关的负面社会心态 ………… 刘　东　丁　青／195

中华精气神

中华人文信仰之当代重建

傅永吉[①]

一

中华民族在数千年前,在人类文明的轴心时代早期(西周初年),即完成从夏商两代无条件崇拜天神而迅速转向"人的发现"、"人性觉醒"的文化大转折,诸子蜂起,百家争鸣,遂有强烈的卓具特色的人文精神之初成。历代先贤前仆后继,对人之为人所特具的精神价值、生命意义的系统探求,直指人类的族类本质——人作为万物之灵所特有的"半神"属性,期图以家族血缘亲情根脉传承为基轴,以士大夫(儒林)与士绅阶级为骨干(承载与担当之人群),以道义担当精神为生命引领,以仁德政治(并辅以刑罚惩治)为调整、约束现实人际关系的制度理性,综而合之,遂建构(并逐步完善)起独特的中华人文信仰传统。

近代以来,中华人文信仰传统屡挫屡奋,于西风狂烈之极端恶劣之逆境中寻求再崛起之良机。唐君毅、牟宗三等现代新儒家大贤大德,以儒家仁德政治为内核,直面欧美现代文明的强烈冲击和挑战,秉承孔孟儒学之传统,强调以仁、义、礼等实践理性引领、驾驭、规范物质利益等功利、实用理性诉求,彰显、高扬"天人合德"、"为天地立心"等中华人文智慧旗帜,将悠久、博大、厚重的中华人文传统资源疏浚、激活,积极吸纳民主、科学等现代人文精神,在激情碰撞、交锋中寻求对话、会通、交融之可能,尝试开创置根于中华人文传统的独具特质的现代性,亦可视为儒学现代转型与复兴之次第展开、铺陈。

在中华独特的心性哲学基础上,欲使以儒学(儒家哲学)为理性凭依的礼乐教化制度,在现代工业文明(工业生产和城市生活)这一全新物质基础上,在"不离日用"的庸常生活中抵达人性至善、完美之境,在人文精神的统领下,实现其他信仰(主要是宗教信仰)所追求的"大德大量"之精神生活主导、引领的日常生活世界,在共享现代物质文明、政治文明等诸多成果的同时,保持人类走向崇高、神圣的生命路径与方向,造就普遍"有德、成功、幸福"的现实生活。这即是中华五千年文明以现实生活为基而追求精神

[①] 作者系北京东方道德研究所所长。

之超越的独特人文信仰之特质,亦即中国人素来于世俗生活中寻求超越平庸向往君子人格并"希贤希圣"之趋于崇高神圣之精神生活追求之凝结,是为中华民族独有之群体文化基因,传承于精英并普及于大众,而有小康、大同理想之境之日常趋近,亦必是当下举国同做的"中国梦"应有之义。

二

论及信仰,必先涉及人之本质问题。人是什么? 可视为千古文化之谜,先贤大德物议纷纭,似不可得其确切、唯一之定义。

马克思在《资本论》第五章阐述劳动资料的作用时,提到了富兰克林关于"人"的定义:"劳动资料的使用和创造,虽然就其萌芽状态来说已为某几种动物所固有,但是这毕竟是人类劳动过程独有的特征,所以富兰克林给人下的定义是'a toolmaking animal',制造工具的动物。"[①]这句话被一些人误读、曲解,有专家给人下的定义就是"人是能制造并使用工具的动物",并认定这就是马克思的本意。制造并使用工具,确实是人与猿的重要区别,毛泽东诗云:"人猿相揖别,有几块石头磨过。"对此,恩格斯曾说:"没有一只猿手曾经制造过一把哪怕是最粗笨的石刀"[②]。人手与猿爪之区别,固与打磨石头相关,并造成人从猿类中分化、进化而成为独特的物种,在此意义上,可发现并清晰描绘人与猿猴之间的最基本、最初步的本质区别;然而,制造并使用工具仅仅是人与猿等动物区别之开始,而远非其完成。因此,在人与自然的关系中,在生产力之构成要素之意义上,对人类之本质做一种粗略的定义(界定),称人是能制造并使用工具的高级动物,有其相对的或初级的合理性。然而,人毕竟是社会关系的产物,生产力所标志的人与自然的关系固然是人的社会关系的基础甚或源泉,但生产关系毕竟仅仅是人与人之间最基本的社会关系,源于人与自然之关系而高于之,更有建立在经济关系之上并调控、驾驭之的政治关系与文化关系,复构成全面、复杂的人类社会关系。诚如马克思所言:"人即使不像亚里士多德所说的那样,天生是政治动物,无论如何也天生是社会动物"[③]。由此而寻求界定人之族类本质,方才初窥门径,即群体生活的社会性,即经济政治文化一体化综合的族类本质,才是人区别于其他动物的本质所在,或谓之:人称得上是"天生的市民"——必有群体生活的社会动物。所以,马克思断言:"人的本质不

---

① 《马克思恩格斯选集》第2卷,人民出版社2012年版,第172页。
② 《马克思恩格斯全集》第20卷,人民出版社1971年版,第510页。
③ 《马克思恩格斯全集》第44卷,人民出版社2001年版,第379页。

是单个人所固有的抽象物,在其现实性上,它是一切社会关系的总和。"①人之社会关系固必首先是经济关系,即人与人之间在经济生产中的地位和作用之界定、区分与相互关系的现实体系,至于制造和运用生产工具进行劳动或如所谓改造和支配自然而利用之,则是人的社会关系的前提与基础,不可忽视之,亦不可夸大之。在人之现实关系中,则尤不可拘束于人类相互关系中的经济特征的偏狭视角,而必须在更广阔的人文视野中观照,即在人的社会关系的总体性中观照,才能更确切地把握人性的本质或人类的本质。由是,我们可以回答:人是经济动物吗?人是政治动物吗?人是文化动物吗?对这三个问题,给出的答案或必须是:人既是经济动物,复是政治动物,更是文化动物。如果说经济生产之关系是人类的初级本质的话,那么政治关系则是人类的次高级本质,而人类的更高级本质则须从道德文化视角或高度俯瞰,循此路向探索,才可能发现人之族类的最高本质。兹试行对人做如下定义:能制造并使用工具并享有政治和文化生活的道德文化动物。质而言之,无论是人类总体还是每一个体,都是经济政治文化的综合圆融之有机整体,而在最高本质上,人必是文化(道德)的存在物。

众所周知,文化可有狭义与广义两种理解。广义理解的文化,即是人类一切创造的总和,包括物质文明、政治文明和精神文明于其中,为一广大的综合。狭义理解的文化,则单指人类精神生活及其成果的集合。在此意义上,文化就是人之族类精神的全部活动及其表现与创造。

我们所谓"人之文化特质",系从狭义理解的文化角度审视并理解人性,所聚焦者,是人类最独特之禀赋,即所谓"神性"或"半神之性"。诚如西谚所云:"人,一半是野兽,一半是天使"。人不仅具有与动物相同之情欲本能,尤其具有其他动物所无之理性与超理性之天赋(如康德所谓人之先验本质,即实践理性之特质)。

于是人不仅超越于动物及其他存在物,而且本质上自具"超人"之特性,即:人是宇宙间唯一具备自我超越(兼具自我超越意识、意志及相应能力)之最高灵长类;能为天地立心而有主体性与主体际性之沛然自觉。人因理性而能超越于万物之上。万物皆为天之所生、地之所养,在此意义上,人与万物类同。而人之性,远不止于此。人因制造并使用工具的劳动从而从高级动物进一步超拔出来,在此过程中,动物的感觉和心理因人类的群体生存方式而发生质变,飞跃而升华为人特有的理性(抽象)思维能力,即认识、把握事物的本质、规律并据以指导实践活动的能力,从而由自在自为的本能原欲驱动型存在物,提升为自觉自由的实践理性驱动型存在物,是为灵长类中的灵长。恩格斯说,思维是地球上最美丽的花朵。"一个民族要想站在科学的最高峰,就一刻也不能没有

---

① 《马克思恩格斯选集》第1卷,人民出版社2012年版,第135页。

理论思维。"①马克思则说："光是思想力求成为现实是不够的,现实本身应当力求趋向思想"。②"理论只要说服人,就能掌握群众;而理论只要彻底,就能说服人。所谓彻底,就是抓住事物的根本。而人的根本就是人本身。"③这是马克思主义有关精神文化属性对于人类生存发展之独特价值的中肯评价。

三

重新审视人类社会群体生活所造作出的独特精神文化生活对于人类而言所独具的精神价值与生命意义表达的特殊性,方可对人性有真切之理解。在这一视野中,物质的实用的功利诉求是等而次之甚至是(在某种推至逻辑的极端的理性视域中审视)可有可无——毫无价值:人的精神生活在至高点上,以绝弃于物质的肉体的存在从而彰显其高超、神妙之境。然则,以粗俗的物质、功利、实用等流行俗文化立场审视,则永远不可能真正理解人类特有的信仰诉求所必不可少或最为亟需的超越性(精神)诉求,因为任何的市侩主义都不可能有虔诚的宗教信仰。当代盛行的摒弃人类的神性之维的彻底的(极端的)市侩主义,只能在权力、金钱、暴力、色欲等低俗层次构筑欲望贲张的市井"信仰",即各种权力拜物教、金钱拜物教、暴力拜物教、情色拜物教。这也正是我们这个时代的巨大困惑。

人类信仰诉求的核心内涵是什么,就是人所特有的超越性追诉,而这种诉求在本质上是精神的。这种人特有的精神诉求在其至高点上必是超物质的,也必是超理性的。因之,本文认为,虔诚信仰是人类的本质属性,并且是最高妙、最重要的层面与维度,即人类之超理性特质——人类建构于理性思维能力之上的另一重(层次、层面)族类本质。

近代以来,人性遭遇反复"祛魅"的精神上的自我阉割的怪异历程,于是人类整体处于日益几近疯狂地追求本能原欲释放、发泄的物质化、功利化、实用化、世俗化的下降通道中。时至今日,剑走偏锋的旁门左道甚至歪门邪道成为时尚与主流,各种不择手段的厚黑主义(阴谋主义)、极端市侩(市井无赖流氓)主义堂而皇之地招摇过市,吸引着人们的眼球,冒充为主流文化,毒化着人们的心灵。人类进入文明时代以来曾持续强化的对体面、尊严的诉求,被消解饿死殆尽。人文生态已极度恶化,精神之癌在大肆传播。人性被物化、异化——人的精神世界被反复低俗化、纨绔化、侏儒化、市侩化直至禽兽

---

① 《马克思恩格斯选集》第3卷,人民出版社2012年版,第875页。
② 《马克思恩格斯选集》第3卷,人民出版社2012年版,第11页。
③ 《马克思恩格斯选集》第1卷,人民出版社2012年版,第10页。

化。对权力、金钱、暴力、色欲的崇拜早已登峰造极,物质的占有、消耗、挥霍,物欲的满足被定义人生的唯一、至高的意义。在本质上,这一人文沉沦、人性堕落的恶果,是以丧失、放弃人之为人的特有的人文信仰之维、人的道德文化特质为显性前提和沉重代价的。这是19世纪、20世纪以来西方文化"升格"(实为僭越)为人类文化主流并试图引领人类文明方向之后,人之族类全体所遭遇的最荒谬的悖论。

在这样直趋堕落、无限沉沦的人文环境下,无论是西方还是东方,都出现了信仰泛市场化之邪恶趣向。宗教信仰成为某种可以用金钱来衡量和交换的文化商品,欧美国家许多教堂越来越像现金交易的粗鄙、简陋的文化超市,而中国的佛寺道观则近乎全然被嫁接在旅游经济上,成为无良商人大赚昧心钱财的另类商场。

对此文化变异,唐君毅早在20世纪中叶就曾痛切指出:"以为真宗教精神即求神扶助时,并以祈祷神相助为宗教生活之主要内容时,人根本误解了宗教精神,而过着一堕落的宗教生活。……一般人以宗教信仰,保障人之世俗事业之成功之意味更强,却更代表一宗教精神的平凡化与衰落"[①]。此判甚为确当。

四

在此,本文想重申多年来有关"物质与精神"关系思考的一个粗浅心得:物质为基础,精神为主导。

人类享有物质生活与精神生活,以宇宙间唯一得享双重生活的超级灵长类而生存于天地之间。物质生活与精神生活之关系,呈多重、复杂之纠结势,物质生活并不简单决定精神生活,精神生活更非仅仅是物质生活之粗陋附丽。人之生存,必以肉体之存在为前提,因之,物质生活是人之全部生命活动与价值创造之基础,犹如动物之躯干。而精神生命(精神生活)则标示人之族类存在的独特性,是人之全部生命活动与价值创造之引领中枢、主导力量,犹如动物之头脑。质言之,超越于物质生活而享受精神生活这一生命之至乐,正是人之族类的最高级特质(或至少最为高妙之特质之一)。就信仰之维谈论所谓的内在超越性,其重要意义或主要涵义,亦在于此。

儒家对此问题的处置,对于现代中国人恰当地处置物质生活(肉体生命)与精神生活(心灵生命)关系,依旧具深刻而不可替代启示意义。对于人类首要地必须作为肉体生命而存在因而其最基本的生活必具物质性,儒家亦有郑重之体认与高度之重视。孔

[①] 唐君毅:《文化意识宇宙的探索》,中国广播出版社1992年版,第271页。

子说:"饮食男女,人之大欲存焉。死亡贫苦,人之大恶存焉。故欲恶者,心之大端也。"①又说,"富与贵,是人之所欲也。……贫与贱,是人之所恶也"②。还说:"吾未见好德如好色者也"③。这都是对人的肉体性、生理性存在与相应需求(合理的欲望、本能的合理满足)的中肯认知、界定。质言之,儒家从来不否认也不轻视更不忽视物质生活对人类现实生命的重要性。在《论语·乡党篇》中,记述孔子许多言行,涉及日常生活,兹引述一二:

食不厌精,脍不厌细。食饐而餲,鱼馁而肉败,不食。色恶,不食。臭恶,不食。失饪,不食。不时,不食。割不正,不食。不得其酱,不食。肉虽多,不使胜食气。惟酒无量,不及乱。沽酒市脯不食。不撤姜食,不多食。

这里孔子谈论合于礼制的日常生活中,饮食起居有许多讲究。如"食不厌精,脍不厌细",如"色恶,不食。臭恶,不食。失饪,不食。不时,不食。割不正,不食。不得其酱,不食。"再如"惟酒无量,不及乱"。浅显易懂,不必解释。这里所呈现的是一个活色生香、热爱生活且极讲究品位、充满情趣的性情孔子。这当是孔子担任中都宰到大司寇那段"春风得意"的从政生涯时物质生活的写照:礼制下的富贵,就在身边,适当享受,合于常情常理。因而,孔子及其原始儒学绝不在任何意义上倾向于禁欲主义。当然,孔子儒学更不是纵欲主义,毋宁说恰恰相反,孔子所创原始儒学对纵欲主义持极端鄙视之态度。孔子认为人的现实生活,必在禁欲与纵欲之间那条"中道",即节制、引领、驾驭物欲而高扬精神生命价值的仁德之道。孔子曾说:"乐而不淫,哀而不伤"④。这是他评价《关雎》时的感想,大可视为孔子和儒家处置物质生活与精神生活关系之基本准则。孔子是持道人生中道的楷模,无论物质生活抑或精神生活,都是如此。

在儒家所特别重视的社会公共生活即"为政"这一层面,孔孟荀等原始儒家圣贤,对民众的物质生活之重视,亦同样显而易见。他们一脉相承地反复强调"为政"的基本(首要)内涵包括"富民"、"养民"、"安民"、"惠民"、"博施于民而能惠众",其实谈论的就是一件事:领导(带领)民众解决好物质生活基础。孔子还专门讲论"为政"的三要素:"足兵,足食,民信之"⑤。后世儒家重视富国强兵、经世致用,概渊源于此。孔子适卫,看到那里人口众多,曾发出先"富之"复"教之"的为政理想。孟子在与梁惠王讨论"王道"时,曾详论为政的首要责任("王道之始"),他说:"不违农时,谷不可胜食也;数

---

① (汉)郑玄注、(唐)孔颖达疏:《礼记正义》,北京大学出版社1999年版,第689页。
② 参见《论语·里仁》。
③ 参见《论语·子罕》。
④ 参见《论语·八佾》。
⑤ 参见《论语·颜渊》。

罟不入洿池,鱼鳖不可胜食也;斧斤以时入山林,材木不可胜用也。谷与鱼鳖不可胜食,材木不可胜用,是使民养生丧死无憾也。养生丧死无憾,王道之始也。"接着又具体发挥道:"五亩之宅,树之以桑,五十者可以衣帛矣。鸡豚狗彘之畜,无失其时,七十者可以食肉矣。百亩之田,勿夺其时,数口之家可以无饥矣。"他明言:"七十者衣帛食肉,黎民不饥不寒,然而不王者,未之有也。"①解决好老百姓衣食住行等基本生计问题,就是行王道的最基本内涵。这其实都可以视为对孔子"因民之所利而利之"的发挥:"为政"首务就是为百姓谋物质生活利益,用今天的话说就是"为人民服务"。

荀子则撰有《富国》《议兵》《强国》等篇,专门地系统阐发孔孟有关富国强兵等治国理念。且看荀子在《富国篇》中的论断:"足国之道:节用裕民,而善臧其余。节用以礼,裕民以政。彼裕民,故多余。裕民则民富,民富则田肥以易,田肥以易则出实百倍。上以法取焉,而下以礼节用之,余若丘山,不时焚烧,无所臧之。夫君子奚患乎无余?故知节用裕民,则必有仁圣贤良之名,而且有富厚丘山之积矣。此无他故焉,生于节用裕民也。不知节用裕民则民贫,民贫则田瘠以秽,田瘠以秽则出实不半;上虽好取侵夺,犹将寡获也。而或以无礼节用之,则必有贪利纠譑之名,而且有空虚穷乏之实矣。此无他故焉,不知节用裕民也。康诰曰:'弘覆乎天,若德裕乃身。'此之谓也。"②。

在《强国篇》中,荀子说:"古者明主之举大事,立大功也,大事已博,大功已立,则君享其成,群臣享其功,士大夫益爵,官人益秩,庶人益禄。是以为善者劝,为不善者沮,上下一心,三军同力,是以百事成,而功名大也。"③这段话,可理解将物质利益作为基本标杆而治理国家之一法(常道常法之一),与今天以经济生产为国家建设与现代化之基础、根脉,完全契合。由此而理悟到儒家治国方略包含"物质为基础"理念,甚为确当。

显然,无论任何时代、任何国家,人先必有现实之物质生活,必有功利、实用等世俗、庸常之生活内涵,人们的基本的或正常的本能、原欲得到制度性满足(在制度框架内的满足——合情合理合法之满足),在此种原初含义上,也具有其天然的必然性与合理性。政治制度与文化生活,都不可与人生这一基本层面相悖,才具基本的正向的价值、意义。

当然,本文之议论,主旨并不在此。必须郑重指出(重申),以本文立场,就人之生命活动与价值创造之总体而言,物质财富之生产、分配(占有、分享)只是某种必不可少的前提、基础。也就是说,物质生活对于人类的生命意义、价值而言,仅仅构成某种器物层面的支撑、基础,即非人的族类生活的全部,亦非人生最重要与最有价值(意义)的部

---

① 参见《孟子》梁惠王上。
② (清)王先谦:《荀子集解》,中华书局1988年版,第177—178页。
③ 同上书,第295—296页。

分。在维系肉体存在及整个生命运行之基础这层意义上，物质、实用、功利都很重要，不可或缺，也值得珍重。因而，人生在世必须足够重视物质生活的价值和意义，这是生活常识，不必赘言。需要强调的是，人的族类生活实具丰富性、多样性、多层级性、富超越性等特质，物质、实用、功利之支撑之获取与保障只是重要之一维，必有此基础与支撑，才可能有正常的政治和文化生活之开展。然而，有此基础、支撑之后，或在此基础与支撑之上，真正的人生才开始，然而也仅仅才刚刚开始（肇始）。

五

中国文化传统中拥有强烈的拒斥极端的庸俗的功利主义的人文资源，表现为一种悠久而执着的道德理想主义。除儒家之外，道家在这方面亦毫不逊色，从某一视角审视，或更胜一筹。

先秦道家哲学的集大成者庄子提出"以道观物"的齐物论，以"天地与我并生，而万物与我为一"的眼界观察世界，并高调提倡："若夫乘道德而浮游则不然，无誉无訾，一龙一蛇，与时俱化，而无肯专为。一上一下，以和为量，浮游乎万物之祖。物物而不物于物，则胡可得而累邪！"[①]这是对人类以精神为主导的现实生活所内具的人格自由的形象表述，足令现代人在物欲横流面前，大可保持足够的清醒与矜持，并由此而寻求现实的精神超脱和文化解放。

显然，享受现代物质文明而不为物欲所吞没，不因贪婪于物质享乐而堕落，是为现代化生活的基本目标——初级目标。这种精神需求提醒人们要对近现代以来流行的物质主义、功利主义、实用主义等次生伦理（以下以"功利主义"代称之）保持审慎批判的立场。功利主义试图在市场本身以及人的功利活动中为道德寻求一种根本支撑。这种伦理观因其更加地贴近庸常的经济生活实际而易于为大众所理解和接受。因此，实行市场经济原则或制度的国家总是或多或少地（或自然而然地）实行功利主义原则的国家。

必须指出的是，功利主义属于次生伦理，并非人类行为的最高原则。在功利诉求之前、之上，人类首先要关照"仁爱"、"道义"等超验原则，或具体地说，诸如儒家所强调的"仁义礼智信勇中和"等无条件（绝对）的向善原则；如果功利诉求与道义原则发生冲突，人们应无条件地选择道义，或者说除了道义原则的绝对（无条件）优先，人类别无选择。换言之，只是在坚守道义原则的前提下，才有言说功利的余地。质言之，功利主义

[①] 参见《道德经》第三十章。

的所谓道德是有条件的,即康德所指出的"假言命令",其格式是:如果……那么……。在功利主义的视野中,道德变成一种利益的零和博弈,在经济伦理或商业伦理的狭小范围内,这样的选择或许拥有一定的必然性,但纳入广大的社会生活视野,在广义人伦的人文环境视域中审视,将功利置于首要或最高的位置,势必透露出无尽的怪异、总体之荒诞。

就人类的文化演进而言,近代以来或实为某种返祖、退化之颓势。质诸功利主义及其变种实用主义的流行,这两种当代典型的伦理思想的粗糙形态的大众化阐示及其与消费主义、肉身主义及物质主义的纠结,并与本土文化糟粕厚黑主义的杂糅交集所滋生出的最新形态的丛林主义,为腐化奢靡的现实生活提供着低俗的精神文化支撑,标示着人类在现代生活中的文化倒退、文明堕落。

物质上的富足而简朴,精神上的丰富、充实而雅致,是中国传统理想人格的重要特征之一,也是前现代社会中人类具共性的生存理念。我们主张以现代物质丰裕为基础,更加积极主动地追寻文化上返璞归真的向上冲动,主动避免现代性的诸多文化流弊而及早向后现代之以精神文化为主体的生存样态跨越、飞跃,从而引导人们自觉并自然地减少、降低对物质的期求,"物物而不物与物",分享现代物质文明成果并游刃有余地驾驭之,而能自如地追求一种"近乎纯粹"(扬弃物役、超越异化)的精神生活,追随精神生命的升华,走向普遍的崇高、神圣,如此地变革人们的生存趣味,历经足够时间的积淀,可以大幅度地提高人们的生活质量,增加人的快乐度、幸福度、美满度。因之,积极建构有现代君子和谐人格——具批判精神、淡化物质欲望而追求精神生命意蕴之自由而全面发展的人格,树立现代理想人格范式,并通过持续的舆论引导和人文营造,引领人们从容、淡定地步入物质生活上丰裕殷实、精神生活上丰富充实的现代君子生命之境,是现代性人文生态再造的核心命题。于是,以一代新人之君子人格的内和谐而生成全社会的普遍和谐以至全世界全人类的和谐,美好的理想生存境界亦由此而生矣。

细细体会庄子"物物而不物于物"论断的深思,即可体会(理悟、觉解),人类生活必须基于物质,然而又大可不受制于物质——完全可以做到不为流俗所累,更不做物欲的奴隶,唯其如此,人方才有机会成长为真人、至人等,也就是日益趋近理想的、健全的或健康的人格状态。

现代人不妨以庄子"物物而不物于物"为生命指归,而在实践上又便宜行事——采取积极入世的儒学方案,享受现代物质文明而不为物欲所吞没,不因贪婪于物质享乐而堕落,是为人自身现代化的基本(核心)目标,并作为攀援人类精神生命之华丽绚彩之阶梯、步入神圣之精神殿堂之现代门径。

六

显然,在现代性或现代化这一特定视域中,讨论人之为人物质生活与精神生活之关系问题,确有必要,又有相当之难度。因为,现代化对于中国而言无疑仍是"进行时",处在这个漫长过程的中早期,远远没有完成。在这样的现实情境下从理论上探讨并在行动中尝试中华人文信仰之复兴,就必须采取相对审慎的态度和渐进式的温和方式。由是,中华人文信仰复兴之最为现实而重要而光荣而沉重的使命就是:基于正在生成的现代性情境,重构人类(首先是中华族类)的生命意义,即张横渠所谓"为生民立命"。安身而立命——先安身后立命。安身是解决生存和发展诸基础性问题,立命则是超越于生存发展之上的更高层面的生命意义的解读(阐发)和落实。中华人文信仰作为中国特色之生命大智慧和历经数千年锤炼的实践理性——道德形而上学,其根基即在中国人的日常生活中,其精华即溶化在中华民族每一成员的血脉骨髓(族类文化性格)中。由是,我们可以确信,作为一种道德实践理性的中华人文信仰从未远去。

在以现代性的诸种器物之变而获得了生存的相对稳定的物质基础比较坚实的支撑之后,生命的精神价值已再次耸然凸显。将现代性之工业经济、城市生活、民主政治、世俗社会等诸种理念(要素)整合于中华人文信仰之中,弥补器物之学不足的缺陷,可成就中华人文信仰具现代性特质的灵肉一体之大成和谐。人文信仰之复兴不是在守旧、倒退、复古那样的原始意蕴中与现代性之冲撞、角力中寻找出路,而是在自我革新、自我完善即在保持自身本性(特质)前提下与现代性最大限度地契合的路径下寻找为当代社会服务的实际路径和接口。

冯友兰先生曾指出:"中国传统哲学的主要精神,……既是现世的,又是出世的。……既是理想主义的,又是现实主义的;既讲求实际,又不浮浅。""中国的圣人不是不食人间烟火、漫游山林、独善其身;他的品格可以用'内圣外王'来刻画"[①],他还说:"中国的圣人既有入世性,又有出世性,而中国哲学则既是入世的,又是出世的……对超越当下实际世界的东西的渴望是人类内在的愿望,此乃一种规律,中国人也不例外。他们一直对宗教关心不太多,因为他们一直对哲学关心得很多。他们不是宗教性的,因为他们是哲学性的。在哲学中,他们满足了对超越当下实际世界的渴求。也是在哲学中,他们表述和欣赏着超道德的价值,而且在以哲学为依据的生活中,他们体验着

---

① 《中国哲学简史》,新世界出版社2004年版,第7页。

这些超道德的价值。"①

仅就泛泛之人生而言,必以精神生活为主体与主导,必以真善美之追诉为核心内涵,必以良好的人际关系之营造为鹄的,必在仁德修养之引领下,以精神家园的丰富、充实、雅致为主要目标,这即是儒家所倡导的"君子上达"的生命路径。而就士君子等精英人群而言,则以物质为基础并以精神为主导的生命价值诉求,则是入世入仕等社会生活的起点。融入社会之大命,人的价值之实现才得以开始。

就更其广泛的社会生活而言,我们所讨论的中华人文信仰这一独特传统,对于中国人而言,所提供的则是向内开掘良知良能(善良根性、仁爱美德)这一人生意义、生命价值的自我设定与生成的路径引导,即做人、成人之最重要、最可贵的内资源的自我探究与自我实现,即人之族类独有的精神文化生活所内在必然趋向的超越性,即超越于个体(甚至特定群体)暂时存在性的不朽诉求,亦即建构在世俗生活的体面与尊严之上的人类所特有的精神趋于永恒与神圣之强烈期许的天然诉求,在这样一个向度上发现并实现有限的肉体生命的价值和意义,追求人生"效益"之最大化,在成长为士君子并"希贤希圣"且成贤成圣的道路上攀援,并享受人之为人——人类探寻生存价值、意义这一最恒久的生命冲动中的至乐(狂喜)。如是,则可理解人因拥有"半神"之性而足以获得人文信仰为内在支撑所附带的无可替代的精神"效益"。精神文化之效益(利益)才是真正属人的效益。

七

借用黑格尔的概念,本文在此愿如此表述:精神是物质的辩证否定——扬弃。因造作出人类的抽象思维为代表的精神文化现象,物质得以实施(完成)最具自戕意义的自我否定。对高妙至极、直逼云天的形而上之沉思、冥想、洞察,求真、向善、审美,成为精神——物质的最新颖、最高妙、最完美之衍生物——的终极追求的某种完成(实现)方式。

在一种意义上说,世俗的物质的实用的功利的支撑,亦即人的肉体生命的存在与延续,足可构成人享有体面、尊严的某种初级然而必需的保障;而在另外一种意义上说,人的高端的或至高的体面与尊严的保持与彰显,在并非偶然(或绝无仅有)的特定情境下,甚至要以这一切世俗的物质的实用的功利的支撑之否定与主动放弃为某种媒介、前

---

① 冯友兰:《中国哲学》,第6、340页。转引自[韩]黄秉泰:《儒学与现代化——中日韩儒学比较研究》,社会科学文献出版社1995年版,第505页。

提、代价。这一否定的一种形态是消极的,而另一种形态则是积极的。

　　人类对高品质的精神生活之追求,从而对耽恋于物质生活的粗陋生存状态的否定,其消极形态有二,在传统生活中曾表现为某种装模作样(矫情、伪饰)的禁欲主义,而任何虚伪的禁欲都以其反面即纵欲为孪生体。我们在西方中世纪可以看到这种禁欲主义与纵欲主义并蒂联体的怪胎,而在当代非理性主义猖獗滥行时代,人类生活中则逐渐演化(堕落)为纵欲主义流行、肆滥的邪恶样态,放浪淫荡奢靡的各路土豪、市侩是为代表。这一切莫不透露着人性原始欲望所自发趋向的堕落、沉沦的粗陋文化趣味——人性中固有魔鬼之性的恣纵。这是19世纪以来非理性主义滥觞的恶果,是人类自我毁灭式的消极否定路径。

　　然而,人类对于自身所必不可少的物质与功利诉求之实现,并非仅此一条非理性的自我放纵的消极形态的否定路径可为任侬。事实上,另一条理性的积极的以人性之原欲本能的自我约束、自我升华为特质的否定路径,才导向生命意义的合理开掘、释放。这即是原始儒家所倡导的"从容中道"的节欲主义——中华历代精英群体所信奉与秉承的不走极端、力求不偏不倚的中庸之道或"中和"之道。

　　当代之中国人文信仰之重建,必以人之为人对自己族类之独特精神之信仰为某种终极目标,又以这一信仰的初步康复为起始条件。在核心价值观的培育与践行的努力中,我们看到了人性复魅的踪迹。近代以来,欧美社会率先"祛魅",尼采在20世纪门槛处曾作惊天动地之一叹:"上帝死了!"到20世纪80年代,法国大哲福柯在审视了后尼采时代人类社会运动的怪异状况后则大发悲声:"人也死了!"上帝之死是宗教改革的某种后果。而人之死则是原欲本能激情放纵而人类禽兽化的"杰作"。神性的丧失之后,人性亦复不再。岂不可悲之至! 反身而观,中华民族壮士断腕、挥刀自宫式的"文化祛魅"也已经有百多年的历程。物欲横流的市侩化、禽兽化的怪异风景昭示着,复魅已经成为此时代至为迫切的必须。虔诚的牺牲、奉献、殉道精神,在其他文明中或通常以宗教信仰之方式以表达,在中国,则以"仁德"信仰即人性自我完善的人文信仰为主要的基本的表达方式、实现路径。它是非宗教的,因为它并不诉诸外在的超越性的神灵权威;但其基于具内在超越性的对良知良能的虔诚之笃信与坚定践行,却显现出某种类宗教性,所标志的则是人类必有(必不可少)的、人作为人而存在之前提、本根的超越性精神诉求。人性之复魅,就是人性之半神属性之再发现、再唤醒、再激活,其现实的表达方式或实现路径就是本文所谓中华人文信仰的现代再造与复兴。如此人文家园的修复工程,必是核心价值观的重塑工程,必须经由具人文操守、道义担当(具强烈奉献牺牲殉道精神)的士君子群体的现代再生,方能由虚化实、落地生根(美梦成真)。

八

道德文化属性，其最高层面，即人类内在超越性之精神诉求。道德之初级层面直指具体的物质利益等，在功利主义、实用主义层面，欲望亦不失为人之基本或初级德性的某种物性支撑。在这种意义上，拒绝损人利己地获取并分享物质财富，即是道德的（功不违背于道德律的）。这自然是初步的，最基本的道德之觉解，是对禽兽之野性、原欲的最初超越之尝试并告捷之精神果实。

显然，人性之发育不能过久地停滞在如此低俗层面，"上达"①是人性天然而内在的精神诉求，是至为强烈的生命律动。随人性之向上发育，主体性之勃发，必有主体际性的相应冲动，德性与物欲之间的张力亦必渐强渐显。人文教化之功，即在辅助、促进个体激发出道德文化之自觉，通过"文、行、忠、信"②的启迪与践行而有道德智慧的沛然自启、涌流。于是有道德文化性的自觉开发——人品的提升、心性的升华，并意味着禽兽性被抑制、弱化，而人之族类之内在神圣性（善良根性、仁德心性、良知良能）则得到滋育而日益强大。自爱而爱人，利他乐群并利乐众生，如孟子所判："亲亲而仁民，仁民而爱物"③，诚为士君子人群之基本情怀。在关键时刻，仁者（君子）能锐身赴难，不惜"杀身成仁"（孔子）"舍生取义"（孟子），此即奉献牺牲殉道之精神之极致了。

人之利益固具多重、复合之特性。物质利益固为其基本维度，与日常生命之延续直接相关，其庸常价值格外突出。因物质生活的窘迫，而精神生命不得适当（更谈不到充分）发育，自是人生之至大悲哀。物质生活保障之初步解决后，人生所必有的政治利益、精神利益之维度等属人之内具的高端需求，必才渐次显现并日益彰显其重大价值。

由私德（主体性之充分发育为基础之仁德即自爱自保自信自强自律等）之健全，而激发、调理、培植出公德（主体际性健康发育之仁德即利他乐群等）之健全，是个体心性汲取精神营养而得滋育之结果，儒家伦理之核心要诣聚焦于此。

儒家所主张的"与天地合德"④，即"志于道"⑤这一人生大使命的某种充分实现。所志者，实乃"天地人"三才之道——天地人作为客观之存在所具有之本质性、必然性、

---

① 《论语·宪问》："子曰：'君子上达，小人下达。'""子曰：'不怨天，不尤人；下学而上达。知我者其天乎！'"
② 《论语·述而》："子以四教：文、行、忠、信。"
③ 参见《孟子·尽心上》。
④ 《周易·文言》："夫大人者，与天地合其德，与日月合其明，与四时合其序，与鬼神合其凶吉，先天而天弗违，后天而奉天时。"
⑤ 《论语·述而》："志于道，据于德，依于仁，游于艺。"

规律性,即大智慧者所毕生孜孜以求的生命价值之核,所谓"朝闻道,夕死可矣"①。人类对"道"的认知、领悟、闻达、体命,是为"德",所谓"德者,得也"。于是通过"志道"、"闻道",人之精神生命律动可抵达"据于德"而"依于仁"之超凡境界,是为人性特具之"内在之超越性"——半神属性即依据、凭借人之为人的内在的善良根性、仁德心性、良知良能的适当发育,而有对一己之私欲、私利的超越、抑制、引领、驾驭,从而得以走出自私自利、丛林主义等人性泥沼,因私德之发育健全而培植起优良的公德品性,仁爱为代表与总枢之美德得以健康发育而具备近乎完美之健全人格,并因而得以分享人类所唯一而独特的自由律。

  孔子说:"天生德于予"②,说的就是人固有之善良本性之根基,或如孟子所发挥:"仁义礼智非外烁于我,我固有之也"③,所指称者,即人类所固有之良知良能(善良根性或仁德心性)。仁义礼智等美德虽然高妙却不离日常生活,是人人皆生而具有的,即人类长期进化中所积淀起的道德文化本能。这就是"人之初、性本善"的渊源。孔孟荀所创立之原始儒学主张人必须对此善良本性(善根)有清醒的自觉,继而则须有唤醒、激活、开掘之的持之以恒的努力——美德之践行,从而积极地对冲、消解、抑制、调控、引领、驾驭另一类更自发、更强烈的本能(即自然自发地趋向于钱权色等物欲之生物本能、禽兽原欲)。恣情色欲而任良知泯灭,即"小人下达"的堕落、沉沦之途。而以良知良能之发育抵消、对冲原欲本能,不使之泛滥成灾,且能引领、统御、驾驭之,则是"君子上达"的成人(成仁)之路。总体而言,个体及群体之良知良能是否被唤醒、激活、开发并适当或充分地表现出来,很大程度上依赖于社会教化之功是否健康及恰当之发挥。对于大智慧者而言,"我欲仁,斯仁至矣"④,个体之主体性能有(已经抵达)自我发现与开发而成熟而圆融而抵达这样那样的自我实现之境。而对于大多数人而言,则需他人之点化而开悟,教化之功实必不可少。孔子主张先"富之"后"教之"⑤、"博学于文、约之以礼"⑥、"文质彬彬,然后君子"⑦;孟子同样强调教化的重要性,他说:"设为庠序学校以教之……所以明人伦也行"⑧;荀子崇扬礼法之治,但丝毫不轻视教化之功,他说

---

① 参见《论语·里仁》。
② 参见《论语·述而》。
③ 参见《孟子·告子》(上)。
④ 参见《论语·述而》。
⑤ 参见《论语·子路》。
⑥ 参见《论语·颜渊》。
⑦ 参见《论语·雍也》。
⑧ 参见《孟子·滕文公上》。

过:"立大学,设庠序,修六礼,明七教,所以道之也。"①

至于教化的具体路径,或可从"游于艺"这一判断中体会、领悟。儒家有礼、乐、诗、射、御、书、数"六艺"为教,与《六经》之学重叠、交错,以私塾为载体,而以"得天下英才而教育之"为事业,构建起一套颇专业化的古代"选贤与能"、培育英才的教育体制。就整个社会而言,儒家则反复强调,教化之功的核心是"正上梁",即"为政以德",由上梁端正而行自然而然之教化。诚如孔子所判:"政者,正也。子帅以正,孰敢不正?""其身正,不令而行;其身不正,虽令不从。""君子之德风,小人之德草,草上之风,必偃。"治国理政并不在是否言之凿凿,而在修身立德、以身立教,这也正是孔子一再申言君子"仁者,其言也讱","君子欲讷于言而敏于行"的秘要所在。

孔子强调"君子务本,本立而道生"②,所求者,人生大道也。所务者,则是通向这条大道的内在根据,也即思孟学派所发微的"内圣"之学。所谓"内圣"就是向内开掘人人潜在具备的善良根性(良知良能)这一更深沉、更真挚的人性之高端本能,将之唤醒、激活、培植,使之充分发育,则可成长为士君子,乃至圣贤——道德近乎完美者,从而具备从政(执掌公权)的人品根基。最高领导人则须修身养性直达到完美至善的人中极品,其他领导人亦以此为榜样目标,努力修身,追求人格健康与完美,以此为"德治"的必要条件。

与此并行不悖的,则是现代规矩体系(道德与法律体系)的建设和完善。士君子必须是自觉遵纪守法的人群,必须是具有高尚道德情操的人群。相应地,对伪君子、真市侩之流则须有法律制度的严惩为必不可少的硬约束,才能将保证社会在公序良俗中正常运行,"治乱用重典",遂成为当今社会快速转型期的亟须,这也恰是今天强调加强法治建设、追求依法治国的现实意义所在。

---

① (清)王先谦:《荀子集解》,中华书局1988年版,第499页。
② 参见《论语·颜渊》,《论语·子路》,《论语·颜渊》,《论语·学而》。

德性何以致福？——从《尚书》到《孟子》

孙 伟[①]

在早期儒家哲学的话语体系中，天总是会庇护或眷顾有德之人，而能否获得天命的眷顾就在于人是否有德行。早期儒家的这一思想事实上经历了一个不断发展成熟的过程，从《尚书》中的"皇天无亲，惟德是辅"发展到《孟子》中的"知性"、"知命"、"知天"。虽然《尚书》中德福关系的必然性可以为普通人的德性行为提供现实的理由和动机，但后来儒家孔子和孟子对于德福关系的考察则更从天人合一的精神层面为人的德性行为提供了道德的动机和根据。

一、《尚书》中的德与福

《尚书·大禹谟》中提到："禹曰：'惠迪吉，从逆凶，惟影响。'"这句话是说，如果人能够顺道而行就能获吉，而如果逆道而行就会遭凶，吉凶之报如影之随形，响之应声。从这里我们可以看出，人的祸福吉凶都是与人是否能够顺道而行有关。如果人能顺道而行，自然能够得到善报而获福，而如果人不顺道而行，就会遭遇祸患。人的行为在德性上的评判决定了人能否在世俗的生活中获得幸福。既如此，那对人们赐福或降凶的主体是什么呢？它又为什么会以人的德性与否作为能够获得吉凶的标准呢？

《尚书·皋陶谟》中说到："天秩有礼，自我五礼有庸哉！……天命有德，五服五章哉！天讨有罪，五刑五用哉！"这就是说，天是对人们赐福或降凶的主体，而之所以天会以人的德性作为赏罚的标准就是因为天本身是有德的。天本身就已经是道德秩序和礼仪秩序的载体和象征，因此，人本身能否有德性、是否能与天保持一致，就是天能否降福的评判标准。在这个意义上，天是以人能否与自己保持同样的德性来作为奖赏或赐福的前提。天之所以会以人的德性与否作为能够获得吉凶的标准就是因为，作为道德的天会眷佑或庇护与之类似的人。在中国古代文化中，子嗣的"肖"与"不肖"乃是影响文化与习俗传承的关键。在一个家庭中，如果子肖父，则可以传承家业；在一个国家

[①] 作者系北京市社会科学院哲学所副所长、副研究员。从事中西哲学比较研究。

中,如果储君肖君,则可以传王位。因而,在中国这样一个极其重视文化传统传承的氛围中,天与人的关系实际上已经在现实中演化为家族延续乃至帝位传承的内在根据。

虽然天是赐福有德之人的主体,但在《尚书》中,我们还可以发现一些其他影响人们能否得福的因素。《尚书·伊训》中提到:"山川鬼神,亦莫不宁。暨鸟兽、鱼鳖,咸若。"这是在说,如果君王有德而行德政,就会使山川的鬼神和河川中的草木鸟兽亦感安宁,这样它们也会降福人君而无妖孽。因此,除了天对有德之人的赐福,山川的鬼神乃至飞禽走兽亦会感念有德之人的恩德而降福于它。我们可以看到,无论是从天与人的关系角度,还是人与鬼神乃至自然界的关系角度来看,有德之人都能够得到福祉。

在现实政治中,天与人的这种德福关系往往成为一个王朝或政治集团推翻另外一个王朝或政治集团的合法性根据。一个君主一旦失德,必将会被天废弃,并被另一个有德之人取代王位。在《尚书·甘誓》中,夏启在征讨有扈氏时说道:"嗟!六事之人,予誓告汝:有扈氏威侮五行,怠弃三正,天用剿绝其命。今予惟恭行天之罚。"这就是说,有扈氏所作所为已经违反了五行之德,因而天要求夏启来剿灭他。《尚书·汤誓》中言道:"……非台小子敢行称乱,有夏多罪,天命殛之。……予惟闻汝众言,夏氏有罪,予畏上帝,不敢不正。"因而,商汤之所以要征讨夏桀,就在于夏桀无德,天命要商汤剿灭夏桀。在《尚书·汤诰》中,这一思想就表现得更加明显了:"天道福善、祸淫,降灾于夏,以彰厥罪。"这就明确地提出,天道就是要对善行赐福而对夏桀的恶行降祸。在《尚书·伊训》中,伊尹认为从禹以下,少康以上皆是贤王,因而都能以德禳灾——"古有夏先后,方懋厥德,罔有天灾。"因而,有德之君就能回避灾祸而永保幸福。在这个意义上,天不再是一如既往地庇护某个君王或他的国家,天的眷顾与否要看这个君王是否有德。有德之君自然能够得到天的庇护,而无德之君必然会遭到天的舍弃。正因此,伊尹感慨言道:"惟上帝不常。作善,降之百祥;作不善,降之百殃。尔惟德罔小,万邦惟庆;尔惟不德,罔大,坠厥宗。"(《尚书·伊训》)又说:"惟天无亲,克敬惟亲。"(《尚书·太甲》)"天难谌,命靡常。常厥德,保厥位。厥德匪常,九有以亡。"(《尚书·咸有一德》)这就是说,在无常的天命面前,人的命运也变化不定。但在这不定的命运中,也有一种永恒的力量存在,这就是人的德性。如果能够长久地保持德性,人就能得到天命的眷顾,获得幸福。

在天是人类事务最高主宰的前提下,君王不只自己要遵循天德,而且还要按照天德的标准来对臣子和民众进行赏罚。在《尚书·仲虺之诰》中提到:"德懋懋官,功懋懋赏。用人惟已,改过不吝。克宽克仁,彰信兆民。"这段话便是说,如果人们有德性,就要给予他们官职以勉励他们,如果人们有功劳,也要用赏赐来鼓励他们。在这个意义上,君王无疑成了天命的代言人,他可以根据人的德行来决定赏罚。当然,君王对臣下的赏罚是依据天道而行的。如果臣下能够依天道而行善事,那就要得到善报;而如果不依天道而行恶事,那也自会得到恶报。所有的因果报应都是由天决定的,只是需要假手君王这一中介。

在《尚书》中,到了描述周代情况的《周书》部分时,天与人的这种关系发生了一些微妙的变化。在《泰誓》篇中,周武王说:"今商王受,弗敬上天,降灾下民。沉湎冒色,敢行暴虐,罪人以族,官人以世,惟宫室、台榭、陂池、侈服,以残害于尔万姓。……皇天震怒,命我文考,肃将天威,大勋未集。肆予小子发,以尔友邦冢君,观政于商。惟受罔有悛心,乃夷居,弗事上帝神祇,遗厥先宗庙弗祀。"(《尚书·泰誓上》)在周武王解释为何要征讨商纣的这段话中,我们可以看到,商纣王荒淫无道,暴虐民众,所以上天震怒而命武王灭商。这样一种讨伐的理由完全是站在民众的角度上来说的——如果民众受到残害,上天必然会震怒,就一定会假手有德之君来推翻这种暴虐的统治。《泰誓上》篇又说道:"天矜于民,民之所欲,天必从之。"这就是说,天怜爱人民,人民需求什么,天就会遵从人民的意愿。如果民众憎恶怨恨一个统治者,那么天就会惩罚这个统治者;如果民众喜爱拥护一个统治者,那么天就会赐福于这个统治者。《泰誓中》篇接着提到:"天视自我民视,天听自我民听。"[①]这就是说,天因民而视、听,民众所憎恶者,天必诛之。而在《牧誓》篇中,在解释武王伐纣的理由时,也说道:"今商王受无道,暴殄天物,害虐烝民。"在《蔡仲之命》篇中,更有这样一段颇具总结性的话语:"皇天无亲,惟德是辅;民心无常,惟惠之怀。"在这里,"皇天"和"民心"被视作同等重要的因素。

我们可以发现,周武王在伐纣时,强调的理由主要是纣王的失德和荒淫无道造成了民众的怨愤,从而民众要求推翻殷纣王的统治。相比起商汤对夏桀的征讨誓言来说,周武王明显将天与普通民众的需求联系在了一起。商汤只是强调夏桀的无德,从而上天必然会降祸于他,但他没有将天的降祸与民众的需求联系在一起,因而天降祸的原因就只是因为君主不能持有德性,所以道德的天必然会舍弃失德之君主。这样的一种解释虽然也能说明征讨失德君主的合法性,但远远不如从民众的角度来解释天对失德之君的惩罚更有说服力。

从民众的角度来解释征伐的理由,就形成了这样一种逻辑的因果链条:君主失德→民众怨恨→天赋予有德之人征伐失德之君的权力。相比起先前的"君主失德→天赋予有德之人征伐失德之君的权力"的解释结构,这样一种将民众的需求插入到天与德的关系结构中,就能为"德"找到一个现实的落脚点。在先前的解释结构里,如果一个君

[①] (汉)孔安国、(唐)孔颖达:《尚书正义》,上海古籍出版社2007年版,第412页。

主失德，那就必然会使天舍弃他，因为道德的天总是庇护有德之人而舍弃无德之人。天之所以会庇护有德之人就是因为天自身是道德的，因而就会庇护和自己相似的人。而将民众的需求插入到这一解释结构中后，逻辑就变成了这样一种情形：如果一个君主失德，就会造成民众的怨恨和憎恶，而天是亲民的，所以就会帮助民众推翻这个君主。原先的"天"亲德，而现在的"天"则更亲民。前者的天虽然出于亲德的原因而赋予人征伐无德之君的权力，但这种"天赋神权"更多取决于天的主观意志，因而显得更加主观。但后者则不然。后者的天是由于无德之君造成了民怨沸腾，从而出于亲民的原因而赋予人征伐无德之君的权力，这样的一种赋权更多是由于失德所造成的不良后果而作出的反应，因而显得更加客观。在后一种意义上，不管天亲不亲德，都要赋予有德之人以合法性根据来推翻暴虐的统治者，因为暴虐的统治造成了民众的怨愤。当然，天并没有因为亲民的原因而放弃亲德，而是在亲德的基础上融合了亲民的因素。从亲德到亲民，这无疑是一次巨大的思想飞跃。后来《大学》中的"大学之道，在明明德，在亲民，在止于至善"便是这一从亲德到亲民思想转变的最好注脚。

《尚书》中强调的有德之人必然得福而失德之人必然遭祸的思想，围绕的一个主题就是福和祸。那么，在《尚书》看来，什么才是福，什么才是祸呢？在《尚书·洪范》篇中，我们找到了答案："五福：一曰寿，二曰富，三曰康宁，四曰攸好德，五曰考终命。六极：一曰凶短折，二曰疾，三曰忧，四曰贫，五曰恶，六曰弱。"我们可以看到，这里的福和祸是和人类的日常生活紧密联系在一起的。寿命、财富、健康等都是决定一个人在现实世界生活得好与坏的关键。正因为这些对我们如此重要，所以我们才需要不断修持德性，获得这些福祉。这样一种对福与祸的现实定义，无疑能在很大程度上促进人们积德向善的动力。一个人要获得幸福，首先就要修德。我们可以看出，《尚书》在劝人行善时所提出的理由偏重于物质一面，即如果一个人如果能积德行善，就能最终获得天命的眷佑从而获得现实世界中所能得到的一切物质财富。对一个普通人而言，这无疑是一种极为强大的道德行为动力。事实上，在《尚书》中，无论是从道德天总是眷佑具有德性的人这一点，还是从具有德性的人会使得民众心悦诚服从而拥护他这一点，具有德性的人总能够获得现世的福报，无论这种福报是来自于天，还是来自于普通民众。那么，后代的儒家们会认同《尚书》中的这一观点吗？我们先来看一下孔子和孟子在这一问题上的观点。

二、孔子的德福观

与《尚书》比较起来，孔子似乎也相信有德性之人会得到上天的庇护，所以他说，

"天生德于予,桓魋其如予何?"(《论语·述而》)孔子认为,"天"赋予了他美德,因而他是被"天"庇护的。然而,孔子也似乎并不十分确信"天"能够永远保护他。当他在匡地被拘禁时,他就说,

> 文王既没,文不在兹乎?天之将丧斯文也,后死者不得与于斯文也;天之未丧斯文也,匡人其如予何?(《论语·子罕》)

"斯文"对孔子来说包括了文学,礼仪,音乐,风俗,道德等,而它主要是指周朝的文化传统(参见《论语·八佾》)。在这里,孔子好像并没有说"天"不希望"斯文"被破坏。如果它被破坏,孔子和他所拥有的周朝文化都会灭亡。

在其他场合,孔子也对"天"是否能庇护有德之人表示怀疑。当他最钟爱的弟子颜回去世时,他就悲叹道,"天丧予!天丧予!"(《论语·先进》)在这里,孔子应该不仅在哀叹颜回之死,更是在悲伤为什么颜回和他自己所承担的道德使命不能被"天"庇护并被他们的时代接纳。所以孔子说,"君子有三畏:畏天命,畏大人,畏圣人之言。"(《论语·季氏》)这就是说,君子应当对天命保持一种敬畏,因为天命似乎始终存在着一种不确定性,它既可以眷顾有德之人,也有可能会毁灭他。在某些特定的时代和条件下,天命支持着有德之人;但在另一种时代和条件下,天命也许就不会眷顾有德之人。这就是天命在不同时代和条件下所呈现出的不同表现形式。所以,孔子说:"道之将行也与,命也;道之将废也与,命也。"(《论语·宪问》)这就是说,天命既可以推动道义的施行,也可以让道义无法实现。所以,君子应当"知命"①,从而知道何时以进,何时以退。孔子曾说:"笃信好学,守死善道。危邦不入,乱邦不居。天下有道则见,无道则隐。"(《论语·泰伯》)这就是说,君子应当"信仰坚定,喜爱学习,重视死亡,履行正道。不去危险的国家,离开动乱的国家。天下太平就出来工作,天下不太平就躲藏起来"②。即便如此,孔子也认为,既然我们已经选择走上了道德之路,就不可避免会遭遇到种种灾祸或不幸,而一个真正的儒者应当直面这种人生的惨淡,将自己的道德使命坚定不移地坚持下去(即使是在退隐的状态下)。因此孔子是一个"知其不可而为之"的人(《论语·宪问》)。在孔子眼中,只有我们能够理解并直面这种可能的灾祸时,我们才可能停止抱怨"天"或"命",做好自己该做的事情。所以,孔子说:"不怨天,不尤人。"(《论语·宪问》)这样,对一个儒者来说,他应该知道成为君子的同时就有遭受灾祸的可能,

---

① 《论语·尧曰》中有"不知命,无以为君子也"一句。
② 参见李泽厚:《论语今读》,生活·读书·新知三联书店 2004 年版,第 235 页。对于《论语》中这一句话的解释,尚有争议之处。杨伯峻认为,"守死善道"的意思是誓死保全"道"。但这一解释明显与后文相矛盾。孔子实际上在这段话里强调的是韬光养晦,以便在未来实现儒家之道。所以,保守、保全生命乃是题中应有之义。李泽厚的解释似更符合此意。

但他还是会坚持道德原则而不去理会命运的安排。

我们可以发现,与《尚书》中德性与福报之间的必然联系相比,孔子似乎认为德性与福报之间的关联并不是必然的。那么,为什么《尚书》的德福观到了孔子这里会发生这样的变化呢?在这里,我们必须要认识到,德与福之间的必然联系固然会促进普通人的德性塑造和培养,但也会造成一定的问题。比如说在有的情况下,一旦有德之人没有得到福报,那么这个人就很有可能会放弃德性的追求。所以,过分强调德性所能带来的现实利益会导致人在行善时的动机出现问题。如果只是为了得到最后的利益而去行善,那人就很有可能会因为一时的失利而不再去行善。所以,相比起现实的福报,孔子更希望能解决的是人行善的动机问题。如果人行善并不是或至少不完全是为了现实的利益和福报,而是为了内心的需求,那么人就能成为真正具有德性的人;但是在另一方面,儒家的学说要具有说服力还必须要解决好现实的利益问题,而不能只是简单地将利益置于低下的地位。对于孔子来说,应当如何在确保德性塑造的同时获得现实的回馈呢?

孔子说:"仁者不忧。"又言道:"不怨天,不尤人,下学而上达。知我者其天乎!"前一句是说,一个人修行到仁的境界后,就能够做到不忧。而我们在《尚书》中讨论过,忧愁是失德之人所必然会遇到的坏事之一。所以,当修行到仁的境界之后,就能够回避这一坏事而获得快乐。而在后一句中,人通过自己德行修养的努力而能够通达于天,与天合一,从而能够知天而乐命,世间便没有比知天更大的快乐了。我们可以看到,孔子所强调的德性的现实回馈主要是精神层面的,也就是人的内心通过知天而达到天人合一的精神境界。对孔子来说,这一精神上的境界要比现实的物质利益更加令人向往。所以,当子贡问:"贫而无谄,富而无骄,何如?"孔子回答说:"可也。未若贫而乐,富而好礼者也。"(《论语·学而》)这就是说,贫穷并不能禁锢一个人的精神自由。只要一个人通过自身的德行修养而与天合一,便不会受到外在物质条件的约束和影响。当然,孔子也并没有因此而否认物质利益的重要性。孔子说:"富与贵是人之所欲也,不以其道得之,不处也;贫与贱是人之所恶也,不以其道得之,不去也。君子去仁,恶乎成名?君子无终食之间违仁,造次必于是,颠沛必于是。"(《论语·里仁》)富与贵是每个人心中都会有的欲望,然而,如果只是单纯为了物质利益而去做事,那便是君子所不为;贫与贱是每个人都会厌恶的东西,然而,如果为了摆脱它们而违背道义,那也不是君子所为。所以,富与贵这些物质利益可以为人所享用,但它们只是自己德性行为的副产品,不能将之视为自己道德行为的理由和目的。在这一点上,孔子比《尚书》更前进了一步,从人的精神而不只是物质层面来解决德性行为的动机问题。

三、孟子的德福观

孟子继承了孔子的天命思想,提出"立命"之说。孟子说:

> 尽其心者,知其性也。知其性,则知天矣。存其心,养其性,所以事天也。殀寿不贰,修身以俟之,所以立命也……莫非命也,顺受其正,是故知命者不立乎岩墙之下。尽其道而死者,正命也;桎梏死者,非正命也。(《孟子·尽心上》)

这段话充分表达了孟子的"立命"思想。孟子认为,人应当培养身心,等待天命的眷顾。所以,"知命"的人不应使自己处于危险的境地之中,也就是"不立乎岩墙之下"。这和孔子"危邦不入,乱邦不居"的思想如出一辙。在孟子看来,尽力行道而死的人所受的就是"正命",而使自己处于危险境地或者犯罪而死的人所受的就不是"正命"。在这里,我们可以看出孟子所强调的"正命"实际上就是要先保存好自己的生命,然后等待合适的时机去履行天命。这个术语渗透着儒家主义对生命和社会强烈的现实主义关怀。

孟子认为"天"是道德的"天",并且"天"能够规范人类的道德使命。孟子说,"有天爵者,有人爵者。仁义忠信,乐善不倦,此天爵也。"(《孟子·告子上》)孟子和孔子在"天"的观点上是相似的,他们都认为"天"不仅赋予了人类美德,还能为人类规定道德使命。然而,关于有德之人能否获得幸福的问题,孟子同样没有给出一个确定的答案。事实上,在孟子看来,有许多有德之人正遭受着不幸。孟子说,

> 舜发于畎亩之中,傅说举于版筑之间,胶鬲举于鱼盐之中,管夷吾举于士,孙叔敖举于海,百里奚举于市。故天将降大任于是人也,必先苦其心志,劳其筋骨,饿其体肤,空乏其身,行拂乱其所为,所以动心忍性,曾益其所不能。(《孟子·告子下》)

尽管孟子认为让有德之人经历磨难是为了增强他们在未来工作中的能力,但他却不能保证那些受过磨难的人就一定会被"天"庇护。事实上,要想得到"天"的庇护,还需要许多超出人力所能控制的条件。孟子说,

> 舜、禹、益相去久远,其子之贤不肖,皆天也,非人之所能为也。莫之为而为者,天也……(《孟子·万章上》)

所以,对孟子来说,有许多事情是超出人力范围之外的,而这些就是"天"。有人问孟子为什么他看起来像在抱怨"天",孟子回答说:

> 彼一时,此一时也。五百年必有王者兴,其间必有名世者。由周而来,七百有余岁矣,以其数,则过矣;以其时考之,则可矣。夫天未欲平治天下也;如欲平治天

下,当今之世,舍我其谁也? 吾何为不豫哉?(《孟子·公孙丑下》)

从这段话里,我们可以看出孟子似乎感觉到"天"对他和他的道德使命并不公平,而孟子却认为他的这一道德使命对他所生活的混乱时代和社会是唯一的解救方法。华蔼仁(Irene Bloom)在对这一段文字进行分析时也观察到了孟子的受挫感,他说:

在《公孙丑下》第十三章中,当孟子否认他不悦时,我们有权猜想他辞去时必定有些失望,而失望中几乎不可避免地伴随着一种潜在的受挫感……饶有讽刺意味的是,"天未欲平治天下"也许是一种对痛苦的缓解。即使我们不知道为什么这是真的,"能被相信为真的"这一事实至少提供了苦涩的慰藉,这种慰藉来自阐明责任在哪里——靠天而不是靠孟子阐明。这里没有抽象的理论,没有分析天的动机的企图,只是一种听天由命的接受:"天未欲平治天下。"①

这样,像孔子一样,孟子并没有信服地回答为什么"天"赋予我们美德但却不能保护有德之人和他们的道德使命这一问题。这的确是一个值得深思的问题,正如华蔼仁接下来提到的,"把命或天作为人力无法控制的、超越人的理解力的事件的根源的观念显然有一个问题,即用什么来解释在值得赞赏的行为与奖赏和应受谴责的行为与惩罚之间并不吻合呢? 一种普遍被认为是天所认可的道德秩序难道不需要一些更可靠的吻合吗?"②

不过,像孔子一样,孟子也提出了自己解决这一问题的途径。孟子说:"尽其心者,知其性也。知其性,则知天矣。存其心,养其性,所以事天也。殀寿不贰,修身以俟之,所以立命也。"(《孟子·尽心上》)傅斯年在《性命古训辨证》中认为,孟子的这段话集中体现了儒家的天命观,这就是所谓的"俟命论",即"上天之意在大体上是福善而祸淫,然亦有不齐者焉,贤者不必寿,不仁者不必不禄也。夫论其大齐,天志可征,举其一事,吉凶未必。君子唯有敬德以祈天之永命,修身以俟天命之至也。此为儒家思想之核心,亦为非宗教的道德思想所必趋。"③

笔者认为傅斯年的这一观点颇为偏颇。事实上,孟子在这里提出了三种不同的人生境界:第一种也是最高的境界是尽心而知性、知天。这种境界就像孔子提出的知天境界一样,都是与天合一,达到天人合一的极乐之境,从而获得人所能得到的最高幸福。次一种的境界就是存心、养性而事天,这是通过不断德性修养,滋养自身的善性。虽然这也是一种符合德性的生活方式,但其在最终达到的境界上不及知天这一最高境界。事天终究还是天人相分的状态,人无法了解天命,也就自然无法了然自身的命运和归

---

① 华蔼仁:《〈孟子〉的实践性和精神性》,蔡世昌译,《中国哲学史》2004年第2期。
② 同上书,第125页。
③ 傅斯年:《性命古训辨证》,广西师范大学出版社2006年版,第104页。

宿,从而无法获得最终的幸福。最后一种境界才是修身以俟之的"立命"。这种境界说的是一个人虽然不知道自己能否获得长久的寿命,但却能够不断地修身以持有德性。乍看起来,似乎第三种境界才是儒家的最高境界。也就是说,不管自己的吉凶祸福,只是坚持自己的德性而行,这难道不是为儒者的最高境界吗?事实上,这并不是孟子视野中的人生最高境界。对他而言,第一种知天的境界才能称得上是绝对的幸福和善。人如果能够知天,就意味着与天合一,从而不再担心自己的吉凶祸福,因为天是没有所谓的福和祸的。这样一种境界同样是强调人在精神层面所能获得的回报,而不是物质层面的享受。这样,孔子和孟子都通过这种内在超越式的德福观,一方面强调了德性修养的重要性,另一方面也凸显了德性修养在精神层面所能达到的最高境界并以之作为德性修养的最高回馈。

孟子在评论舜的德行时这样说道:"富,人之所欲,富有天下,而不足以解忧;贵,人之所欲,贵为天子,而不足以解忧。人悦之、好色、富贵,无足以解忧者,惟顺于父母可以解忧。"富与贵虽然是每个人所欲求的东西,但舜却并不因为拥有这二者而解除自己的忧愁。对于舜而言,只有对父母尽孝才可以消除自己的忧愁。这就是说,对于一个人来说,物质财富的拥有并不能解决精神层面的问题。一个人即便再富有,但可能在精神上并不快乐和愉悦。只有遵从德性,沿着德性的道路前进才会有精神的愉悦和满足。对于一个人而言,首先对自己的父母尽孝,才能对他人行善,也就才会逐渐修养和体验到天人合一的最高精神境界。所以,对于孟子而言,由德性而实现的精神上的体验和满足要远比物质上的享受重要得多。

比较视域下的林兆恩格物致知解

王 杰[①]

明代中后期以后,学术思想的兴起,大多源于对朱子学的反思。其中,最明显的例子是阳明学的出现。此学的创立者王阳明(1472—1529)早年曾依朱子格物穷理之说,"穷革竹子之理",至"七日"而"致疾"。27 岁时,又依朱子所言"循序致精"的"读书之法"进行"格物"实践,结果导致先前旧疾复发。37 岁,在贵阳龙场大悟格物致知之旨后,始超越朱子格物致知说的束缚,针对朱子之"性即理",提出"心即理"说,后又深化为"致良知"说,从而使阳明心学逐步走向确立[②]。这表明对"格物"的不同诠释是朱子学与阳明学的真正差异所在[③]。因此,如何理解"格物"不仅关涉到如何理解《大学》宗旨的问题,还关涉到诠释主题的思想性格问题。反言之,从不同类型思想者对"格物"诠释中,可以看到思想性格以及由此决定的诠释方法。进一步说,可以看到诠释主体是如何反思朱子学、甚至阳明学的。

基于此,本文打算通过对林兆恩(1517—1598)"格物致知"解的考察,来了解当时在明末思想界占有重要地位的宗教思想家、三教合一论者林兆恩,是如何对朱子学、甚至阳明学进行反思的,并想由此勾勒出其在"格物致知"解中体现出的思想性格,还有明末思想、明末四书学诠释的一些特点。

一、林兆恩的释经立场

比王阳明晚 45 年出生的林兆恩生活在阳明学极盛期,字懋勋,号龙江,道号子谷子等,福建莆田赤柱人。他自幼熟读儒家经典,十八岁成为补邑弟子员,获得参加科举考

[①] 作者系北京市社科院哲学所助理研究员。研究方向为日本哲学、中日哲学比较研究。
[②] 吴震指出王阳明提倡复归"大学古本"反对朱熹的"大学新本"以及对格物重加诠释以纠正朱熹格物理论的偏向,是阳明心学逐步走向确立的第一个标志。吴震:《〈传习录〉精读》,复旦大学出版社 2011 年版,第 75 页。
[③] 例如,日本学者沟口雄三曾指出,王阳明提出"心即理"的命题也是为了要在实践领域批判和克服朱子的格物论。沟口雄三:《中国思想史——宋代至近代》,龚颖等译,生活·读书·新知三联书店 2014 年版,第 68—69 页。

试的资格。嘉靖二十六年(1547)至嘉靖二十九年(1550),四次省试失败后,弃举子业,开始一心研道。于嘉靖三十年(1551)、三十五岁时,创立三一教,开始以福建为根据地讲学授业,开展布教活动,提倡三教一致论。后被同为福建出身的谢肇淛,评价为三教调和史上最应该关注的人物①。那么,兆恩是如何调和三教的呢?

兆恩认为三教合一是使释老二教合之于儒,即以儒内摄二教,共宗孔子②。同时,在修炼次第上以儒为立本,道为入门,释为极则③。故其三教合一的特点是纵向的合一关系,所言"合一"是合于一身,即将三教混融于一身④。因儒释道三家之圣人的心体本相同,故混融于一身亦是合于一心⑤。又因心即道、道即心⑥,故"合一"又是合于"一道",即其所言的"道一教三"。由此逻辑可看出,兆恩所言宗孔为宗孔子之道,亦为宗孔子之心。我之心亦孔子之心⑦,故宗孔子之心实为宗我之心。所以,其所言归儒宗孔、三教合一的实质是宗自我本心,即以自心统摄三教,并超越之⑧。这也是兆恩言"学也者。心学也。外心以为学。非学也"⑨的缘由之所在。

可见,兆恩与阳明一样都主张反求内心,将学的重点置于"心",而非如朱子那般注重穷究外物之理。由此似乎可以推断,兆恩受到了阳明心学的影响。同时一些研究也证明,兆恩对"心"的理解,确实受到了阳明心说的影响⑩。并且,当时的一些知识分子甚至视兆恩为姚江别派,认为他受到了泰州学派的很大影响⑪。随手翻开其所著《大学正义纂·序论·大学统论》的话,也会发现兆恩释经的基本态度是心之主体的"通"与"逆"。所谓"通",即其所言"孔子之心。曾子之心也。曾子之心。我之心也。以我之

---

① 间野潜龙:《明代文化史研究》,同朋舍 1979 年版,第 436 页。
② 间野潜龙:《明代文化史研究》,同朋舍 1979 年版,第 472—473 页。
③ 何善蒙:《三一教研究》,浙江大学出版社 2011 年版,第 120 页。
④ 间野潜龙:《明代文化史研究》,同朋舍 1979 年版,第 476 页。
⑤ 林兆恩言,"圣人之心之本体本如是也。浑然在中。粹然至善。其与道家之虚无。释氏之寂灭。有不同乎。此余之所以合三教而一者。"《四书正义纂》,《林子全集》收,日本尊经阁藏本,第 546 页。
⑥ 何善蒙:《三一教研究》,浙江大学出版社 2011 年版,第 162 页。
⑦ 《四书正义纂·大学统论》,《林子全集》收,日本尊经阁藏本,第 520 页。
⑧ 兆恩曾言,"窃以人之一心,至理咸具。欲为儒则儒,欲为道则道,欲为释则释,在我而已,而非有外。"《林子全集·续稿》卷四《答三教论》,《四库全书存目丛书·子部》92 册,台南庄严文化事业公司,1997 年,第 432 页。同时,根据日本学者荒木见悟研究,兆恩对三教的认识是明末三教一致论的重要特点之一。荒木见悟:《明末清初的思想与佛教》,廖肇亨译,上海古籍出版社 2010 年版,第 124 页。
⑨ 《四书正义纂·大学正义纂》,《林子全集》收,日本尊经阁藏本,第 542—543 页。
⑩ 间野潜龙:《明代文化史研究》,同朋舍 1979 年版,第 469—470 页;何善蒙:《三一教研究》,浙江大学出版社 2011 年版,第 153—154 页。例如,何善蒙指出兆恩认为心是万物本源的表述与王阳明提出的"心外无物"说的表述相类似;兆恩对"圣人之道人人具足,圣人之知我可得而知之者,亦其知乃我所本有之良知也"的相关表述与王阳明的"心外无理""良知说"的表述相类似。
⑪ 间野潜龙:《明代文化史研究》,同朋舍 1979 年版,第 468—469 页。

心。而通于曾子之心。以曾子之心。而通于孔子之心。此乃释经传之大义也。"①在此,三心通而为一,意味着诠释主体与被诠释主体之间无有碍滞,融而为一,其间的区隔归于无。但是,其间区隔的消失,并不意味着诠释主体的消失,而是意味着诠释主体要以其解悟越出与被诠释主体混融为一的状态,形成对被诠释主体的更深了悟,达到以一心驭经传的自由境界。此是林兆恩所言"逆"之含义,即"不以我心之经。以逆孔子之经。未有能释经者也。不以我心之传。以逆曾子之传。未有能释传者也。"由此可说,林兆恩对"心"的重视程度较之阳明有过之而无不及。

另外,林兆恩亦与阳明一样,反对不依曾子之传,而依朱子之注诠释《大学》的做法,对一个与其共同探讨《大学》的人如下言道:

> 曾子一贯之唯。孰不以为非朱子之所能及也。曾子亲受业于孔子之门。而传独得其宗者。又孰不以为非朱子之所能及也。此非区区之言也。天下万世之公言也。而兄乃不信曾子。而必信朱子者何欤。区区惟信余之心。以信孔子之经而已矣。又惟信余之心。以信曾子之传而已矣。若谓曾子之传。不及朱子之注者。区区之所不能知也。区区之所不能信也。若谓曾子虽亲受业于孔子之门矣。乃反不如朱子之兴起于千百世之下。尤为得其宗也。区区之所不能知也。区区之所不能信也。②

兆恩明确指出与朱子之注相比,曾子之传更接近孔子的真传,间接地流露出对朱子之注的怀疑。此释经态度无非也与阳明相近。既然如此,兆恩对"格物"的理解是否也有承袭阳明、反对朱子之处呢?为解决这个问题,首先有必要对朱子与阳明的格物说做一下简单的概括、比较;然后在论及兆恩之格物解时,再对三者之说做进一步比较。

二、朱、王之"格物"说

朱子言,格,至也。物,犹事也。穷至事物之理,欲其极处无不到也。③ 至,即到达;事即天下之事,既包括自然界之品物,又包括内在的一切道德意识等。格物即是穷尽各个事物之理,为己所有。④ 故格物既是穷理,又是致知,是通过对外在事物的认识以及内在意识等的主体性转化,日积月累地逐渐达致心具众理而应万事的自由境界。所以,

---

① 《四书正义纂·大学统论》,《林子全集》收,日本尊经阁藏本,第520页。
② 《四书正义纂·大学统论》,《林子全集》收,日本尊经阁藏本,第522—523页。
③ 朱熹:《四书章句集注》,中华书局2010年版,第5页。
④ 参见小岛毅:《朱子学と陽明学》,放送大学教育振兴会2004年版,第90、95页;陈荣捷:《朱熹》,生活·读书·新知三联书店2012年版,第72、75页。

尽管朱子视"格物"与"致知"为同时态关系，认为："盖致知即在格物中，非格物之外别有致处。致知、格物，只是一事；非是今日格物，明日又致知。格物以理言，致知以心言。"①不过，从工夫次第言之的话，不得不说"格物"在前，要通过"格物"来"致知"。又，朱子所言的"格物"过程，尽管没有忽视对心内之"物"的体察，却不得不说更偏穷究心外之"物"。因此，王阳明才认为朱子所谓格物是即物而穷其理，是析心于理为二②；并发出如下的朴素质疑：

> 先儒解"格物"为格天下之物，天下之物如何格得？且谓一草一木皆有理，今如何去格？纵格得草木来，如何反来诚得自家意？③

阳明认为天下之物无限量，即使穷极一生也不可能格尽天下之物，因而如何格得物各各之理是个问题；即使格得，又如何融贯于自心也是个问题。这暗示在朱子的格物说中，"心"与"物"之间是二元对立的紧张关系，潜藏着使心陷入分裂状态的危险。恐怕，这也是阳明"格物"致疾的原因所在。所以，后来阳明在龙场的万山丛棘的艰苦环境中，发生了思维模式的突然掉转后，把朱子所言的天下之物转而摄于一心，悟出"心外无物"之理④，使"心"与"物"融合为完整的一体，指出"格物"为"格"心之"物"。认为：

> 格者，正也，正其不正以归于正之谓也。正其不正者，去恶之谓也。归于正者，为善之谓也。夫是之谓格。书言"格于上下"、"格于文祖"、"格其非心"，格物之格实兼其义也。⑤

又认为，"意之所在便是物"⑥。因而，"格物"实如吴震所言为"正心"，即"正念头"⑦。

同时，阳明还言：

> 若鄙人所谓致知格物者，致吾心之良知于事事物物也。吾心之良知，即所谓天理也。致吾心良知之天理于事事物物，则事事物物皆得其理矣。致吾心之良知者，致知也。事事物物皆得其理者，格物也。⑧

首先，阳明认为在工夫次第上是"致知格物"。且，两者之间是不可分裂的一体状态。其次，"知"为良知，即"孟子所谓'是非之心，人皆有之'者也"⑨。由此可知，"良知"的基本内涵是判断善恶的道德准则。当然，如从总体来看的话，"良知"亦可谓是人

---

① 《朱子语类》卷十八，中华书局 2011 年版，第 399 页；同书卷一百二十，第 2908 页。
② 邓艾民注：《传习录注疏》，上海古籍出版社 2015 年版，第 100 页。
③ 邓艾民注：《传习录注疏》，上海古籍出版社 2015 年版，第 263 页。
④ 邓艾民注：《传习录注疏》，上海古籍出版社 2015 年版，第 57 页。
⑤ 吴光等编校：《王阳明全集》卷二十六《续篇一》，上海古籍出版社 2012 年版，第 1066 页。
⑥ 邓艾民注：《传习录注疏》，上海古籍出版社 2015 年版，第 13 页。
⑦ 吴震：《〈传习录〉精读》，复旦大学出版社 2011 年版，第 86 页。
⑧ 吴光等编校：《王阳明全集》卷二《传习录中》，上海古籍出版社 2012 年版，第 51 页。
⑨ 吴光等编校：《王阳明全集》卷二十六《续篇一》，上海古籍出版社 2012 年版，第 1066 页。

精神活动的总和。因而，人的起心动念如符合"良知"，人的言行举止自然会是"天理"的流露。故，阳明言：

> '诚意'之功只是个'格物'。然在常人，不能无私意障碍，所以须用'致知格物'之功。胜私复理，即心之'良知'更无障碍，得以充塞流行，便是致其知。知致则意诚。①

在此，"致知格物"又与"诚意"浑然为一，"正心"、"正念头"亦为"诚意"。归根结底，阳明把朱熹所主张的"格物致知"→"诚意"的阶梯性工夫次序，整合为以"诚意"为主的浑一工夫论。那么，与阳明一样同走心学路线的兆恩又是如何来理解"格物"的呢？

三、兆恩释"格物致知"

兆恩言，"此所谓物非事物之物也。记所谓人化物之物也。"②可知，兆恩与阳明一样，否定朱子的"物"为天下"事物"之说。不过，却认为"物"为"人化物之物"。"人化物之物"即"心化于物"，也就是兆恩所言之"非心"③。同时，兆恩顺便指出，朱子的"格物"是"多识以为学，而遍物以为知。"④可见，朱子肯定的"学"与"知"，在兆恩看来亦含有使"心"变为"非心"的可能性。这暗示，兆恩对"格物"的理解不是对外在客观知识的理解与吸收，反而是要排除掉这些东西对心灵的占据，以恢复"心本虚也，虚而灵也"⑤的状态。那么，兆恩是否认为这些东西本身是不好的呢？对此，兆恩言"物"本身无美恶⑥，只有在"物"染化于性时，"物"本身的价值才会发生变化：

> 沙粒物也。珠玉物也。珠玉沙粒。均足以翳其目也。杨龟山曰。人性上不容添一物。岂必其物之不美者而后谓之物哉。而诸凡有翳我之知。而非人性上之所本有者。皆物也。故杨子以物于义而翳其知也。墨子以物于仁而翳其知也。孝已以物于孝而翳其知也。尾生以物于信而翳其知也。仁义孝信。岂非珠玉邪。即珠玉而足以翳其知焉。亦沙粒也。⑦

兆恩进一步指出，即使是"珠玉"，如果它成为"虚而灵"之心的支配者，使心失去先

---

① 邓艾民注：《传习录注疏》，上海古籍出版社2015年版，第14、15—16页。
② 《四书正义纂·大学正义纂》，《林子全集》收，日本尊经阁藏本，第538页。
③ 《四书正义纂·大学正义纂》，《林子全集》收，日本尊经阁藏本，第538页。
④ 《四书正义纂·大学正义纂》，《林子全集》收，日本尊经阁藏本，第539—540页。
⑤ 《四书正义纂·大学正义纂》，《林子全集》收，日本尊经阁藏本，第543页。
⑥ 《四书正义纂·大学正义纂》，《林子全集》收，日本尊经阁藏本，第541页。
⑦ 《四书正义纂·大学正义纂》，《林子全集》收，日本尊经阁藏本，第542页。

天本能知觉,它的价值就与"沙粒"同,仅是要"格"掉的对象。因而,被朱子、阳明视为"理"的"仁义孝信"也无非是兆恩要"格"掉的对象。这是兆恩对"物"认识的独到之处。此独到之处实源于三者对"心"的不同认识。朱、王二人虽然也认为心本虚灵不昧①,但是也认为"仁义孝信"是天所赋之者,是人性、或人心本有之物。相较之下,兆恩所言心之虚,是洞然空彻如太虚,与释家之寂灭、道家之虚无同②。所以,朱、王所言的心之虚灵不昧不是虚无、寂灭,而是虚而实。因而,兆恩与阳明所言"物"虽然都可笼统概括为心内之物,所含之意却是不同。

尽管如此,兆恩还是与阳明一样,把"格"解释为"格其非心"之格③。只是,兆恩释"格"为格去,而非正。"格物"也就是格去非心、格去心化物之物,进一步说是格去欲心④。那么,该如何格去呢?他言:

> 敬主乎中。而无物不格者。上也。心着乎物而始格之者。抑末矣。然则心既着于物矣。则如之何。林子曰。亦曰敬之而已矣。敬主乎中矣。而私欲有不退听乎。

> 林子曰。主敬者。存心也。存心者格物也。而其所谓格物者。岂其与物相为仇敌。而反动其心邪。故主敬以存心而不逐于物者。格物也。⑤

兆恩明确指出主敬是格物之工夫,认为只要持敬私欲未有不消散者。该如何持敬呢?兆恩并未做出详细解释,只曾言"格物"即是要"洗心退藏于密"。何谓"洗心退藏于密",兆恩也未多做解释。不过,在其著作《九序摘言》中有下面一段话:

> 《易》曰"艮其背。"背字从北从肉,北方水也,而心属火,若能以南方之火而养之于北方之水焉,而《易》之所谓"洗心退藏于密"者是也。⑥

"洗心退藏于密"一语虽出自《易》,在此却是指道教者、或者当时的三教合一论者所言的"艮背",即将心火之南而背水之北,水火相互交养,使念虑不生的止念求心之法。当然,兆恩在《大学正义纂》中,没有明言"洗心退藏于密"、或者"主敬"就是艮背止念之法。但是,从其思想整体脉络来看的话,这样理解似乎更为妥当。因而,他才强调"格"不是阳明所言之"正",亦不是司马光所言之"扞禦",而是"格去"的吧。这也就是说,"格去"不是有意识地纠正念头由不正归于正,也不是有意识地抵御念头的来袭,而是

---

① 吴震《〈传习录〉精读》,复旦大学出版社 2011 年版,第 78 页。
② 参见《四书正义纂·大学正义纂》,《林子全集》收,日本尊经阁藏本,第 546、551 页。
③ 《四书正义纂·大学正义纂》,《林子全集》收,日本尊经阁藏本,第 542 页。
④ 兆恩认为,"物一也。自其物而言之。则谓之物。自其心之不能忘乎物者而言之。则谓之欲。"《四书正义纂·大学正义纂》,《林子全集》收,日本尊经阁藏本,第 541 页。
⑤ 《四书正义纂·大学正义纂》,《林子全集》收,日本尊经阁藏本,第 544 页。
⑥ 《九序摘言》,《林子三教正宗统论》,四库禁毁丛书刊子部第 18 册,北京出版社 1998 年版,第 123 页。

保持心的不动,让念头自然而然地消失。

而"敬"作为程朱理学的重要概念,被程颐视为涵养的工夫,言"敬"只是主一。继承其说的朱子又进一步指出,"敬""只是此心自做主宰处。""只是有所畏谨,不敢放纵。"①还指出,"能穷理,则居敬工夫日益进;能居敬,则穷理工夫日益密。""持敬是穷理之本"。② 可见,在朱子看来,格物是穷理的工夫手段,持敬则是穷理之根基。这与把"主敬"直接视为"格物"的兆恩显然不同。同时根据上述可知,程朱与兆恩对"主敬"的理解也是不同的。因此可以想象,兆恩之所以使用"主敬"一词来诠释"格物",可能是想借此彰显其作为儒者的身份,消隐其作为宗教学者的身份。

但是,兆恩又担心他人会因此误解了其格物说与程朱是相同的。因此反复强调,"然所谓格物者。非谓今日格一物。明日格一物之谓也。""心中不宜容丝发事,记诵博识谓玩物丧志"。③ 有趣的是,虽然兆恩对朱子的"格物"持批判态度,却在解释"格物"的要义之际,又援引了程朱理学的重要概念"变化气质":

> 孟子曰。从其大体为大人。又曰。先立乎其大者。则其小者不能夺之。此又其变化气质之要义也。耳目也者。小体也。耳之于声。目之于色者。气质之性也。心也者。大体也。性无有不善者。天地之性也。故不以气质之性为性者。能格物者也。心为主。而耳目为用矣。不以天地之性为性者。不能格物者也。耳目交于物。而心为役矣。④

兆恩指出,持有天地之性是能格物的前提。因而,为能格物首先要让心摆脱耳目的役使,确立心的主体性,此过程即是变化气质的过程。用朱熹的话言之,就是存天理去人欲的过程;用阳明的话言之,就是致良知的过程。

不过,在此显然不能用朱、王二人的话代而括之。兆恩虽然认为,"心本无物。而浑然。而粹然。而至善也。"⑤但是,他还认为:

> 天之生人也。而与之以性。性则具于神明之舍矣。故谓之一。亦谓之中。寂然而虚而已。粹然善而已。何尝有一物杂乎其间邪。然智虑日长。而本真日丧。所谓虚者着于物。而善者凿以人也。君子亦惟格其物以致虚。使神明之舍。洞然空彻如太虚然。此所谓物格也。⑥

这说明,兆恩所言"性无有不善者"以及"心本无物。而至善"之"善",不是儒家意

---

① 《朱子语类》卷十二,中华书局2011年版,第210、211页。
② 《朱子语类》卷九,中华书局2011年版,第150页。
③ 《四书正义纂·大学正义纂》,《林子全集》收,日本尊经阁藏本,第551、552页。
④ 《四书正义纂·大学正义纂》,《林子全集》收,日本尊经阁藏本,第551页。
⑤ 《四书正义纂·大学正义纂》,《林子全集》收,日本尊经阁藏本,第546页。
⑥ 《四书正义纂·大学正义纂》,《林子全集》收,日本尊经阁藏本,第551页。

义上的与"恶"相对之"善"、或绝对之"善"、"理",而是道家意义上的"虚无"、释家意义的"寂灭"。这同时也是兆恩所言"天地之性"的根本含义,与前述其对心的理解同。因而,兆恩所言"气质之性"亦非朱子所谓的气禀物欲之意,而是耳目交于物,心受其役使之意,也就是当时的三教合一论者所言的识神。故,兆恩在此使用的"气质之性"与"天地之性"尽管是程朱理学用语,含义却互不相同。那么,兆恩关于"格物"与"致知"关系的理解,是否与朱、王有相同之处呢?

兆恩指出,"物格而知即至。乃一时事也。"① 可见,此认识接近于朱子的看法。不过,对兆恩而言,"致知"不是朱子所谓的达到吾心无所不知,从而获得事物所以然与其所当然之理;亦不是阳明所认为的将吾之良知推及到事事物物上。在兆恩的思想脉络中,"知"不是"理",也不是"道德良知",而是"虚灵知觉"②。此虚灵知觉是否就是心本身呢?关于此问题,可参考下面一段话:

> 心犹镜也。虚而明者。本体也。或问何者为心之用。林子曰。镜之照。心之知也。照乃镜之用。而知乃心之用也。又问知固心之用矣。而曰知是心之本体。心自然会知也。此言非欤。林子曰。心之知。目之视。耳之听。一也。而谓视听之用。为耳目之本体也可乎。夫视听既不可为耳目之本体矣。而谓心之知以为心之本体可乎。③

根据这段问答式的对话可知,兆恩认为"心"与"知"是体用关系,"知"不是心之本体,而是心本具有的先天感知功能。因而,兆恩所言"知"是"虚灵知觉",实际上是指处于虚灵状态之心的知觉。也就是说,"虚灵"是对心之本体状态的描述,"知觉"是处于此状态之心的功能表现。这与惯用"虚灵知觉"来描述心的朱子不尽相同。朱子没有把"虚灵知觉"理解为"致知"之"知",而是把"虚灵"与"知觉"理解为心的两层构造,认为"知觉"是对心的根本规定,"虚灵"是对心的状态描述④。用"虚灵"来描述心体的阳明尽管承认心有知觉的功能,但是其所谓的"知"即良知是一种道德知觉,而非仅仅是感官知觉⑤。相较之下,兆恩所言之"知"更偏重感官知觉。所以,如果物蔽于心,心就会失去它敏锐的先天感知性,无法映照出事物的本来面目,却不涉及是否失去价值判断的功能。

此外,关于格致诚正的关系,兆恩明确反对阳明以诚意为主的浑一论。他言:

---

① 《四书正义纂·大学正义纂》,《林子全集》收,日本尊经阁藏本,第537页。
② 《四书正义纂·大学正义纂》,《林子全集》收,日本尊经阁藏本,第538页。
③ 《四书正义纂·大学正义纂》,《林子全集》收,日本尊经阁藏本,第549页。
④ 吴震:《〈传习录〉精读》,复旦大学出版社2011年版,第10、15页。
⑤ 吴震:《〈传习录〉精读》,复旦大学出版社2011年版,第15、64—65页。

今若果以诚意为主。余亦从而易其语曰。欲正其心。先致其知。欲致其知。先格其物。格物在诚意。岂不明白。何为颠倒以罔人耶。若果无次序之可分。则上文不宜错用四个先字。下文亦不宜错用四个后字。且修齐治平先后之序。既如是其详明。而格致诚正先后之序。如是其无差别耶。①

可知,兆恩尽管承认在释经之际除了要躬身实践之外,还要逆其命意立字之志,以心感心②。不过,他却并不认为像阳明那样,无视"八条目"之间的修行次第关系,完全以一己之心的体悟诠释《大学》的方法是正确的。

结　语

综上所述,兆恩在对《大学》的"格物致知"进行诠释之际,所采取的尽管是与阳明一样的心学式诠释方法,对"格物致知"的理解以及如何"格物"的方法却与阳明不同。同时,也与朱子不同。此外,对修行次第的认识也不同于阳明,却接近于朱子。又,虽然兆恩援引了程朱理学中的一些重要概念来释"格物",却赋予以完全不同的内涵。而这些不同,实际根源于三者对"心"以及"心"与"物"之关系理解的不同。进一步说,根源于三者思想性格的不同。很明显,兆恩在对"格物致知"的诠释中,体现的是他作为三教合一论者的宗教学者的思想性格。

尽管,兆恩在有意识地避免这一思想性格的过分流露,但是如果从《大学正义纂》的整体来看的话,会更清晰地发现"明明德"、"格物致知"、"止于至善"这三者之间的关系,与其所主张的"以儒为立本(尽人道)、道为入门(求放心存心)、释为极则(复心之本虚,进而粉碎虚空)"的修炼次第基本相同。为"明明德(扩展人伦于家国天下:儒)"③,需要"格物致知(存心:道)",而"格物致知"的最终目的是要"止于至善(达致虚空本体:释)"。并且,他的如此想法,与当时流行的倡导三教合一之书——明人尹真人高弟撰《性命圭旨》的内容有相似之处。此书也认为因产生于后天的气质之性(识神)作主,使人的天命之性(天地之性、元神)日丧,故要通过道教的炼心之法复天命之性,达致本体虚空,进而粉碎虚空,遍入尘沙法界。

同时,不得不说他是在批判朱、王之"格物"说的基础上,形成了具有三教融合性质,进一步说具有道、释风格的"格物"解的。尽管他的批判并不激烈,却也充分表明作为三教合一论者的兆恩对朱、王学说的反思是深刻的。反言之,说明其受二者学说的影

---

① 《四书正义纂·大学正义纂》,《林子全集》收,日本尊经阁藏本,第536—537页。
② 《四书正义纂·大学正义纂》,《林子全集》收,日本尊经阁藏本,第536—531页。
③ 《四书正义纂·大学正义纂》,《林子全集》收,日本尊经阁藏本,第527页。

响也是深刻的。因而,又不得不说兆恩重新诠释"格物致知"的过程,亦是格去他自身"非心"的过程,也就是从其心中格去朱、王之说,努力形成一己之说的过程。

又,把兆恩的"格物致知"解置于明末四书诠释的整体趋向中来看的话,可以说他的"格物致知"没有偏离当时对抗朱子之说、杂以释、道等的诠释潮流①。因而,兆恩有些担心人们会把《大学正义纂》视为偏离正统的异端之说,故在《大学正义纂》结尾《传》中又特意强调道:

> 余惟信古之笃。更不敢少违曾子之传以判道者。而非他也。盖曾子之传。得传于孔子。而万古不能易也。若违曾子之传。即离孔子之经也。孔子之经。其可离乎。孔子之经既不可离。而曾子之传其可违乎。故兆恩宁稍悖朱子之注。而毋宁少违曾子之传者。正谓此尔。盖道公道也。孔子曾思孟所相授受之道。而非朱子一人之私也。②

此中用意无非是想说自己使用《大学》古本的诠释,虽然有违背朱子之注处,却是对孔、曾之道的遵循,而非判道之说。他的诠释非判道之说,就意味着朱子之说有判道之说的嫌疑。因此,他的这段话除了想为自己的诠释赋予正统性外,还暗含着欲颠覆朱子之说的权威性之意。归根结底,兆恩与阳明一样,都是想通过对朱子学的反思、批判来建立一己之说,并同时想使自己之说具有正统性。而他们的这一想法,也正是崇尚新奇、独创的明末知识分子共同精神取向的流露。

---

① 根据日本学者佐野公治研究,明代四书说有以下五变:①蔡清等的以程朱为羽翼之说;②阳明至王畿、罗汝芳对对抗朱子之说;③唐顺之等的固守①之说;④李卓吾等掺杂诸子杂家、禅玄说,不仅以程朱为戈矛,还无视孔子之说;⑤阳尊朱子阴杂以异端之说。佐野公治:《四书学史の研究》,创文社1988年版,第356—357页。

② 《四书正义纂·大学正义纂》,《林子全集》收,日本尊经阁藏本,第564—565页

元代对陶渊明价值再认识

傅秋爽[①]

中国是一个缺乏宗教意识的国家。其延续几千年文明史,仍然能够保持高度的凝聚力和创新力,在于它所产生的文化经过历史淘洗之后被广泛认同,并在不同历史时期不间断地得到了重新阐释与接受。陶渊明就是这样一个历久弥新堪称精神领袖的圣者。

翻检发现,学界对陶渊明的元代影响关注较少。即使是从传播学或者接受美学的角度,对其影响进行历史脉络梳理的专著或论文,提及元代往往也是一笔带过。"陶诗真正受到较为普遍的重视是从唐代开始的……到了宋代,对陶渊明的研究出现了一个高潮。……元代研究陶渊明的很少,到了明代才又逐渐多了起来。这一时期研究者的工作,大都是解释前代所提出的问题。到了清代,对陶渊明的研究又掀起了一个高潮。"[②]这段话可以算作是对陶渊明后世影响研究中颇具代表性的总结。

元代,表面看陶渊明理论性研究的确较少。这是一个事实,但是另外一个更重要的事实是,陶渊明的影响在元代不是弱化,而是增强了。打开林林总总的元代诗文集,陶渊明的气息就会扑面而来,叹世、隐居、及时行乐、否定功名这些打着陶渊明鲜明烙印的思想俨然就是元代文学中最热门话题。散曲中这样的主题占据了半壁江山,诗歌、散文、杂剧中同样的思想也充斥其间。陶渊明在元代有重要的社会影响,首先表现为不再是个别作家创作主题,而成为几乎所有作家创作不可缺少的题材;其次,不再是表象化的议论、唱和、仿作,而是深化成为一种价值判断标准和人生理念;第三,不是停留在口头上,而是开始以一种新的形式落实在生活实践中了,而且,陶渊明的影响贯穿整个元代,对人们生活的影响更加全面、深入而广泛,影响到了文化艺术的各个层面。因而,元代不仅同样是中国历史上陶渊明研究中不可缺少的一环,是唐宋与明清之间继往开来的连接,更是一种别具一格的独特体现。

---

① 作者系北京市社会科学院研究员,研究方向为中国古代文学及北京地域文化。
② 北京大学北京师范大学中文系、北京大学中文系文学史教研室编:《古典文学研究资料汇编·陶渊明资料汇编》(上册),《历代陶渊明研究情况简介》,中华书局1962年版,第1—2页。

一、在整个有元一代,陶渊明始终是最具有影响力的文化偶像

(一)元代士人消极避世的吟咏特盛,这种灰色基调从元初的耶律楚材和刘秉忠就已经开始,并贯穿整个元朝始终。

虽说鄙视功名、归隐田园的创作主题自古有之,至东晋陶渊明更成为专门题材。但以往不过是文坛中创作的点缀,由少数作家偶尔为之。但到元朝竟然成为整个时代文学创作主色调之一,这是任何朝代所没有出现过的。一般而言,当一个新兴政权处于上升阶段,建功立业成为整个社会时代主调,陶渊明隐逸避世思想往往会减弱。即使提到陶渊明,呈现出来的也是热爱自然,追求人际关系和谐,坚持操守等欢悦、健康、积极向上的那一面,唐宋崇尚陶渊明的角度和理由不同,但情况大抵如此。而元则不然,从元初,许多人的创作中,陶渊明隐逸避世思想就占有非常大的比重。以元朝开国功臣、元代文学开创者耶律楚材为例,他对元朝政治、经济、文化影响至深,可就是这样一位大有作为也深受成吉思汗等帝王信任的伟大政治家,却把陶渊明奉为异代知音。《湛然居士文集》(以下简称《文集》)开篇《和黄华老人题献陵吴氏成趣园诗》:"丁年彭泽解官去,傲游三径真三友。悠然把菊见南山,畅饮东篱醉重九。……知音谁听断弦琴,临风痛想纱巾酒。嗟乎世路声利人,不知曾忆渊明否。"①耶律楚材一生创作,结集为《湛然居士文集》十四卷,存诗六百余首,其中有相当的部分,表达了耶律楚材对陶渊明个人情操、人生选择和生活态度的认可,追慕归隐、恬淡、简约、任真、热爱自然的内容在其整个创作中占有相当的分量,厌恶官场丑恶,倍感孤独的悲观避世也随处可见。元初刘秉忠,深受忽必烈倚重,在元初政治、经济、军事、文化的舞台上发挥着重要的作用,在京城大都的选址、设计、建设中居功甚伟,就是这样一个挥洒自如备受依赖上下尊崇的人物,在散曲【三奠子】所表现的却是一种人生的宿命:"功名眉上锁,富贵眼前花。"在【桃花曲】所表达的则是远离功名利禄,寻求心灵宁静的强烈愿望:"桃源觅无路,对溪花红紫。"在【诉衷情】中,作者又将个人遭际归为历史必然,在自我宽慰中求得心灵苦难的解脱:"图富贵,论功名。我无能。"在中国历史上,成吉思汗、忽必烈作为世界上最强大帝国的开国立朝之君,绝对算得上开明、纳言、用贤的圣明之君,在他们麾下曾经大有作为备受宠信的政治家们内心感受尚且如此。到了元中后期,随着社会政治黑暗的暴露,统治阶级内部矛盾的激化,官场生态进一步恶化,陶渊明消极避世、及时行乐的思想大

---

① 《和黄华老人题献陵吴氏成趣园诗》,《湛然居士文集》卷一,中华书局1986年版,第1页。

行其道,也就顺理成章不难理解了。

(二)崇陶亲陶作家众多、文学门类表达全面。元代作家的身份与唐宋相比,可能更加的复杂。唐宋,由于严格遵守科考用人制度,所以作家们都是已经成功迈入仕途的官僚或正行进在入仕道路上和脱离了仕途的士人。地位有高低,仕途各穷达,但是相对来说成分、背景比较单一。元代的作家则不同,由于科举制度时断时续,官吏晋升的渠道和途径也不一样,士人的职业选择又很自由,所以作家的成分前所未有的复杂多样。既有因祖荫而获高官的贵族,也有凭科举而入仕的官吏;既有王恽这样政府机构任职的翰林学士,也有关汉卿那些依靠杂剧市场谋生的自由撰稿人;既有汉化了的少数民族,也有功底深厚的理学家或者是宗教僧侣。但是几乎所有人的创作中,都能找到推崇陶渊明的内涵和影子,每个人的作品中,都诉说着对现实的不满和避世逃遁的愿望。许衡(1209—1281),最著名的理学家。官至集贤大学士,兼国子祭酒。其《辞召命作》诗有"留取闲身卧田舍,静看蝴蝶挂蛛丝"句,可见其隐遁之志。《全金元词》录其词五首,多为长调,抒写归隐之怀。例如【沁园春】《垦田东城》:

月下檐西,日出篱东,晓枕睡馀。唤老妻忙起,晨餐供具,新炊藜糁,旧腌盐蔬。饱后安排,城边垦劚,要占苍烟十亩居。闲谈里,把从前荒秽,一旦驱除。为农换却为儒。任人笑、谋月拙更迂。念老来生业,无他长技,欲期安稳,敢避崎岖。达士声名,贵家骄蹇,此好胸中一点无。欢然处,有膝前儿女,几上诗书。

许衡词的好处是真情,并未将田园生活诗意化或者是宽泛化,而是本能的对质朴的生活、本真的状态怀有纯真而热烈的追求。所以他的作品注重细节,粥是什么粥,菜是什么菜,住什么房子,房子内摆放什么,周边环境如何,怎样早睡早起,饭后如何,都想得非常细致,甚至住所局促,饭菜粗糙,被世人嘲笑也都预料到了,可见归隐的话并不是赶时尚,追时髦,的确是心向往之,随时准备践行了。

王实甫,大都(今北京)人,著名杂剧作家。著《西厢记》在内的杂剧十四种。由于他曾经为官的经历,所以对仕途险恶有着清醒的认识:"【梧叶儿】:退一步乾坤大,饶一着万虑休。怕狼虎恶图谋。遇事休开口,逢人只点头。见香饵莫吞钩,高抄起经纶大手。"散曲创作与现实生活关系密切,在其中明白直率地大讲处事、为官之道,经纶万种,"世故"十足,足见趋利避害、远祸免灾的这类话在元代竟然是可以直截了当、理直气壮地脱口而出的,不必像唐宋作家,总有一份不忠君报国济世泽民,便感到有愧先贤的不安和羞涩,须借着陶渊明遮掩,曲折表达。散曲【后庭花】则直接描绘了作者心目中政治困境里得以保全身心的"理想"生活:"住一间蔽风霜茅草丘,穿一领卧苔莎粗布裘。捏几首写怀抱歪诗句,吃几百杯放心胸村醪酒。这潇洒傲王侯,且喜的身登身登中寿。有微资堪赡赒,有亭园堪纵游。保天和自寿,放形骸任自由。把尘缘一笔勾,再休提名利友。"自由、任性、保全天年,这些都已经成为元代人的价值取向和人生选择标准和方向了。

大都人身处京师,与权力中心接近,仰仗地利之便,耳闻目睹,深谙官场之丑陋凶险。马致远【双调·夜行船】《秋思》就劝诫汲汲于官场的求进之人:"蛩吟罢一觉才宁贴,鸡鸣后万事无休歇,争名利、何年是彻?密匝匝蚁排兵,乱纷纷蜂酿蜜,闹穰穰蝇争血。"其对官场的态度,在杂剧作家群中很有代表性。

胡祗遹(1227—1295)①,他是元代前期文化修养比较高的官员,对散曲和杂剧这些新兴的艺术形式有较为深刻全面的认识。为人非常豁达开明。他有【双调】沉醉东风二首。第一首,把贪官暴吏比作虎狼,他愿逃离虎狼成群的官场,与鸥鹭为盟,做个"识字的渔夫",过隐居生活。后一首中,他赞美山居野处的渔樵,称他们是不识字的渔樵士大夫。他赞美那种没有贪欲知足常乐的生活态度。这两首小令写得恬淡平静,透露了诗人对世事的态度和个人所追求的理想。

卢挚(1235—1314),字处道,号疏斋,涿州人。至元五年进士,受到忽必烈的赏识,元成宗大德年间,入朝为翰林学士,官至翰林承旨。是元代前期影响较大的文学家。在【前调】《闲居》三首中照样吟咏出对田园生活的向往,"雨过分畦种瓜,旱时引水浇麻。共几个田舍翁,说几句庄家话。瓦盆边浊酒生涯,醉里乾坤大,任他高柳清风睡煞。(其一)"这境界、语言以及质朴天然的风格简直就是陶渊明《归园田居》一诗在元代散曲中的穿越再版。

(三)话题丰富,继承多面。陶渊明研究者将陶诗的主题创新归纳总结为四种:第一,表现归隐主题;第二,表现饮酒主题;第三,表现固穷安贫主题;第四,表现生死主题。② 元代的诗词曲赋中,几乎继承了陶诗创新主题全部内容。这与唐、宋都是每个朝代各自的侧重显著不同。在生死主题方面,元代尤其强调了避害远祸,及时行乐。感情也更为复杂。唐代推崇陶渊明的品德高洁,宋代称誉陶渊明的气节坚贞。而元代,则更多的时候在赞美陶渊明、许由、范蠡等人避害全身的人生智慧,而此时往往还会与屈原等历史上广受尊崇的圣贤对举,对后者因执著忠君或坚持己见而死于非命表现出不屑,并走向极致,发展成为对所有功名的否定。先后担任过元朝监察御史和翰林承旨,两次辞官的刘敏中,曾为弹劾权臣桑哥而差点丧命,他在其作【黑漆弩】《村居遣兴》中就写道"便宜教画却凌烟,甚是功名了处?"对青史留名这些历朝历代世人追求的最高境界持否定态度,而这在元代绝非特例。

---

① 《元史》卷一七本传言其卒于元世祖至元三十年(1293),年六十七。此说有误,参见丰家骅:《胡祗遹卒年和王恽生年考》,《文学遗产》1995 年第 2 期。
② 袁行霈:《论和陶诗及其文化意蕴》,《中国社会科学》2003 年第 6 期。

二、元代陶渊明的追随者们

袁行霈总结说,唐宋以来的田园诗人和陶渊明相比,"虽写了田园风光和田园生活,但缺少躬耕体验的描写,也缺少对人生之道的深刻理解"。(袁行霈:《陶渊明研究》,北京大学出版社 1998 年版,第 119 页)这评价,精辟而中肯。恰恰在"体验"这一点上,元代表现出强烈的不同于唐、宋以及明、清的文化个性。深受陶渊明影响的元人,无论曾为高官,在政治、经济、文化或科技生活中发挥过较大作用的政治家,还是与最高统治核心关系密切的皇族贵戚,亦或是沦落社会底层自食其力的文人,他们不仅通过自己的作品吟咏抒发着对陶渊明的仰慕,更通过实际行动彰显着对陶渊明避世退隐的认同与追随。

尽管元代与中国历史上其他朝代一样,因为升官不得而痛苦不堪的"城外人"依然多如过江之鲫,这些人就像胡祗遹所描绘的那样,为求一官半职,从全国各地聚集京师,"奔走于达官贵人之门,邀求荐达。尘颜俗状,日陪父老倡伎,迎饯使客于车辙马足之间。"①奴颜婢膝,鄙俗不堪。但同时,却有不少身为官宦甚至已经跻身权力中心的"城中人",弃官职如草芥,廉洁自守,清白为人,他们虽然不是多数,却代表了一个时代的良知。张养浩、不忽木、贯云石等,都是这方面的代表。而他们都是深受陶渊明影响的。

张养浩(1270—1329 年),汉族,字希孟,号云庄,又称齐东野人,济南(今山东省济南市)人,元代著名政治家,文学家。一生经历了世祖、成宗、武宗、英宗、泰定帝和文宗数朝。青少年时代因才学闻名而被荐为东平学正。历仕礼部、御史台掾属、太子文学、监察御史、官翰林侍读、右司都事、礼部侍郎、礼部尚书、中书省参知政事等。后坚决辞官归隐,朝廷七聘不出。钟嗣成《录鬼簿》将张养浩列为"前辈名家"。散曲集有《云庄休居小乐府》,多为归隐后所作,艾俊评价他的作品是"言真理到,和而不流,依腔按歌,使人名利之心都尽。"【双调·新水令】《辞官》套曲是张养浩的代表作之一,用几只曲子反复吟唱,表达自己急流勇退,希望归隐山林的迫切愿望:"唱歌,弹歌,似风魔,把功名富贵都参破。有花有酒有行窝,无烦无恼无灾祸。"追求单纯、自在生活的心情溢于言表,真率而坦诚。【双调·水仙子】则表现心愿实现后的轻松、豁亮、满足:

中年才过便休官,合共神仙一样看。出门来山水相留恋,倒大来耳根清眼界宽。细寻思这的是真欢,黄金带缠着忧患,紫罗襕里着祸端,怎如俺藜杖藤冠。

表现辞官归隐后快乐的心情。"黄金带"和"紫罗襕"都是典型的官员服饰,此处运

---

① 参见(元)胡祗遹:《紫山大全集》卷八,文渊阁《四库全书》本,上海古籍出版社 1987 年版。

用借代、比喻的修辞笔法,指代官场、名利等,说"带缠忧患"、"襕包祸端",非常形象地道出了作家将仕途视为险途,将名利视为人生羁绊的真实心理。在【双调·沽美酒兼太平令】中他还刻画讽刺了那些口中喊着归隐,实际另有图谋的人:

在官时只说闲,得闲也又思官,直到教人做样看。从前的试观,哪一个不遇灾难?楚大夫行吟泽畔,伍将军血污衣冠,乌江岸消磨了好汉,咸阳市干休了丞相。这几个百般,要安,不安,怎如俺五柳庄逍遥散诞?

【中吕·朱履曲】更一针见血揭示了为官的无聊:

那的是为官荣贵,止不过多吃些筵席,更不呵安插些旧相知。家庭中添些盖作,囊箧里儹些东西,教好人每看做甚的?

晚年他很为自己"也曾附凤与攀麟"而悔恨,深深慨叹"无穷名利无穷恨,有限光阴有限身"(【中吕·喜春来】)。

陶渊明的影响不仅及于张养浩这些饱读诗书深受传统文化影响的中原文士,甚至深刻影响了蒙元政权中的少数民族显贵。贯云石、不忽木都是这方面的代表。

贯云石(1286—1324)号成斋、疏斋、酸斋,色目贵族,生于大都。少年时膂力过人,善骑射,可飞身上奔马,运槊生风,稍长即折节读书,文武双全。虽仕途遂顺,但由于深受汉族文化以及佛道思想影响,加之个性豪放、直率、洒脱,所以对功名不以为意。早年世袭父亲爵位,治军极严。数年后即大德末年毅然将职位让给弟弟,自己返回大都家族聚居地——大都畏吾村(又称畏兀儿村,即今北京魏公村)。师从姚燧,深受汉文化熏陶,更受佛、道影响。并很快融入了大都的皇族生活,选取为英宗潜邸说书秀才,宿卫禁中,并受到元武宗、元仁宗的赏识。他的散曲创作与其禀性极为相合,豪放、遒劲、直率、清新,时人赞誉"俊逸为当行之冠"。叹世归隐、鄙弃功名这些元代深受民族压迫、仕途艰难者散曲创作主旋律,竟然也成为了贯云石这样一位备受皇家贵族宠爱,春风得意者创作的重要主题。他不仅辞官,后来连在大都皇宫、贵族中周旋应酬也都懒得继续了,于是"称疾还江南",去过理想中自由洒脱的生活。【双调·清江引】就是延佑元年(1314)他南下之后所作:

竞功名有如车下坡,惊险谁参破?昨日玉堂臣,今日遭残祸。争如我避风波走在安乐窝。避风波走入安乐窝,就里乾坤大。醒了醉还醒,卧了重还卧。似这般得清闲的谁似我?弃微名去来心快哉,一笑白云外。知音三五人,痛饮何妨碍!醉袍袖舞嫌天地窄。

将人们竞相追逐的功名利禄形容为"车下坡",不仅形象生动,其大难临头惊心动魄实在触目惊心,足以警醒红尘中的迷途者。而作家心目中的"安乐窝"并非高不可攀,所谓的幸福俯拾皆是,触手可及,不过是辞去官职,挣脱羁绊,这样就能"醒了醉还醒,卧了重还卧",如此生活一言以蔽之:简单、任性、随我所愿。正是这样思维逻辑的直率和表达的坦诚、直截了当,使他的作品散发出俊逸之气,比一般的避世隐逸之作更能打动人。

另外一个华化很重深受陶渊明影响的是不忽木。不忽木(1252—1298),一名时用,字用臣,世为康里部大人。为高官贵戚,深得皇帝宠信。不忽木能用汉语写作,是著名元曲家,套数【仙吕·点绛唇】《辞朝》是其代表作,现摘抄如下:

宁可身卧糟丘,赛强如命悬君手。寻几个知心友,乐以忘忧,愿做林泉叟。

【天下乐】明放着伏事君王不到头,休休,难措手。游鱼儿见食不见钩,都只为半纸功名一笔勾,急回头两鬓秋。

【游四门】世间闲事挂心头,唯酒可忘忧。非是微臣常恋酒,叹古今荣辱,看兴亡成败,则待一醉解千愁。

不忽木的这套《辞朝》之所以能在元代众多避世退隐题材中脱颖而出,不仅在于规模大,成系统,通过十四只曲子,把官场之险与归隐之乐一一对比,从多个侧面全方位阐释"辞官"的理由。更主要的是坦率真率,剖白内心了无隐瞒:尽管历代从来不乏懂得"伴君如伴虎"道理的臣子,但是敢于面对君王说出口的却从来都没有,不忽木竟然直截了当地谴责最高统治者不仁不义,指出辞官不为别的,是因为到处都是"伏事君王不到头"的悲剧!并胆大包天地说"宁可身卧糟丘,赛强如命悬君手",能说这话,也就是在帝王胸怀相对开阔的元代;也就是这个曾为太子侍从和顾命大臣,政治资本雄厚堪比皇族"家里人"的康里人;也就是这个直率如童子有着登天梯却弃之如敝屣的不忽木!作者从对权力的自我疏离,到对官场"龙争虎斗"的极端厌恶;从脱离羁绊的逍遥,到山林隐居的自在;从世人半纸功名葬送一生的痴迷,到粗茶淡饭胜却高官重职的无虑无忧,作家一一道来,不矫情,不虚饰,不偏执,不故作高深,不标榜清廉,不放虚话空言,而是以人之常情,世之常理,平实之中详分析,家常之中见性情,千古之后读之,依然真切动人。元世祖忽必烈曾拜请不忽木为国相,但不忽木坚辞不受。在处理交趾(今越南)外交事务中,因为不忽木的策略,达到了事半功倍之效,当忽必烈要重赏他的时候,他仅仅象征性地收下了笔墨纸砚等。桑哥当政,对不忽木非常嫉恨,曾唆使西域商人行贿送给不忽木美珠一箧,企图栽赃收买,不料不忽木不为所动,坚拒不受。大德四年(1300),不忽木卒,家贫无以葬。是元成宗赐钞五百锭,才了结丧事。这样的权贵,在贪腐成风的元代是极为少见的。

元代人们不仅以诗词曲的形式表现隐逸之情和归隐之愿,更亲身践行"大隐隐于市"的理念。诗人何失、张进中就是这方面的典型代表。

何失(约1247—1326)字得之,昌平(今属北京)人。他在大都文坛特立独行,属于

"异数"。早年曾与鲜于枢、高克恭等同学作诗,以才气自负。一生践行"大隐隐于市朝"的追求,既不入仕为官,也不单纯以文人自居,而是在大都以织纱帽为业,自食其力,由于产品质量优秀,号称"售不二价"。每天晨起,他骑驴买纱备料,一路歌吟着穿过闹市,成为当时大都城里令人瞩目的风景。他风貌高古,举止脱俗,颇受世人推崇。其吟咏大都诗篇,出语自然,而意境悠远。他这样描述大都的生活场景:"一井当门冻,寒光照四邻"、"我住东街北,鼓楼在屋西",身处繁杂都市而内心平和恬淡也许正是其格外引人瞩目的原因。当朝公卿一再举荐他入朝为官,他皆辞而不就。拒绝出仕的理由似乎也非常简单,"慈亲俱老大,稚子始狂颠。此日能完聚,称觞赖圣年。"(《辞荐》)既没有对当朝不满和抱怨,也不肯自我标榜清高脱俗,而是质朴无华地表明了自己无欲无求,无悔无怨,追求简单、本真、平实的生活态度和对慈亲稚子难舍的眷恋。也许这种质朴的生活态度和本真的精神追求,在物欲横流名利熙攘的大都太稀缺了,所以格外受到人们的珍惜与尊重。马祖常在为他所作挽诗中就赞其"手织乌纱日卖钱,全家闲住五云边"。《燕都杂题三首》、《感兴四首》等为其代表作。其中《感兴四首》是大隐之作的代表,其一中写道:

  大宝隐于石,哲匠莫核真。
  猛虎走四野,尺草岂蔽身。
  昧者虎不见,投石安足珍。
  所以卞和泣,千载共沾巾。

  本真、本分而不愚钝、不顽冥不化,有世事洞明的智慧和利害权衡的哲思。他的许多见解,如"饮酒莫啜漓,结交当求知。论人先论行,相马不相皮。一谄余何敢,三谗亲亦疑。投身入屠钓,尤胜坐书痴。""人皆欲富贵,我岂愿贫贱。青云一差池,如药弗瞑眩。"都表现出了这种为人处世洞明、求实的风格。他与人结交重的是心灵相通,彼此相知,在他心里也许根本就没有社会地位差异的芥蒂。所以李孟、吴珪这些元史名臣也愿意与之交往。而他对富贵贫贱又有透彻的了悟,所以富贵贫贱这些困扰世人的种种烦恼,在何失看来都是不该有什么分别的得失,因而面对世事纷纭自有一份了无挂碍的坦然淡泊和宁静。无论他同时代还是他去世多年后,有许多文人写诗作文思念他、追忆他。揭傒斯有《寄何得之隐居二首》,认为何失"达人在道府,不异山中栖"堪比"巢与夷",后又作《过何得之先生故居五首》追思,虞集为之作跋。这其中核心的串联,都不难看出陶渊明文化影响的痕迹。在大都,与何失齐名的还有张进中。张进中(1241—1320年),字子正,大都(北京)人。以制笔为业。王士熙在《张进中墓表》中说:"余识京师耆老多矣,所敬者惟君及何失。失家善织帽縠,最能为诗,充然有得,如宋陆务观,可传也。日出买丝,骑驴歌吟道中,旨意良远。"并对"今张君何君相继以陨,求似者未之见。"表现了深深的惋惜。可见,何失和张进中的形象,竟然已经成为混迹名利场上的都市人心灵一个旗帜,或者是寻归精神家园的航标了。

阚举、员炎、何失、张进中、吴元德是中国元代诗坛的另类,既不同于馆阁诗人,也不同于寓居京师的文人,他们出自社会底层,形迹高古,特立独行,不以物悲喜,视诗歌为生命,在诗坛有特殊的一席之地,受到大都作家的普遍尊重。王恽、王士熙等著名文人学士纷纷为其作传或书写墓志铭,赞美他们身上所具有的精神和品质,他们本身是大都诗坛的重要组成部分,同时也被世人目为陶渊明精神的化身而受到普遍尊崇赞誉。

其实,在元朝,在商贸极度繁荣的京城大都,崇尚豪华奢靡享受是普遍的社会风尚。即使如此,也很有一些高居庙堂之上显赫的政治家实务家在个性品德和生活上,低调简约朴素。元初的耶律楚材和刘秉忠无不如此。耶律楚材一生功勋卓著,但对物质生活极为淡然,从政几十年,身边唯有素琴一张相伴左右。因为他把这琴当作与陶渊明心灵沟通的媒介。他的诗集中,有大量写琴之所,见到琴,他就想起了弹奏无弦琴的陶渊明,就想起了他高尚的道德和高洁的品质。据《元史·耶律楚材传》记载,耶律楚材病逝以后,有人诬告说他高居相位多年,天下的财富,恐怕有一半都被他中饱私囊了。当权者于是命令近臣前往,结果看到他家中空空如也:"唯琴阮十余,及古今书画、金石、遗文数千卷。"可见他是多么的清廉。刘秉忠也是如此,他"久侍藩邸,积有岁年,参帷幄之密谋,定社稷之大计,忠勤劳绩,宜被褒崇。"在有元一代,汉人位封三公者,仅刘秉忠一人而已。由此可见其显贵。但是他同样是生活简朴至极。《元史》记载说:"秉忠自幼好学,至老不衰,虽位极人臣,而斋居蔬食,终日淡然,不异平昔。自号藏春散人。每以吟咏自适,其诗萧散闲淡,类其为人。"

三、陶渊明成为元人价值观和人生观的标尺

元人不仅歌咏陶渊明,认同其生活态度,追随其简朴生活。而且,这也成为他们评价人的标准和自我修养的准则。《析津志》是现存最早记述北京的一部专门志书,在北京的历史记载中占有显著而重要的地位。其作者熊自得也是一位颇能体会并践行陶渊明理想生活的人,他以笔为犁,笔耕不辍。元人顾瑛《草堂雅集》卷六诗前序曰:"熊梦祥,字自得,江西人,博读群书,旁通音律,能作数体书,乘兴写山水尤清古,无庸工俗状,以茂才举教官,不乐拘制辄弃去,以诗酒放浪淮浙间,卜居娄江上扁得月楼。与予为忘年交。旷达之士也,号松云道人。"明初胡俨《题熊自得画》盛赞熊梦祥的画:"丰城熊自得,元时以艺事入都,有声于公卿间,此小画二方,真得米老家法而兴致幽远,固可与商高班矣。"熊自得元末以茂才异等被荐为白鹿书院山长,后任大都路儒学提举、崇文监

丞。晚年与道士张仲举一起隐居京西斋堂村（在今门头沟区斋堂镇），以著书为乐，《析津志》即撰写于此。清初纳兰性德《渌水亭杂识》："元豫章熊自得偕崇真张真人往居，撰《燕京志》，欧阳元功①、张仲举皆有诗送之。"明赵琦美编《赵氏铁网珊瑚》收录欧阳元功、张仲举诗各一首，并于诗前作小序，称此地"山深民淳，地僻俗美，隐者之所宜居"。欧阳玄诗云：

> 先生去隐斋堂村，境趣佳处如桃源。西出都门二百里，山之蟄屋水浩亹。一重一掩一聚落，一溪十渡深而浑。羊肠险径挂山腹，蜂房小屋粘云根。立当厄塞若关隘，视人衍沃同川原。市朝甚迩俗尘远，土产虽少人烟繁。鉏畬蓺陆宜麦夜，树栅作圈收鸡豚。园蔬地美夏不燥，煤炭价贱冬常温。前年熊郎入卖药，施贫者药人感恩。熊君携笈今就子，绕舍木叶书缤繙。崇真真人又继往，况是偓佺之子孙。紫箫夜吹辽鹤至，林响谷应松风喧。登高东望直沽口，海日涌出黄金盆。应怜漫倩恋象阙，坐羡庞公归鹿门。

欧阳之作描绘了斋堂村的地理位置，优美风景，古朴民风，熊自得来此的缘由，在这里简朴的生活，与道士崇真共同著述的佳话。而其取景要点，却全在陶渊明诗歌自我书写之神髓。

张翥对熊自得居处的描绘与赞美，着眼点也如出一辙：

> 燕垂赵际中有村，正在西湖之上源。源头落花每流出，亦有浴凫时在亹（音"门"）。隐居茸第据幽胜，仿佛小庄如陆浑。环之苍松数十树，拔出太古虚无根。攒峰叠壁何盘盘，地多硗确少平原。先生生计虽苦薄，最喜静无人事繁。黄精本肥术苗脆，疆场有瓜牢有豚。吟诗作画百不理，一家笑语常春温。功名只遣世途累，饱暖已荷皇天恩。近闻京志将脱稿，贯穿百氏手自翻。朱黄堆案墨满砚，钞写况有能书孙。云晴辄辱羽客去，谷熟方来山鸟喧。土床炕暖石窑碳，黍酒香注田家盆。要知精舍白鹿洞，不待公车金马门。

这首诗的作者张翥也很值得一说。张翥（1287—1368）字仲举，号蜕庵，晋宁襄陵（今属山西）人。年轻时豪放不羁，好蹴鞠喜音乐，后幡然悔悟，闭门读书，昼夜不辍。后起为国史院编修官，与修辽、金、宋三史，历应奉、修撰，迁太常博士，升礼仪院判官，又迁翰林，历直学士、侍讲学士，以侍读兼祭酒，除集贤学士，以翰林学士圣承旨致仕，官至从一品，进封潞国公。他写日常生活的诗作很多，从上朝、伴驾、扈从，到起居饮食，多轻松开朗，充满意趣。张翥居京为官二十多年后，才置办房屋，又因年高体虚购买了皮袍，因为不宜骑马上朝，又添了车子，他把这个生活变化写进诗里，并自注："予京居廿稔始

---

① 此处为笔误，欧阳玄，字原功，号圭斋。

置屋灵椿坊,衰老畏寒始製青鼠袍,且久乏马始作一车出入,皆赋诗自志"诗三首:

　　五槐浓绿荫门前,东字西房数十椽。不是衰翁买屋住,归时留作僱船钱。
　　青鼠毛衣可御寒,秃襟空裹放身宽。遮头更著狐皮帽,好个农家老契丹。
　　浅浅轻车稳便休,何须高盖与华輈。短辕不作王丞相,下泽聊为马少游。

　　朝中位及从一品,却不治家产,照样租房"北漂";年老体弱买件保暖的衣服,添辆代步的车驾,却这样高兴,这种在寻常生活中发现审美,发现乐趣,采取一种欣赏的态度表现之,同样也是陶渊明精神的神髓之一。

　　陶渊明在元代的影响深刻,是多维立体的。不仅表现在纵轴,时间与元代相始终;还表现在横轴,所有的艺术形式几乎无人不言陶渊明;除了以上提到的诗、词、曲之外,在新的艺术表现形式中,也时常闪现陶渊明的身影,以元杂剧为例,现存的就有尚仲贤的《陶渊明归去来兮》,还有王子一的《刘晨阮肇误入桃花源》。而其他杂剧中提到陶渊明的唱词就更是随处可见,数不胜数。绘画方面,带有特殊文化意味标签的物象如"松"、"菊"、"柳"、"鸟"、"鱼"、"把酒"、"操琴"、"孤云"、"幽径"等这些陶渊明特有的标签,更是全面地进入到元代绘画之中。从某种意义上来说,没有陶渊明,就没有文人画的神髓和文化依托。即使是元代的日用器皿青花瓷瓷罐中,也有不少以陶渊明归隐田园为主题的,与鬼谷子下山等题材一样受到人们的欢迎。

四、元代陶渊明现象的社会根基

　　任何文学史都是当代史。陶渊明之所以在元代拥有如此众多的拥趸,一方面固然是陶渊明诗文本身的丰富、多面、审美所决定的;同时,也是文化长久积淀的结果。正如林语堂所言:"因为田园生活的模式总被认为是最理想的生活方式。在艺术、哲学与生活中的这种田园理想,深深地扎根在中国普通人的意识中,它在很大程度上是我们今天的种族繁荣与健康的原因。……他们在诗歌、绘画、文学中一代又一代地宣传"[①];当然,更为重要的是,元代是一个社会矛盾、民族矛盾较为尖锐的王朝,科举制度的废弛,截断了文人"学而优则仕"的晋身之阶。政治秩序混乱,社会黑暗,一个人的晋身处世成为大问题。如何坚守做人的信念而又不至于招致杀身之祸,如何保全生命延续而又不至于堕落,这些在其他朝代可能比较清晰的人生准则,在元代都受到了极大的挑战。陶渊明的进退与持守成为给元代同样身处黑暗和痛苦中的文人指引航程的灯塔就显得格外明亮。

---

① 林语堂:《中国人》,学林出版社1994年版,第49页。

如果说元人不对陶渊明进行研究也不尽然。只是这种"研究"涂抹着浓烈的时代色彩和个人色彩。以济世泽民为终生追求,积极入世的耶律楚材,对明智、洒脱、任真、率性以避世著称的陶渊明却存有惺惺相惜的深刻理解。在《和裴子法韵》序中,系统地表达了对陶渊明的认识:耶律楚材理解陶渊明的退隐是时代使然,因为大厦将倾,独木难支;指出在隐者巢由和圣者尧、舜之间是没有本质区别,"洁己"与"治天下"之间不过是各有所安。假设陶渊明生于尧舜汤武那样圣明之君当政的时代,他本可有所作为,成为"泽施于万世,名垂于无穷"以"济苍生为己任"的积极用世者,反之亦然。在耶律楚材看来,选择隐与仕关键在时代,而无论是任何时代,做任何选择,做人最重要的根本还是在一个"正",有了这个"正"字,则可以舒卷自如,进退从容,"否则卷而怀之,以简易之道治一心;则达扩而充之,以仁义之道泽四海"。耶律楚材序文中句句说陶,实际字字都是在阐释自己。

结语:元朝动荡、纷乱。历史上的陶渊明被重新解读,树立成为表率,很多人在仕与隐的选择上,少了些功名利禄和利害得失的痛苦纠结,多了些对避害全身、率真任性、享受生活的自我肯定和彼此认同。这对身处蒙元统治,为孔孟理想大道不行而痛苦的人们是一种心灵抚慰。就此而言,陶渊明确实有着非常浓郁的宗教文化意味。

蔡元培的大学理念与陈独秀的新人生论
——兼论新文化运动的精神

胡 军[①]

一

《青年杂志》创刊于1915年9月15日的上海[②]。正是在这一期的创刊号上,陈独秀充满着激情地写下了著名的题为《敬告青年》一文,简要而全面地阐述了他的新人生论思想。其内容包括如下六点:自主的而非奴隶的、进步的而非保守的、进取的而非退隐的、世界的而非锁国的、实利的而非虚文的、科学的而非想象的。[③] 由于这一人生论是针对着中国传统的人生论而发的,故称之为新人生论。可以说,陈独秀的人生论思想在当时具有振聋发聩的历史作用,即便在当下仍然具有重大的现实意义,新人生论的具体内容仍然是当前人生奋斗的核心要素。

为了更具体地申述其新人生论思想,陈独秀此后还撰写了《法兰西人与近世文明》、《今日之教育方针》、《东西民族根本思想之差异》、《吾人最后之觉悟》、《新青年》、《我之爱国主义》等文章,将中国传统人生论与近代以来发达国家的人生论思想做了分析比较,并试图找出中国近代所以陷于积贫积弱现代困境的文化历史方面的原因。但这些文章大体而言仍不出《敬告青年》一文所体现的新人生论思想的框架。[④]

由于种种原因,就历史进程来看,《敬告青年》一文的历史作用也仅仅在其拉开了新文化建设的序幕,而且也只在极其有限的文化圈内产生了一定的影响,还远远没有形成后来颇具规模的所谓"新文化运动"。

新文化运动是在1917年初陈独秀带着《新青年》杂志走进并融入了北京大学知识分子群体之后才逐渐形成的。

[①] 作者系北京大学哲学系教授、博导。
[②] 《青年杂志》创刊于1915年9月15日。当时上海基督教青年会办有《上海青年》,遂提出抗议,于是陈独秀于1916年9月1日起将《青年杂志》改为《新青年》。参见任建树著《陈独秀传》(上),上海人民出版社1989年版,第97—98页。
[③] 陈独秀:《敬告青年》,《陈独秀著作选编》第一卷,上海人民出版社2009年版,第158—163页。
[④] 上述文章均收入《陈独秀著作选编》第一卷。

从第四卷第一号起,《新青年》由陈一人主编改为同人刊物,成立了编委会。编委会由七人构成:陈独秀、周树人、周作人、钱玄同、胡适、刘半农、沈尹默(据沈尹默回忆)。并规定由七个编委轮流编辑,每人一期,周而复始。《新青年》编委会的形成基础在于陈独秀关于新人生论思想得到了北京大学那些同样具有新思想的学者的积极认可和大力支持。之后,陈独秀所倡导的新人生论也就逐渐地成为了当时国内社会文化界的一个热门话题,并形成了一定规模的文化运动。

而陈独秀及其《新青年》能够走进北京大学应该说是完全得益于蔡元培所提供的北京大学这一当时最为高端的学术、思想的文化平台。如果没有这样的平台,陈独秀的新人生论思想绝对不可能形成具有相当规模并有持久影响的新文化运动。众所周知,新文化运动有两位领袖人物,陈独秀和胡适。陈独秀是思想革命的领袖,胡适是文学革命的领袖。蔡元培是首先积极邀请陈独秀来北大当文科学长。此后他又通过陈独秀力邀胡适来北京大学工作。来北大之前,胡适于1917年1月1日的《新青年》第2卷第5号发表了《文学改良刍议》一文,吹响了文学革命的号角,掀起了白话文运动的浪潮。由此,我们可以清楚地看到蔡元培对于新文化运动的重要的贡献和积极的作用。

1916年9月1日蔡元培在法国收到聘任他为北京大学校长的电报后,于当年的10月2日由法国的马赛乘轮船回国。12月23日抵达北京。1917年1月4日到北京大学任校长职,1月9日发表《就任北京大学校长之演说》。就任后不久,蔡元培曾就北京大学文科学长一职咨询相关人士,不少人积极推荐陈独秀,推荐人士并拿出十余本《新青年》给蔡元培看。[①] 蔡元培于是决意聘请陈独秀来北大人文科学长。当年的1月13日经教育部批准,陈独秀随即来北大任职。《新青年》也随他来北京编辑、出版和发行。

本文要探讨的问题是,刚刚就任北大校长的蔡元培为什么要决意聘请陈独秀来北大就任文科学长?或者我们可以换个角度探讨,蔡元培的大学理念与陈独秀的新人生论之间究竟具有什么样的思想切合点?

本文认为,蔡元培决意聘请陈独秀担任北京大学文科学长,是由于他清楚地看到了陈独秀关于新人生论的思想基本上与他自己执意改造北京大学的理念是完全相通的。为了顺利推行自己改造北京大学的工作进程,蔡元培必须寻找陈独秀作为自己同道。

如在1912年出任北京政府教育总长时就着手改革中国传统的教育制度及其教学内容。在其《对于教育方针之意见》一文中,把清末学部制定的忠君、尊孔、尚武、尚公、尚实五项为封建统治服务的宗旨,改成国民教育、实利教育、公民教育、世界观教育和美育五项。并删去了违背共和政体和不合信仰自由原则的忠君、尊孔两项教育宗旨。他

[①] 参见周天度:《蔡元培传》,人民出版社1984年版,第94页。

强调新的五项教育中以公民道德教育为中坚,并以法国资产阶级革命时期提出的自由、平等、博爱作为公民道德教育的纲领。①

我们尤其需要注意的是,蔡元培的就职演说词很清楚地表明了他与陈独秀关于科学的性质及其在大学教育体制中的作用看法是完全相同的。在其就职演说词中,蔡元培明确地指出,北京大学不是官僚养成所。到北京大学来学习不是为将来做官发财奠定基础。他说道:进入北京大学的学生必须"抱定宗旨,为求学而来。入法科者,非为做官;入商科者,非为致富;宗旨既定,自趣正轨。"②

读书做官自古以来便是士人求学的既定宗旨。陈独秀对此也有过尖锐的批判。他在发表于1916年10月1日的《我之爱国主义》一文中这样批判道:传统以来我们的人民不讲究卫生,被人称之为"不洁之民族","而其内心之不洁,尤令人言之恐怖。经数千年之专治政治,自秦政以迄洪宪皇帝,无不以利禄奔走天下,吾国民遂沉迷于利禄而不自觉。卑鄙龌龊之国民性,由此铸成。吾人无宗教信仰,有之则做官耳……大小官吏,相次依附,存亡荣辱,因此为衡。婢膝奴颜,以为至乐。……士弃其学以求官,驱天下生利之有业者,而为无业分利之游民,皆利禄之见为之也。"③

由上可见,陈独秀与蔡元培一样对于士人弃其所学而以做官发财为其人生目标的严厉批判。上面的引文表明陈独秀对之所作的批判较之蔡元培的显得更为激烈。

根据蔡元培的大学理念,进入北京大学求学的学子既不能以做官发财为其人生目标,那么他们又必须抱定什么样的宗旨呢?

蔡元培认为,要回答这样的问题,首先我们必须首先知道大学的宗旨是什么这样重大的问题。对此,他的回答是:"大学者,研究高深学问者也。"④在他看来,大学的唯一目标就是研究高深精湛的学问,此外不能有其他任何实用的目标。所以进入北京大学的教师和学生必须持守为学问而学问的立场,而千万不能抱着读书做官这样卑劣的功利性的目标。

由于就职演说词篇幅短小,蔡元培没有可能就什么是"高深学问"这一问题展开详细深入的论述。但在就任校长前,他刚从法国回来,之前他也曾在德国访学颇长一段时间,所以他对于西欧的大学教育制度有着比较深入的了解和亲切的体会。他尤其赞赏德国大学的教育体制。从这样的背景来解读蔡元培所谓的"高深学问",那么我们就会清楚地知道,他所说的"学问"指的就是科学。必须注意的是,此处所说的科学不只是

---

① 参见梁柱:《蔡元培与北京大学》,北京大学出版社1996年版,第12—13页。
② 蔡元培:《就任北京大学校长之演说》,《蔡元培全集》第三卷,浙江教育出版社1997年版,第8—9页。
③ 陈独秀:《我之爱国主义》,《陈独秀著作选编》第一卷,第234页。
④ 蔡元培:《就任北京大学校长之演说》,《蔡元培全集》第三卷,第8页。

自然科学,也包括社会科学、人文科学及艺术在内。所以他所说的"高深学问"者与我们现在所说的"国学"、"汉学"、"儒学"等有着本质上的区别。这是我们必须注意的,并要加以明确的区别。

蔡元培当时已经清楚地认识到,只有学术才能救国的独特而重大的现实意义和历史意义。

同样,陈独秀也与蔡元培一样认识到,提倡与振兴科学或学术对于长期以来处于积贫积弱困境的中国具有的重要性和迫切性。于是,在其《敬告青年》一文中,他如斯说道:"国人而欲脱蒙昧时代,羞为浅化之民也,则急起直追,当以科学与人权并重。"①陈独秀并且努力对科学下了这样一个浅明的定义,"科学者何？吾人对于事物之概念,综合客观之现象,诉之主观之理性而不矛盾者也。"②他明确指出,科学是与想象截然不同的。想象超脱客观之现象,又抛弃主观的理性,完全是向壁虚造,有假定而无实证,"不可以人间已有之智灵,明其理由,道其法则者也。"原始蒙昧时代之人只有想象而无科学,当今浅化之民也同样是只有想象而无科学。没有科学,当然不会有进步和发展。中国近代以来所以落后,在陈独秀看来,就是因为我们的传统文化完全没有科学,也就只能诉诸于想象,于是"士不知科学,故袭阴阳家符瑞五行之说,惑世诬民；地气风水之谈,乞灵枯骨。"从事农、工、商、医等行业者也同样不懂科学为何物,所以出现不少在他看来完全是不可解读的神奇现象。他举例说道:"医不知科学,既不解人身之构造,复不事药性之分析,菌毒传染,更无闻焉；惟知附会五行生克寒热阴阳之说,袭古方以投药饵,其术殆与矢人同科；其想象之最神奇者,莫如'气'之一说,其说且通于力士羽流之术；试遍索宇宙间,诚不知'气'之果为何物也！"③

陈独秀积极提倡科学及其对于科学精神解读的思想立场,应该说得到了蔡元培本人的积极的认同与大力的支持。正是在蔡元培的支持和鼓励下,新文化运动才得以在北京大学蓬蓬勃勃地开展起来,并进而对当时及后来的中国社会产生了持续而深入的影响。

其实约在 1894 年前后,蔡元培也开始接触了西方自然科学方面的书籍。1898 年后在出任绍兴中西学堂监督和嵊县剡山书院院长时期,他就在学堂中积极加强文理和外语的课程,尤其注意对学生进行自然科学知识的教育和研究。1915 年 6 月在法国组织法华教育会的宗旨中,他也在积极倡导"发展中法两国之友谊,尤重以法国科学与精

---

① 陈独秀:《敬告青年》,《陈独秀著作选编》第一卷,第 162 页。
② 同上。
③ 同上书,第 163 页。

神之教育,图中国德道知识经济的发展。"①

在《科学》杂志创刊发行两整年之际即1915年1月15日,蔡元培又写下了《祝科学》一文。在他看来,人类文明发展的历史,首先形成的是神话,其次才逐渐产生了宗教。哲学则晚于科学而诞生。他正确地看到了,学术思想的形成必须要有如下两个要素,即沉思和实验。早期的哲学思想耽于内在精神思想的反思,而不注重实验。蔡元培对于早期哲学思想的这一看法应该说是正确的,古希腊时期哲学家的思想遵循的就是这样的思路。文艺复兴之后,实验方法逐渐得到了重视并趋于完善。对于自然现象的研究,遂"分别钩稽成为系统之学,而哲学之领土,半为所占,是为科学之始。"②他正确地看到了,此处所说的科学显然不仅仅限于自然科学。他如斯说道:"至于今日,则精神界之现象,亦得以研究物质之道理,而建设为科学,如心理学是。而实验教育学、实验美学,亦遂缘是而发生有成立科学之希望"。正是在这样理解的基础之上,他预言道:"循是以往,凡往昔哲学之领域,自玄学以外,将一切为科学所占领,科学界之发展,未可限量。"③由上可见,蔡元培对于科学性质的理解是正确的。并且他对于科学的未来发展充满着乐观而积极的态度。

二

上面的论述清楚地表明了,正是在蔡元培大学理念指导下的北京大学这一平台上,陈独秀的新人生论才成为了有一定规模的新文化运动的指导思想。为了更好地理解新文化运动与北京大学的关系,我们必须进一步具体地阐述蔡元培与陈独秀共同努力引进和积极支持的科学理念或北京大学的大学理念。

蔡元培所谓的"高深学问"指的是学,而不是术。他本人对此有过明确阐述。他在《周春岳君〈大学改制之商榷〉》一文中明确指出:学与术有别,学为基本,术为支干;学之与术虽密不可分,但终要以学为根本,学要重于术。那么,什么是学呢?他答道:"文、理,学也,虽亦有间接之应用,而治此者以研求真理为目的,终身以之。所兼营者,不过教授著述之业,不出学理范围。"学如此,那么术有何所指呢?于是,他继续解说道:"法、商、医、农、工,术也。直接应用,治此者,虽亦可有永久研究之兴趣,而及一程度,不可不服务于社会;转以服务时之所经验,促其术之进步,与治学者之极深研几,不

---

① 以上材料参见梁柱:《蔡元培与北京大学》第一节。
② 蔡元培:《祝科学》,《蔡元培全集》第三卷,第17页。
③ 同上。

相侔也。"①蔡元培主张大学应该是研究高深学问的所在,要偏重于纯粹学理之文、理之研究。这并不是蔡元培在各学科之间硬做前后轻重的区分,他之有学与术的区分是完全从大学的功能着眼,更是借鉴了国外著名大学所以成功的理念。蔡元培长校之初,北大有文、理、法、工、商五科。根据上述的学与术的区分,他对北大进行了改制。将工学院合并进天津北洋大学。他也曾计划将法学院分出去,而编为本科大学,无奈由于反对者众而不得不终止。将文、理视为大学的核心是目前世界著名大学的惯例,如哈佛大学等便是如此。但在中国教育史上,只有蔡元培、蒋梦麟等人有这样的眼光。现在的北大,文、理不仅不是核心或魂,反倒在不断地被边缘化了。社会将文、理边缘化是可以理解的,因为任何社会毕竟是具功利性者多。不可理解的是,在高校内部,文、理学科,尤其是人文学科在不断的边缘化确实使人费解和困惑的。关心高等教育发展的人对此不能不痛心疾首,百思而不得其解。

蔡元培主张大学"研究高深学问者也",把学和术分得很清楚,这是欧洲模式,尤其是德国大学模式。欧洲大学的模式对于美国有很大的影响,但美国的大学理念在此基础上又进了一步。此种进步表现在将学与术结合起来。美国大学的理念应该说是有其现代性的,但我们必须要注意的是,在这一将学与术结合起来的模式中,学仍然是基础性的,是决定术的,术是从属于学的。而不是相反。由上可见,美国大学模式是以欧洲的或德国的大学模式为基础而发展起来的。可以说,如果没有欧洲或德国的大学模式也就不可能有美国大学的模式。更具体说,美国大学模式的成功在于他们能够借鉴欧洲或德国大学的学理研究成果,并通过实验技术的手段将其转换成能够服务于社会的制度设计或产品。

蔡元培所谓的"大学者,研究高深学问者也"具有强烈的反对仅仅为了当下的功利性目的而牺牲将来的超功利的思想。他论证道:人类的通性是牺牲现在而为了将来,牺牲现在的幸福而为了将来的幸福。什么是将来幸福呢？蔡元培认为,将来的幸福不是为了口腹之欲,而是为了专致力于精神的修养、精神的享受。这种超功利性的教育理念在技术主义盛行的今天很难得到认同。有不少人主张不要去过分追求诺贝尔奖。这样的看法应该说是不可厚非的。但这一说法的理由却很难令人认同。这一理由是,我们所以不要投入到基础学科的研究是因为这些基础研究将得不到国家的支持。为什么呢？因为当前中国更需要解决的是当下的国计民生问题。基础研究要花很多钱,且将这些很多的钱投入到基础研究上,也可能很难解决当前最迫切的问题。我们是发展中国家,我们可以从发达国家搞的一些基础研究中挑选出那些有用的东西,拿过来用。显

---

① 蔡元培:《读周春嶽君〈大学改制之商榷〉》,《蔡元培全集》第三卷,第291页。

然上述的看法是短视的,且在方法论上讲是单轨的。我们佩服蔡元培,是因为他所处的年代更是功利主义盛行的年代,但他坚决反对此种短视的功利主义看法,而始终一贯地强调研究"纯粹科学"的迫切性。他清楚地看出,大学,尤其是国家最高学府不能为了眼前的功利而牺牲长远的发展目标。中国的大学要能够立足世界,要成为世界一流大学,所真正缺少的就是基础研究领域内的成就。如果不做这样的研究,我们怎么可能在未来赶上去呢?如果老是从发达国家搞的基础研究中挑选于我们有用的东西,这样的大学又怎么可能是世界一流大学呢?所以我的看法是,如果是资金不充分,我们可以少投入,或者有选择性的投入。但是一定要投入基础学科的研究,我们中国的大学才有可能成为世界一流的大学。如果不在基础学科或所谓的"学"上投入,我们是决计不可能有世界一流大学的。

三

其实,在蔡元培心目中的真正的高深学问指的是纯粹的哲学。

蔡元培的这一重要看法显然有德国大学理念的影响。德国大学理念强调大学的目的在研究纯粹的学理,而这里所谓的纯粹学理指的即是哲学。如柏林大学的创立者洪堡就曾经指出:大学兼有双重任务,一是对科学的研究,二是个性与道德的修养。洪堡所说的科学指的就是纯科学。他此处所说的纯科学是不同于历史和自然科学这些"经验科学"的,是能够统领一切科学,是关于世界上所有现象知识的极致或总结。或者说的更直接些,他所谓的纯科学指的就是哲学。思辨的哲学是科学发展的极致,是所有学科升华和发展的纯粹的形式。在这样的教育理念的关照之下,他认为大学所从事的便是这种纯粹的科学或哲学。[①] 我们可以清楚地看见,德国古典哲学对于洪堡教育理念的深厚影响。德国古典哲学影响之下的学人似乎都怀抱着这样的大学理念,施莱尔马赫也是这样来看大学功能的一位杰出学者。他指出:大学内部的各个学院的地位不是相同的,而是有着各自不同的功能。他如斯说道:"显然,真正的大学,即作为科学团体的大学,仅仅体现于哲学院中。而其他三个学院只是作为专门学校,它们或由国家所建,或由它们直接设计国家的基本需求而较早地受到国家的保护。哲学院则不同,它之于国家最初仅为一项私人事业,正如具有私人身份的学术团体;它只是由于科学的内在需要,由诸学院的任职者为其工作辅助建立的,所以它位居于四学院之末。假如有一所由学者们自由结合而产生的大学,那么,与现在哲学院相类似的部门必然居于首位,而

---

① 参见陈洪捷:《德国古典大学观及其对中国的影响》,北京大学出版社2002年版,第29页。

国家和教会希望安置其中的部门只会得到从属性地位。"①根据他的看法,哲学院所追求的就是纯粹科学,而不是实际的利益或功利性目标。

当然,我们必须要注意的是,此处所谓的哲学是就其广义而说的。广义的哲学不是指作为与其他学科并列意义上的哲学学科,而是指的爱智,所以只要是在探寻真、善、美本质的活动都在哲学范围之内。这种意义上的哲学包含着后来所有一切学科体系。

显然,德国大学理念的影响是巨大而深刻的。但我们在此还必须注意的是,蔡元培的这一看法还有自己的更深层的内在理据。要了解这一点,我们必须要进一步追究蔡元培大学理念的思想基础。

事实上,蔡元培就是从世界观与人生观,或者说是从哲学入手来进行北京大学改革的。

早在1912年冬尚在德国留学期间,蔡元培就写下了题为《世界观与人生观》的文章。出长北京大学之后,他在北大实行的一系列改革的措施就是依据上述文章的基本思想提出的。所以我们要真正明了蔡元培改革北京大学的一系列措施就必须首先清楚知道他的这篇文章的思想主旨。

蔡元培在文章中说,世界在空间上是无边无际的,我们每一个人只在其中占有几尺之地;世界在时间上没有终始的,每人在其中也不过占有数十年之寿命;世界的变迁无限繁复,而我们也只在其中占有及短暂的历史。世界无边无际,而我们人类又是那么的渺小。渺小的人类又不得不生活在这样的世界之中。那么,人生会有什么意义呢? 蔡元培指出,要确定我们的人生观,我们就必须先有自己的世界观。当其时,蔡元培深受德国哲学家叔本华的影响,认为我们的意识是由物质与形式这两个元素组成的。而物质与形式又是相互对待的,物质决定不了意识,同样意识也决定不了物质。于是,在物质与形式之上还必须另有自在者。蔡元培指出这样的自在者就是叔本华所说的"意志"。"于是吾人得以意志为世界各分子之通性,而即以是为世界本性"。他认为,作为世界本体的意志是没有目的的,或者说,本体世界为"黑暗之意志"、"盲瞽之意志"。但处在现象世界的人类则是有其意志的。

正是在这个大意志的推动之下,宇宙及其中的万事万物也就处在不断的进化途中。于是他从无机物讲到植物、动物,最后讲到人类。蔡元培认为人类社会在发展过程中,由自然经济向商品经济、由传统社会向现代社会的转换是一种进步。尤为重要的是,蔡元培通过对进化史的考察得出了这样的看法,即整个世界是以"合"为最终

---

① 参见陈洪捷:《德国古典大学观及其对中国的影响》,第29页。

或最后之"鹄的"。① 除上面所讲的人类社会因交通的便利已逐渐趋同而外,无机物、植物与动物也是以"合"为"鹄的"。如"无机物之各质点,自然引力外,殆无特别相互之关系。进而为有机之植物,则能以质点集合之机关,共同操作,以行其延年传种之作用。进而为动物,则又与同种类间为亲子朋友之关系,而其分职同功之例,视植物为繁。"②

考察进化史得出的结论引导蔡元培看清楚了世界的"最后之大鹄的"是"合世界之各分子,息息相关,无复有彼此之差别,达于现象世界与本体世界相交之一点是也。"③

世界的通性已如上述,那么人类的通性又是什么呢?为了说明人类的通性,蔡元培首先批判了老子的思想。老子说:"小国寡民,使有什伯之器而不用,使民重死而不远徙,虽有舟舆,无所乘之,虽有甲兵,无所陈之。使民复结绳而用之。甘其食,美其服,安其居,乐其俗,邻国相闻,鸡犬之声相闻,民治老死不相往来。"众所周知,这正是老子关于理想社会的描述。但是蔡元培却指出,老子所谓的理想社会仅仅着眼于当下的幸福,没有看出人类的真正的通性。那么人类所真正追求的是什么呢?蔡元培于是接着说道:"自进化史考之,则人类精神之趋势,乃适与相反。人满之患,虽自昔借为口实,而自昔探险新地者,率生于好奇心,而非为饥饿所迫。南北极苦寒之所,未必于吾侪生活有直接利用之资料,而冒险探极者锺相接。有椎轮而大辂,由浮槎而方舟,足以济不通也;乃必进而为汽车、汽船及自动车之属。今则飞艇、飞机,更为竞争之的。其构造之初,必有若干之试验者供其牺牲,而初不以及身之不及利用而生悔。文学家、美术家最高尚之著作,被崇拜者或在死后,而初不以及身之不得信用而辍业。由以知:为将来牺牲现在者,又人类之通性也。"④人类的通性是否就是为将来而牺牲现在是一个见仁见智的问题。然蔡元培本人是确信这一点的。而他之确信此点则完全是由于在他的哲学世界中本体的意志要高于现象的意志,而现象的意志必然要回归于本体的意志,而成就一个"本体世界之大我"的哲学思想。从这样的世界观进一步推导,蔡元培也就自然而

---

① 在《世界观与人生观》中蔡元培这样说道:"及进而为人类,则有家庭而宗族、而社会、而国家、而国际。其相互关系之形式,既日趋于博大,而成绩所留,随举一端,皆由自阂而通、自别而同之趋势。例如昔之工艺,自造之自用之耳。今则一人之所享受,不知经若干人之手而后成。一人之所操作,布置供若干人之利用。昔之知识,取材于乡土志耳。今则自然界之记录,无远弗届。远之星体之运行,小之原子之变化,皆为科学所管辖。由考古学、人类学之互证,而知开明人之祖先,与未开化人无异。由进化学之研究,而知人类之先祖与动物无异。是以语言、风俗、宗教、美术之属,亦渐为学者所注意。昔之同情,及最近者而止耳。是以同一人类,或状貌稍异,即痛痒不复相关,而甚至于相食。其次则死之,奴之。今则四海之内皆兄弟之观念,为人类所公认。而肉食之戒,虐待动物之禁,以渐流布。所谓仁民而爱物者,已成为常识焉。夫已往之世界,经其各分子之经营而进步者,其成绩固已如此,过此以往,不亦可比例而知之欤。"
② 蔡元培:《世界观与人生观》,《蔡元培全集》第二卷,第216页。
③ 蔡元培:《世界观与人生观》,《蔡元培全集》第三卷,第216页。
④ 蔡元培:《蔡元培全集》第二卷,第217页。

然得出如下的人生观了,"循是以往,必有菽粟如水火之一日,使人类不复为口腹所累,而得专致力于精神之修养。今虽尚非其时,而纯理之科学,高尚之美术,笃嗜者故已有甚于饥渴,是即他日普及之征兆也。科学者,所以祛现象世界之障碍,而引致于光明。美术者,所以写本体世界之现象,而提醒其觉性。人类精神之趋向,既毗于是,则其所到达之点,盖可知矣。""人类之义务,为群伦不为小己,为将来不为现在,为精神之愉快而非为体魄之享受,固已彰明较著者。"①这就是蔡元培的新人生论及人与人之间的新的关系论。由此而导出的结论也就是,为学术而学术、为艺术而艺术、为真理而真理这样的高尚而纯粹的精神追求,拒绝任何当下的急功近利的要求。

细查蔡元培的学术思想经历及其关于哲学的著述,我们可以清楚地看见,他的哲学思想是以人生论为其核心的。他曾写有《中学修身教科书》、《中国伦理学史》、《哲学大纲》、《简易哲学》等,并翻译过德国哲学家鲍尔生的《伦理学体系》一书。

正是由于以这样的哲学思想为其背景,所以在出长北京大学之初,他就力邀陈独秀担任北京大学文科学长,就是因为陈独秀当时也是以积极宣传一种新人生论而为当时的社会所关注。

发动于北京大学的新文化运动进一步影响到了整个中国现代史的进程。美国著名哲学家、教育家杜威亲眼目睹了新文化运动蓬勃发展的势头,留下了非常深刻的印象,他曾对胡适说过这样的话,他说:"拿世界各国的大学校长来比较一下,牛津、剑桥、巴黎、柏林、哈佛、哥伦比亚等,这些校长中,在某些学科上有卓越贡献的,固不乏其人;但是,以一个校长身份,而能领导那所大学对一个民族、一个时代起到转折作用的,除蔡元培而外,恐怕找不出第二个。"②岂但并世大学找不出第二个,而且在现代中国似乎也难以找出第二个。蔡元培领导北京大学影响了一个时代,影响了中国社会的发展。其时中国备受列国欺凌,国内军阀混战,政治极其黑暗。蔡元培所领导的新北京大学的出现,"好像一座灯塔,使全国人民看见了光明,认识了前途,获得了希望。全国风起云涌,互相呼应,这就是震撼全社会,移风易俗的新文化运动。"

最后,需要特别补充的则是,从知识论研究,尤其是从现代知识论研究的角度来审视蔡元培大学理念的话,那么我们必须注意如下几点。

我们已经反复申明,蔡元培所谓的"高深学问"指的就是"科学"。这里的"科学"包括了自然、社会和人文学科在内;拉丁语 scientia 的涵义指的就是知识理论体系,这样的知识理论体系又被称为"学问";要对自然或社会或人文现象形成知识理论体系,首

---

① 蔡元培:《蔡元培全集》第二卷,第218页。
② 转引自冯友兰:《中国哲学史新编》第十卷,河南人民出版社2000年版,第525页。

先的要求就是必须分科治学;分科治学的前提是要有明确的或相对明确的研究对象或问题。没有这样的分科治学的前提根本就不可能形成任何知识理论体系。所以国学或汉学或儒学或中国学等所缺乏的就是这样明确的研究对象或问题意识,所以我们传统学问几千年来总是处在循环的圈内,毫无进步可言。

究竟什么是知识至今仍然充满着激烈的争论,但毫无疑问的是,所谓的知识至少包含着如下三个要素:真、信念和论证。于是,知识的定义就应该是这样的,即"得到充分有效辩护的真的信念"。这里最为核心的要素是思想辩护或论证。从这个角度着眼,仅仅提倡"思想自由"是远远不够的,思想的论辩只能跟着合理有效的论辩走,而不能跟着圣人或权威或老师或所谓的经典走。我们的传统文化真正缺少的就是论证,更谈不上充分有效的论证或辩护了;文明发展的历史也清楚地表明,只有经过了系统而严谨的论证的理论才能够通过精确可控的实验,并进一步落实为技术产品。世界现代化的进程就是通过这样的途径而逐步进行的。

我们在此尤须注意的是,任何知识理论体系都不是零零碎碎的杂凑或拼盘,而是有其结构性或系统性的思想体系。所以我们要有一种系统的或结构性的思维方法将关于自然的或社会的或人文等的研究成果组织成为知识理论体系。学校教育的目的不只是让学生多读几本书,而是要真正地培养起学生的系统的或结构性的思考能力。

上述几点是对蔡元培的大学理念和陈独秀的新人生论的解读和补充,更是旨在清楚地表明究竟什么是"高深学问"的真实含义。也在此清楚地申说所谓的新文化运动所蕴含的确切含义。这也就是中国文化复兴的必由之路。

革命与再生：朱谦之与五四新文化运动

季剑青[①]

一

在五四一代青年学生中，朱谦之（1899—1972）是特别引人注目的一个。他好学深思，常常整日在北大图书馆读书作文，传说当时北大图书馆长李大钊曾对人说："北大图书馆的书，被朱谦之看过三分之二了，再过一两个月，将被他看完，他若再来借书，用什么方法应付呢？"[②]；然而他又绝不是一个安分的好学生，常有惊人和极端的言论与行动，一面以虚无主义者自居，一面又热烈地投身于汹涌的学生运动中，呼唤革命的到来；他曾在校内发起"废考运动"，向蒋梦麟和胡适投书，宣布不参加任何考试，也不要毕业文凭；他因为参加革命行动而坐过牢，因为思想的彻底和绝望而自杀过，出过家，最终仍不免以兀兀穷年的书斋学者的身份而终其身，留给后人接近一千万字的宏富著述，其内容之丰厚，跨越学科门类之繁多，现代学者中可以说无人出其右。这是一个热血纯真的五四青年，一位元气淋漓、精力弥满的现代学人，其丰富性和重要性似乎尚未得到充分的认识。

1917年，18岁的朱谦之考入北京大学法预科。此前就读福建省立一中和格致书院时，朱谦之就已经开始尝试从事哲学历史方面的著述。或许是幼年失去双亲的痛苦经历，养成了朱谦之耿介孤僻的性情和苦学深思的习惯。就读法预科时，朱谦之就写了三本书，即《周秦诸子学统述》、《政微书》和《太极新图说》。那时他嗜读先秦诸子特别是老庄哲学，"很不注意于学校功课，只一心一意在图书室里自修，故虽在法科，而所作论文，却是对于法科的一种反动。"[③]他的虚无主义思想在这里便埋下了种子。此时北大校内的新文化思潮正方兴未艾，无政府主义在学生中也非常流行。"北大图书馆公开陈列无政府主义机关报如《新世纪》、《民声》以及一时流行的小册子如《实社自由录》、

[①] 作者系北京市社科院文化所研究员。
[②] 客河：《学者朱谦之——本校"五四"人物散记之一》，《中大人文报》第26期，《朱谦之文集》第2卷，福建教育出版社2002年版，第246页。
[③] 朱谦之：《荷心》，《朱谦之文集》第1卷，福建教育出版社2002年版，第7页。

《伏虎集》之类,供人阅览"①,对朱谦之影响很大。中国的无政府主义思潮本来就曾从老子的无为思想中汲取资源,朱谦之被无政府主义吸引并不奇怪。

在读书思考的过程中,朱谦之糅合老庄哲学、无政府主义(特别是克鲁泡特金的学说)以及伴随着新思潮而涌入的柏格森、奥斯瓦尔德(Ostwald)一派的西方生命哲学,逐渐形成了他自己的虚无主义理论,并且以此来对当时种种新思潮展开批判。1919年他在《新中国》上发表了一系列这方面的文章,1920年初将其结集为《现代思潮批评》,由新中国杂志社出版。朱谦之在书的开篇便指出当时的新思潮缺少根本的破坏精神,对于任何事物只是问"为什么?""怎么做?",却不从根本上质疑"能够存在吗?"②在朱谦之看来,胡适的"评判的态度"也好,罗家伦的"三W主义"(即what、how、why)也好,充其量不过是"研究",谈不上真正的批评。③ 真正的批评应该是"革命的"、"破坏的",应具有根本而彻底的否定和反抗的精神。这便是朱谦之的"唯心的虚无主义"立场,即是一任自己的主观,对任何事物都加以毫不妥协的否定与反抗。朱谦之的矛头不仅指向胡适一派的实验主义,同时也指向新庶民主义(即民主)、广义派主义(布尔什维克主义)乃至无政府共产主义。

这里牵涉到朱谦之与无政府主义之间的关系问题。通常人们把早年的朱谦之视为无政府主义者,或者在当时的无政府主义者中区分出无政府共产主义者和无政府个人主义者,认前者为主流,而将朱谦之归入后者④,其实倒不如用朱谦之自己的说法,径直称其为"虚无主义者"更确切些。当时北大学生中的无政府主义者基本上都是继承刘师复的衣钵,信奉克鲁泡特金的无政府共产主义,他们有自己的社团(实社)和刊物(《实社自由录》、《进化》等),其代表人物是黄凌霜和区声白。而朱谦之和刘师复则没有什么渊源,他基本上是通过阅读来接触无政府主义思潮的。1920年1月他和易家钺、郭梦良等人创办《奋斗》旬刊,倡导"奋斗主义",仍是以虚无主义为底子,主张通过个人奋斗从事根本的破坏与革命。不久,朱谦之更是与黄凌霜在《北京大学学生周刊》上围绕无政府共产主义展开了公开的辩论。

发难者首先是黄凌霜,1920年2月,他以笔名"兼胜"在《北京大学学生周刊》第7号上发表《批评朱谦之君无政府共产主义的批评》一文,针对的正是朱谦之《现代思潮批评》中对无政府共产主义的批评。朱谦之在《现代思潮批评》中鼓吹"宇宙之革命",

---

① 朱谦之:《政治幻想的三部曲——我的小资产阶级政治思想批判》,《朱谦之文集》第1卷,福建教育出版社2002年版,第187页。
② 朱谦之:《现代思潮批判》,新中国社1920年版,第4页。
③ 朱谦之:《现代思潮批判》,新中国社1920年版,第12页。
④ 李怡:《中国无政府主义思潮与中国传统文化》,华中师范大学出版社2001年版,第60页。

反抗一切强权,不仅反抗政治和社会的强权,连自然界的"天地"强权也在否定之列。为此必须取消一切组织和劳动,要求绝对的自由。在黄凌霜看来,这些都近于抽象的玄谈。黄凌霜作为无政府共产主义者,主张在自由契约的基础上建立互助的组织,因生活的需要而从事必要的劳动。朱谦之很快做出回应,坚持自己作为虚无主义者的立场,绝对的反对自然界的强权虽做不到,"绝对是永达不到的境界,所以事实上不能实现,但我们为着真理之向上的努力,而向着绝对方面进行,这就是与绝对接近,而融化于绝对之中了。"同时又再次强调反对一切组织的必要,因为"组织只是名","组织只是力",唯有推翻一切组织,方能根本上废去强权。值得注意的是,朱谦之还批评无政府共产主义者不敢反对科学的强权,在朱谦之看来,坚持客观和理性的科学属于保守的力量,而革命则有赖于直觉和主观的哲学。① 黄凌霜再次做出回应,他抓住朱谦之对科学的否定,从根本上批判了朱谦之的思想方法,指出朱谦之如想发展一种学说,舍"完全采用的科学方法"之外,"恐怕没有第二条的康庄大道"。又批评朱谦之将力、能和强权三者混合,通称为强权,且主张把宇宙扑灭,也是空谈。②

从表面上看,朱谦之的虚无主义主张极端的破坏与革命,以"虚空破碎、大地平沉"的"宇宙革命"为极境,近于痴人说梦,较之以互助论为基础的无政府共产主义学说,无论就学理的系统性还是现实操作的可能性来说,都相差甚远。然而事实上,正因为朱谦之虚悬了一个不可能达到的"绝对境界",却使得任何朝这个绝对方向努力的革命行动,都获得了合法性,即"向着绝对方面进行,这就是与绝对接近,而融化于绝对之中"。朱谦之借用柏格森的"创造进化论",把"革命"看作一个处于绵延的时间之流中的"宇宙总进化"的过程,不同阶段的不同革命,因为都是这个"总进化"的一个环节,因而都具有合理性。从布尔什维克主义,到无政府主义,再到虚无主义,便构成了进化的次序。因而有意思的是,朱谦之在最终的目标上否定了布尔什维克主义和无政府主义,然而在达成这一目标的进化阶段的意义上却又肯定了它们。例如1920年"五一"劳动节之际,他写下《劳动节的祝词》一文称赞布尔什维克的革命:"虽然广义派的革命计划,在无政府学者看来,本来就不彻底,但从这方面看去,总算是无产者解放的初步"。③ 这样一种"进化"的眼光,有时候反而使得他对革命的看法更加灵活而务实。当无政府共产主义者攻击布尔什维克鼓吹阶级斗争、提倡专制和滥用强权的时候,朱谦之反而起来为布尔什维克辩护:"布尔什维克虽有极不对的地方,然未始非社会革命的过程。……因

---

① 朱谦之:《再评无政府共产主义》,《北京大学学生周刊》第9号,1920年2月27日。
② 兼胜(黄凌霜):《批评朱谦之君的无政府共产主义批评》,《北京大学学生周刊》第12号,1920年3月21日。
③ 朱谦之:《劳动节的祝词》,《北京大学学生周刊》第14号,1920年5月1日。

他是空谷足音,也是一个能够做媒摆渡的工具。"①

这样一种对革命的看法也反映在朱谦之的实际行动中,当时他就积极投身于五四运动。朱谦之后来回忆说,"在五四学生运动,每次示威大集合,我都有机会参加"②,"既然卖国政府应该打倒,那末把这反对政府的倾向推到极端,就是无政府主义和虚无主义"③。反过来也可以说,反对卖国政府的革命行动,同时也就是达至无政府主义和虚无主义的一个阶段。但是一般的无政府主义者却未必这么看。许德珩回忆说,五四时期北大的无政府主义者一般都主张"不要国家,不要家庭","看不起大伙同学的爱国运动,以为'爱国'是落后的思想"④,由此可见两者之间的分歧。

在"宇宙总进化"的过程中,任何革命行动都是有意义和可行的。与有组织的社会革命相比,朱谦之的"革命"更像是随时随地的"游击战",缺少(也不需要)具体的现实目标和实践手段,只是凭着一己的热情和冲动,向着"绝对"的境界奋斗。用他自己的话说,便是"不要知识,更无所谓逻辑,就是无逻辑,我所有的,只是感情,我所能做的,只是感情的冲动,就是破坏。"⑤1920年3月28日,升入本科哲学系才半年的朱谦之在《北京大学学生周刊》第13期上发表了《反抗考试的宣言》,宣告从此不受任何考试,同时又写信给蒋梦麟和胡适,声明自己的主张,并表示不要文凭。⑥ 1921年10月9日,朱谦之和友人毕瑞生在正阳门一带散布革命传单,毕瑞生被捕,因为身上携带着他写的《中国无政府革命计划书》,朱谦之便决定投案自首,随即入狱。在革命同志的营救下,于1921年1月出狱。出狱后又曾实行自杀,表明"自己有决定自己运命的自由,舍此之外,任何伦理、社会、政治、法律,吾皆熟视若无睹。"⑦这仍可看作一种极端的自我"革命"。5月,朱谦之又决定到杭州随太虚大师出家,然而这"不是为'厌世'而'出家',正是为'奋斗'而'出家'"⑧,目的乃是在佛教界掀起一场革命。这一连串的"革命"行动,无一例外都归于失败。也许可以说这"革命"的目标不在成功,而就在当下的"革命"本

---

① 朱谦之:《AA致AD》,《奋斗》第8、9期,1920年4月30日,张允侯等编:《五四时期的社团》第4册,生活·读书·新知三联书店1979年版,第206—207页。
② 朱谦之:《世界观的转变——七十自述》,黄夏年编:《朱谦之选集》,吉林人民出版社2005年版,第407页。
③ 朱谦之:《政治幻想的三部曲——我的小资产阶级政治思想批判》,《朱谦之文集》第1卷,福建教育出版社2002年版,第187页。
④ 许德珩:《五四运动在北京》,中国社会科学院近代史研究所编:《五四运动回忆录》上册,中国社会科学出版社1979年版,第212页。
⑤ 朱谦之:《破坏与感情冲动》,《奋斗》第5号,1920年3月30日。
⑥ 《哲学系学生朱谦之君与蒋梦麟教授来往函札》,《北京大学日刊》1920年3月30日;朱谦之:《致胡适》,耿云志主编:《胡适遗稿及秘藏书信》第26册,黄山书社1994年版,第50页。
⑦ 朱谦之:《世界观的转变——七十自述》,《朱谦之选集》,第413页。
⑧ 吴康:《朱谦之不是为厌世而出家》,《晨报》1921年5月30日。

身,在"孤独的奋斗"本身。

二

朱谦之的革命行动既难以为人理解,作为其行动之基础的虚无主义思想也缺少知音。他曾劝胡适革命,胡适正设计他的"好政府主义",对无政府主义只能敬谢不敏。① 陈独秀也说他"头脑里为中国、印度的昏乱思想占领了,不知道用科学的方法研究人事物质底分析"②。思想上的孤立无援,似乎又进一步地强化了他孤绝的姿态,使得他在"孤独的奋斗"途中愈走愈远。1920 年 7 月,朱谦之就曾实行过一次自杀,当时他的同学刘国航给胡适写信谈及此事:"他的'虚无主义'自发表以后,并没有人批评,这也是他失望的一件事,也是叫他对于社会绝望的。"他希望胡适能够发表对朱谦之虚无主义思想的若干意见,以为他作"批评朱谦之虚无主义的思想"的参考③。目前尚未能看到这篇文章,大概结果也是不了了之。

在这种情形下,朱谦之的虚无主义渐渐走入绝境,在短暂地求助于佛学又遭到失败之后,1922 年,朱谦之的思想开始转移到"唯情哲学"上来,由怀疑和否定一切,一变而为信仰"情"为宇宙之本体。实际上,所谓活泼泼的"真情之流",仍然保留着"宇宙总进化"思想的痕迹,而此前他谈革命与破坏,也总是强调情感与直觉的决定性作用。只是此时绵延于"宇宙总进化"过程之中的不再是革命与破坏,而是"真情"。从这里朱谦之告别了"革命"的五四时代,也告别了虚无主义者的生涯,开始主要以学者的身份从事文化和学术建设的工作。尽管他的学术视野极为广阔,且总是处于变动之中,然而他五四时期的思想痕迹仍然清晰可辨。例如他始终排斥实证性的科学方法,倾向于以整体性的、哲学的方式把握对象(文化哲学、历史哲学),更重要的是,他的学术背后的关怀总是指向当下和未来(如提倡"南方文化运动",主张以"考今"为目的的"现代史学"),仿佛那绵延的时间之流总是把他的目光从过去引向现在和未来。

朱谦之从 20 世纪 20 年代起就不断地开始写自述,几乎每十年就会写一部。在剧烈动荡的历史变迁中,他不断地调整自己的人生和学术方向,同时也在不断地调整对自己的认识,不断地反思和批判自己(这种反思和批判在新中国成立后达到高潮),又不

---

① 见胡适 1921 年 6 月 18 日日记,曹伯言主编:《胡适日记全编》第 3 册,安徽教育出版社 2001 年版,第 325 页;1921 年 8 月 11 日日记,《胡适日记全编》第 3 册,第 427 页
② 陈独秀:《答皆平(广东——科学思想)》,《陈独秀著作选编》第 2 卷,上海人民出版社 2014 年版,第 382 页。
③ 《刘果航致胡适》,中国社会科学院近代史研究所中华民国史组编:《胡适来往书信选》上册,中华书局 1979 年版,第 100、101 页。

断地从中获得再生。这几乎是在另外一个意义上,重写早年向着"绝对"境界不断"革命"的历程。生命亦如同这绵延的时间之流,每一刻都是从过去向现在和未来的再出发,每一刻他都试图站在时代的潮头向未来眺望。在朱谦之的自述文字中,也包含着对五四新文化运动的反复叙述。此外,他还写了不少纪念或谈论五四的文字,透过这些文字可以发现,他对五四的评价和认识也总是处在不断的变动当中,这些评价和认识和他不断再生的自我意识密切相关。

在出版于 20 世纪 20 年代的两部自述《荷心》和《回忆》(均收入《朱谦之文集》第 1 卷)中,朱谦之把他的五四时代概括为"革命思想时代"、"革命实行时代"和"厌世悲观时代"三个阶段,主要是心路历程的描述,并没有谈及对整个五四运动的评价。我们可以从作者当时的爱人杨没累写给他的信中,看到五四留给他的整个印象:"五四运动时,我们往昔的热烈景象,仿佛春草朝阳,大有嫩生生欣欣向荣之概。"[①]1932 年起朱谦之执教于中山大学,此时他的思想已经转变到孙中山的三民主义和大同思想上来,九一八事变引发的民族危机,使他决心提倡"南方文化运动",作为文化救国的方略。朱谦之对五四的看法亦随之改变。1940 年五四纪念前夕,朱谦之写了一篇《五四运动之史的追述》,他站在抗战建国的立场上,指出"'五四'时代的新文化运动,仍不免于批评的、破坏的,乃至带着散漫的、个人主义的色彩",而当下的目标乃是以统一的"抗战文化之意志",从事建设的、有组织的文化运动。[②] 另外一篇《新伦理》也表示要把五四时期个人本位的新伦理根本推翻,而回归到民族伦理。[③] 在写于 1945 年的自传《奋斗廿年》中,朱谦之明确宣布:"我本是'五四'时代的新青年,曾为五四时代的新伦理而战,现在却要再做一个抗战建国时代的新青年了。"[④]如此剧烈的转变,不仅仅是时代思潮影响的结果,其中包含着朱谦之五四时期便已孕育成熟的内在思想逻辑,那便是面对当下和未来的使命,不断地批判和超越自己,以期获得新的再生。

这样一种对自我及五四新文化运动的反思与清理在新中国成立前后达到高潮。1951 年撰写的《一个哲学者的自我检讨——五十自述》清晰地描绘这段时期他的思想变迁的轨迹。他自觉地向中国共产党的新民主主义论靠拢,将"五四精神"概括为"群众精神",并且欢呼自己因为融入群众而获得了新生。[⑤] 此后他还写下了《无政府主义批判——"五四"四十周年纪念》(1959)、《世界观的转变——七十自述》(1968)、《政治

---

① 朱谦之:《奋斗廿年》,《朱谦之文集》第 1 卷,福建教育出版社 2002 年版,第 67 页。
② 朱谦之:《五四运动之史的追述》,《读书知识》第 1 卷,1940 年第 2 期。
③ 参见朱谦之:《新伦理》,《朱谦之文集》第 2 卷,福建教育出版社 2002 年版。
④ 朱谦之:《奋斗廿年》,《朱谦之文集》第 1 卷,福建教育出版社 2002 年版,第 85 页。
⑤ 参见朱谦之:《一个哲学者的自我检讨——五十自述》,《朱谦之文集》第 1 卷,福建教育出版社 2002 年版。

幻想的三部曲——我的小资产阶级政治思想批判》(1969)(均收入《朱谦之文集》第1卷)等自述文章,不断地清理和批判自己五四时期的虚无主义思想,态度之执著与真诚,在同时代学者中罕见其匹。不应将这种自我批判简单地归结为政治压力的结果,应该从中体会朱谦之在否定和批判中获得再生的真切渴望。终其一生,朱谦之都没有失去五四时期那种向着"绝对"境界革命与奋斗的动力,在这个意义上他依然不失五四青年的本色。

朱谦之晚年在自叙诗中写道:"五四青丝令老苍"。青丝不尽,老且益苍,这是五四青年朱谦之一生的写照。

在复原历史中寻求共生
——蓝博洲的《幌马车之歌》的存在意义

陈 言[①]

这些年,无论是台湾朋友来京,还是我去访问台湾,带来的礼物大多是凤梨酥。凤梨酥外皮酥松,馅儿香甜可口,不粘不腻,品尝之后让人流连。凤梨闽南话发音又称"旺来",象征子孙兴旺发达,更是博得了讲究讨口彩的中国人的喜爱。在台湾有过短期会务、旅游和就医体验的我特别想用形容凤梨酥的"轻清柔美"来形容台湾的文化、风土和人情。几年前,大陆的人气作家韩寒更是以一篇名为《太平洋的风》的博客文章撩拨起大陆人对台湾渴望已久的文化和政治味蕾。一位读过韩寒文章的朋友问我:"台湾真的像韩寒说的那样好么?"我先说"是",因为我无权刻意抹掉那些美好的肌肤感受;继而又答曰"不是",总觉得它无法解开我的种种困惑,于是说,那不是"是"和"不是"的问题。

那么,它又是什么问题?

自从台湾向大陆开放个人游的力度不断加大,凤梨酥已然成为台湾糕饼市场的金砖。然而据说恰恰是那些靠两岸开放政策赚足了腰包的台商成为台独票仓的鼎力支持者:既欢迎并且依赖大陆的经济政策,又想拥有独立自主的政治区域,这让他们陷入两难。钱袋子鼓鼓的大陆人显然最受台湾人欢迎,然而台湾有专门的电视台拍摄制作那些行为缺乏礼貌的"陆客",以足够有力的证据表达对"中国"的拒斥。在台湾学界,有少数人坚持以"母语"台湾语(也即台湾的福佬籍人士所讲的闽南语)来对抗"国语",以召唤台湾主体精神的建构,却不愿承认闽南语也是古老的中国语之一种这一事实。蓝绿两党互骂"锁国"、"倾中",潜意识里都把"中国"当成另外一个国家来看待,这种政治操作固然规避了各自党派的某些政治风险,但在世界政治格局中却无法清晰表明自己的身份。越来越多的交流与交往,没有消弭历史造成的恩怨情仇,以及因此而形成的台湾社会内部的省籍对立。将"台湾人"与"中国人"对立起来,已然成为主流媒体的

[①] 作者本名陈玲玲,系北京市社会科学院文化所研究员。主要研究日本占领区文学、战争时期中日文学关系、大江健三郎及冲绳问题等,兼及翻译的理论与实践。

语言。普通民众在善意的迎拒中有抗拒,有嘲笑,有敌意,小心翼翼地抗拒着被大陆化,坚守着几十年来高高筑就的"民主自由心墙"。韩寒的文章在台湾亦受到热传,也是迎合了台湾社会对大陆的普遍恐惧与焦虑。就连那些一向"反中"、"反共"的电视台,也在热门时段的政论节目中对韩寒的博文赞不绝口。只是,这样的论调是在加深两岸的交流,还是在坚守两岸的对峙?"台湾"果真可以摆脱"中国"这个巨大的实体及其影子而成功地进行身份重建?

长久以来,我一直被种种上述的疑问缠绕着。一个偶然的机会,我读到了由法律出版社出版的台湾作家蓝博洲的新书《幌马车之歌》。说它是"新书",其实并不确切。早在1988年,书中篇章就在陈映真主持的《人间》杂志上陆续刊出,1991年时报出版公司结集出版,2006年,日文版发行。时隔二十四年,这部讲述前行代知识分子奔赴大陆抗日、在国民党白色恐怖运动中受难的书才迟迟与大陆观众见面。舌尖上柔嫩酥软的凤梨酥的余香还在,受难、牺牲、对立、撕裂的主题又迎面而来,两岸的政治对立之势并没有明显减缓,种种迷乱的现象令人心生错愕。或许顺着"幌马车之歌"回到历史现场,能够帮助我们寻找到理解历史的某种回旋空间。

一、乡愁:最高贵的痛苦

1932年,一首叫作"幌马车之歌"的歌曲诞生,迅速风靡日本,并且很快流播到"满洲国"和台湾。由于时值日本发动满洲侵略,这首歌被后来的治史者视为"以驱唤前往侵略地满洲及构筑日本人之梦"为己任。然而就歌曲本身而言,则大不相同,甚至可以看成是帝国之梦的逆写:"在充满回忆的小山上,遥望他国的天空,忆起在梦中消逝的一年,泪水忍不住流了下来","马车的声音,令人怀念,去年送走你的马车,竟是永别",这哪里是召唤侵略,明明是在表达无法回到故乡的痛苦。作曲者原野为二(1905—1943)热爱西方古典音乐,他创作的《林荫道的雨》、《花开雨中》、《片濑波》等歌曲皆融入华尔兹、探戈等元素,在昭和初期掀起日本的歌坛风云。原野为二本名池田不二男,之所以改名,是"原野为二"的日文发音与"腹の為に"相似,取"为了果腹"之意。这位出身贫寒的作曲家于1943年病逝,他的思想倾向与日本当时的主流意识并不契合。"幌马车之歌"有四十九小节长长的前奏,随着空灵干净的曼陀铃一奏响,歌声也随之响起。不知是古典味道浓厚的曼陀铃之故,还是优雅的华尔兹元素,总之,这首歌自流行之始就因为缺少日本元素、时代元素,而让很多人误以为是颇具怀旧意味的西洋名曲。

由于抗战胜利后接收台湾的国民政府贪腐事件频发,基隆中学校长钟浩东的思想日渐左倾,加入中国共产党,1947年7月秘密成立共产党基隆中学支部。1948年秋开始参与筹办《光明报》,宣传左派思想,1949年遭逮捕,1950年10月14日被处以极刑。临行前,钟浩东就是唱着这首"幌马车之歌"平静告别难友的。在他沉重的脚链拖沓声中,"幌马车之歌"在他身后的牢房里响起,声音起初很轻,然后逐渐汇成洪亮的大合唱。这首歌就是蓝博洲的这本书《幌马车之歌》的由来。

钟浩东也以为"幌马车之歌"是西洋思乡名曲,他曾经告诉他的夫人蒋碧玉:"每次唱起这首歌,就会忍不住想起南部家乡美丽的田园景色!"他从不唱日本的军歌,也不允许周边朋友唱,而且对粗俗的流行歌曲也不屑一顾,但唯独钟情"幌马车之歌"。钟浩东以生命为代价,对与自己的原乡中国承受同一命运的理想做了注解。

《幌马车之歌》简体版本的腰封上写道:"黄昏时候,在树叶散落的马路上,目送你的马车,在马路上晃来晃去地消失在遥远的彼方",这段话引自蒋碧玉对那首歌的理解。笔者以为,这样的理解和引用与蒋碧玉及本书的编者缺乏生活实感有关。根据《集韵》的解释,幌,帷也。所谓"幌马车",简单地说,就是上面覆盖帷幔的马车,它最早出现在美国西部开拓的18世纪后半期。1905年,日本开始向中国东北试点移民,九·一八事变之后实施武装移民,七·七事变又实施国策移民,到1945年战败,日本共组织14批次、总数为7万户、20万人的集团式开拓移民团侵略中国东北。有意思的是,在这块被入侵的异族开拓的土地上,同样出现了幌马车,时人描述"坐的地方是装上一个车厢,两旁开小窗两个。在车厢两旁用两根竹竿竖着一块布,遮蔽马体,避免太阳和雨的直接晒淋"①。即便是在火车出现之后,幌马车仍然是当时的东北极为重要的交通工具。如果因为路况恶劣或者陡坡而左右摇摆不稳定,也只能说它"晃来晃去"。故笔者以为印在腰封上的"在马路上幌来幌去地消失在遥远的彼方"中的"幌"是个错别字。蒋碧玉作如是说,显然是因为她没有见过幌马车,然而那树、林荫道、落叶、马车、颠簸震荡的马路和远山这些贴近肌肤的体验与想象,它所折射出来的怀旧情结,与钟浩东以生命所做的诠释一样,都是对"家园"般归属感的追索,它不仅涉及近代以来台湾人的困境、海峡两岸中国人的厄运,也涉及人类处境的核心问题。这让我想起德国哲学家赫尔德(Johann Gottfried Von Herder)说的,"流亡者的乡愁是最高贵的痛苦"。赫尔德还诗意地阐明,乡愁是民族主义的隐喻,意味着对政治共同体的归属感。结果,一首最初被设定为要为殖民服务的歌曲,却悖论地转化成了钟浩东们抵制日本殖民的思乡之声。

---

① 缐瑞亨:《从广州到满洲》,广州民声日报出版社1943年版,第87页。

二、回到日本殖民统治的源点

蓝博洲在为日本版写的序中这样说道:"这是生在殖民地台湾的年轻人爱的物语,也是他们反抗殖民主义、寻找祖国的物语"。本书中,作者采用官方档案和历史当事人的证言,清晰地勾勒出日据时代台湾人的情感结构。比如钟里义讲述父亲钟镇荣为反抗日本人,在报户口时改名"钟番薯"(所谓"番薯",即指称"台湾")。钟浩东学生时代阅读大陆作家的书籍而受到处分、累及父亲被招至学校接受警告,他还因为偷偷阅读《三民主义》遭到日籍老师辱骂为"无礼的清国奴",结果不堪其辱,抓起桌子上的书掷向日籍老师。书中提到的汪知亭的遭遇详细介绍了殖民教育中所受到的民族歧视和差别待遇。名为萧道应者描述自己出身抗日世家,他上中学就开始自觉抵制日本的同化教育,以穿传统台湾衣服来反抗校规。萧道应讲述,以钟浩东为首的小团体一致反对日本一切以"改良主义"手段,或"争取台湾人权利"为名的合法斗争,在民族认同上,他们都认为自己是中国人,是华侨,不是日本人。他们以最消极的态度称日本人为"日本人",绝不称呼"内地人"。当他们与日本人对话,不得不提到"日本人"时,就用"你们"来称呼,以区隔开"我们"台湾人。蒋碧玉讲述:有一次他们被迫参加庆祝"七·七事变"胜利的游行,当队伍走到西门町圆环时,钟浩东指着喷水池中四个喷水的水牛铜像对她说:"你看!我们台湾人民就像那四只水牛;他们辛勤劳动的收获,就像水一样,在日本帝国主义的压榨剥削下,统统都吐出来了!"当队伍经过总督府时,他又故意烧掉灯,以示抗议。这一群志同道合者组成读书小组,经常聚在一起,学北京话、学唱《义勇军进行曲》等抗战歌曲,经常讨论思想问题,如,如何通过互相排除"排外的动物本能",摒弃闽客之间狭隘的族群意识;反对封建意识,在反对日本殖民统治的课题上,他们一致反对一切以"改良主义"手段,或"争取台湾人权利"为名的合法斗争。

日本殖民当局意识到,要想在台湾实施长久统治,就必须剪除台湾人的民族意识,故此不停切断台湾与中国的联系,借助"政治统合"、"经济统合"、"国民统合"和"文化统合"的所谓"近代化"方式,对台湾进行剥削和压制。其中,作为同化政策的核心语言与文化的认同,当然也惨遭切断。1895年,日本于台北芝山岩设立"国语传习所"(这里所谓的"国语",是指日本语),迈开了钳制汉语的第一步。1915年起开展"国语普及运动"。1920年规定州、市、街、协议会以日语为会议用语,禁止使用汉语。1933年总督府制定"国语普及十年计划"。1937年,展开"国语常用运动",通令全台公务人员无论公私场合应用"国语",学校禁止学生说汉语,推行"国语家庭",禁止汉文书房存在,禁止报纸的汉文栏。到1944年,"国语"普及率高达71%,台湾基本上形成一个日语社会。"语言"与"权力"无法分开,已经为学界所共识。习惯性地使用一种语言,也就意味着接受了一种文化;反之,切断与母语的联系,也就意味着切断与他的本源文化的联系。光复初期,国民政府强制禁止公文书、教科书及报纸使用日文,强令销毁日据时代印行的书刊、电影等中有诋毁本国、本党或曲解历史者;同时强制推行国语,要求一年之内普及国语,如果在学校里不说国语,将被罚站或者罚款;讲日语的公务员得不到晋升机会;作家失去了发表的平台,台湾人陷入不同程度的语言转换的苦恼中,以及与此相连的祖国意识的丧失和认同的"白痴化"。被奉为台独圭臬的王育德称:"当时已经有许多台湾的知识分子,在日本国内和台湾岛内,处于跟日本人几乎无法区别的状态下,和日本人并肩活跃。前往中国、满洲和南洋的台湾人,被当地人视为日本人,体味到优越感"[①]。他认为是日语和日本文化将台湾从封建社会带入现代文明社会,其"主体性接纳"的历史观一举抹杀了殖民统治的血腥罪恶,与日本长久以来的殖民统治"有功论"相契合,这种丧失自我、站在殖民者立场、以文明开化者自居的态度表明,日本的殖民统治带来的伤痕实在深重。

往往由支配者给予的语言,被支配者若是使用,则变为奴隶的语言。台湾文学研究者黎湘萍在研究日语时代台湾作家"首""体"分离的"双乡"心态时,也指出:"从三十年代开始至四十年代,曾到日本留学的台湾知识者,几乎都产生过这种'分裂'的心态。这是'孤儿'意识滋生的精神土壤,也是在台湾这个'强权横行'的土地上,知识者的文化身份认同遭遇空前危机的主要原因"[②]。然而我们很幸运地看到,钟浩东、蒋碧玉、李南峰、萧道应夫妇等这一批同路人,在日语成为霸权的时代,幼年接受了延续汉文命脉的私塾教育,虽然习得日语,并且其中不少人有留日经验,由于他们对日本殖民的强烈批判意识,以及对中国原乡的倾慕,日语反而成了他们认识日本殖民霸权本质的工具。所以他们辗转前往大陆,融入抗日的洪流,也具有必然性。

福佬话里称中国为唐山,那些经居留中国大陆一段时间再返台的台湾人则被称为"半山",即半个中国大陆人。由于钟浩东们这些半山们不了解入国手续,亦不清楚他们刚到大陆的1940年国共合作破裂的局势,而且如果在前线抓到日本鬼子或汉奸可以领取巨额赏金,这些半山们刚一进入广东惠阳境内,就被国民党视为日本间谍遭到扣押,后经时任第四战区和第七战区少将参议的丘念台(1894—1967)陈情上级,他们才被免于执行枪决。之后,他们分别服务于韶关民运工作队和南雄陆军总医院。1944年年初,钟浩东等人前往广东人民抗日游击队东江纵队工作,其间秘密加入共产党的外围

---

① 王育德:《台湾——苦闷的历史》,弘文堂1964年版,第149页。
② 黎湘萍:《文学台湾——台湾知识者的文学叙事与理论想象》,人民文学出版社2003年版,第89页。

组织抗日民主同盟,负责策动台湾同胞的抗日工作。这是《幌马车之歌》向我们详细描述的。其实,这里还有一个背景需要补充。日据时代到大陆、特别是福建一带的台湾籍民,利用享有治外法权之便,假借日本威风,包赌包娼,走私贩毒,且同时从事情报工作,破坏当地社会秩序,从事对抗排日、抗日的运动,这些人被称作"台湾浪人"、"台氓"或"台湾呆狗"。两岸"骨肉相残"、"兄弟阋墙"的局面也是钟浩东们不被信任的历史大背景,而这种局面的肇因也是日本帝国对殖民地的支配。故此,无论是理解钟浩东们历尽艰辛到大陆抗日,还是去理解抗日背景下两岸兄弟相残阋墙的情形,都要回到日本殖民统治这个源点,在这个历史脉络中去寻求理解。

三、回到国民党的白色恐怖现场

我生于20世纪70年代上半期。小的时候如果哭闹,父母就会以"再哭国民党就来了!"来吓唬我们。那时的电影里,只要看到面容丑陋、神情邪恶的,就知道是"坏人"国民党。我们还从教科书里知道,国民党消极抗战、积极内战,弄得国土沦陷、民不聊生。到了80年代后半期,也就是我的中学年代,两岸开始互通有无,国民党领导的台湾成了我们艳羡的亚洲四小龙之一,我的几十年音讯杳无的舅舅从台湾回到苏北老家,同时带回松下、索尼等电器,我的家迅速成为瞩目焦点。再后来,我们读到更多的历史,逐步了解到国民党在抗战时期的巨大贡献。再后来,也就是2005年春意盎然的4月,时任国民党主席的连战访问大陆,赢得朝野欢腾,西安小学生以一首"连战爷爷,您回来了"的朗诵诗歌欢迎"游子"回乡,国民党"坏人"的形象转瞬间消散。而民进党八年执政期间的台独立场,更加剧了我们对国民党的信任、同情,还有希望。我们不假思索地把两岸的对立与分裂的历史责任一股脑儿地推给了民进党。在台湾最高领导人的竞选中,大陆的民众普遍把情感票投给了国民党。

然而,在复原历史的过程中,国民党需肩负起什么历史责任呢?

让我们回到历史现场。

1947年2月27日,几名警察在稽查走私香烟的过程中,打伤一名卖私烟的寡妇,并开枪打死一名路人,引起众怒。行政长官陈仪敷衍抗议民众,暗地里却下令埋伏的官兵于1947年2月28日凌晨用机关枪扫射抗议人群,造成伤亡,以致官民对峙不可调和,局面失控。国民政府最终以武力镇压、滥杀无辜收场。这就是"二·二八"事件。关于事件的远因,在于负责接收台湾的国民党大员涌进台湾后,占据党政军所有高级职位,不仅不去恢复与重建,反而乘机营私舞弊、搜括钱财,官场腐败、军纪败坏;而另一方面,热切盼望回归祖国的台湾失业严重、物价飞涨,仍然处在战时经济的阴影中,对国民政府的怨恨愈积愈深,终至爆发反对专制独裁、争取民主自治的斗争。随着国际冷战体制的逐渐形成,从1949年5月国民党实施戒严,国民政府进行言论管制,处决许多异议分子,其中包括大陆来台的进步人士、台湾本地的工农和知识分子,以及日据时代留下来的进步势力,左翼力量遭到毁灭性打击,左翼批判思想遭到灭绝性的肃清。"二·二八"事件以及其后漫长的白色恐怖,加剧了复杂的省籍矛盾,正如蓝博洲在"自序"中说的:"'二·二八'起义的爆发和镇压,付出了整整一代台湾人对中国和民族事务的挫伤、抑怨、幻灭、噤默与离心,以及无以数计民众的死伤,和死伤者家属内心长期的怨悱……这些昂贵的代价并且长期伤害了光复后台湾内部的民族团结";其更深层面的危害还在于,"它更把日据以来台湾进步思想的传统,不管是哲学的、文学的、艺术的、乃至运动的理念都彻底消灭,从而把台湾社会的良知与正义都彻底消灭,进而造成后来以台湾资产阶级为主导的亲美、反共、反蒋、反华的台独思潮在小知识分子阶层成为主流,以至于整个社会的思想意识长期陷入丧失民族主体性的可悲的虚脱状态"。长久以来,台独派将解严前的台湾史简化成国民党与党外、外来政权与本土意识对立的冲突史,将白色恐怖视为鼓吹台湾的民主与自由,进而为其"台湾建国论"提供历史依据。

在《幌马车之歌》一书中,蒋碧玉、李南峰、戴传李等讲述者不仅讲述台湾民众捣毁贪官宿舍、焚烧官府、警民冲突的情形,而且描述了"阿山"(指从大陆来台的外省人,相对于上述的"半山")被处处喊打的境遇,以及他们对外省人"阿山"的庇护。钟浩东在"二·二八"事件中也竭力保护外省人,他召开基隆中学的师生大会,号召学校师生同情和支持台湾人民反对美蒋的斗争。钟浩东还把学生罢课与国内的罢课联系起来考虑问题。事变让绝大多数台湾知识青年的思想陷入无出路的苦闷,以及民族认同的危机。这时的钟浩东则冷静分析了事件的根源,认为它在本质上是一种偶发事件,但由于陈仪接收体制的政治、经济剥削所提供的物质条件,才迅速扩大蔓延。此后,钟浩东组织"时事讨论会"的学习小组,进一步分析政治局势,使得身边人化解了对祖国认同的危机。

"二·二八"事件尽管因为偶发事件所致,但若将其放在国际大背景中,它恰恰是第二次世界大战之后美国势力范围内的反共政权与美国合作、右翼政权对左派进行屠杀的反共浪潮之一。1948年4月朝鲜的反美反朝鲜半岛分裂势力发动武装起义,结果起义者一律被视为暴徒遭到斩首。在菲律宾和中南美洲,也都发生类似事件。但是只有在台湾,左翼力量被整肃得最为彻底;与此相关联的是,战后台湾社会必须面对的清除日本殖民伤痕的工作也被长久搁置。20世纪50年代之后的台湾因循冷战和内战的双重构造,一跃而跻身亚洲四小龙,说到底,是美国为了将台湾打造成反共基地,在世界分工体系里有意识地挪出一块地方,让它在规定的框架内有条件地发展,就如同日据时代台湾的现代化,也是为了顺应日本的经济需要、在其严格限定下有目的发展起来的,具有浓厚的"根据殖民地"之取向,最典型的,如蔗糖稻米经济模式。除了经济,在政治、军事上也成为美国和日本的全面附庸。尽管李敖等知识分子在60年代以来以失去人身自由的代价,发挥着思想启蒙和精神解放的作用,然而他们提供的思想资源,最终也只是汇流成以英美为师的单一面向的现代化图景。无论是早期台湾人对"贫穷唐山"、"落后支那"的贬抑,还是如今台湾人对乱象丛生的问题中国以及被形塑出来的"妖魔化中国"的拒斥,都不仅仅是文明对野蛮的拒斥,也是台湾用日本和美国的帝国之眼来表达的对中国的拒斥。自李登辉主政以来,因地方政权施政不当而引发官民冲突的"二·二八"事件的受害者及其家属逐渐获得了道歉和补偿,然而在内战和冷战的双重构架下发生的白色恐怖,其受难者并没有受到相应的重视。如果台湾不能消除这种内部的自我分裂,无视内战和内战格局下两岸的分断历史,不去直面自身因对美日的全面附庸而失去主体性的问题,又如何去实现真正的民主、完成"新台湾人"的身份重建?这是我一直感到疑惑的地方。

四、聆听"幌马车之歌"

蓝博洲正是在挖掘台湾历史的轨迹中,来追寻台湾人的中国人意识的源头的。他用丰富的历史证言揭示出:日据时代的台湾知识分子钟浩东们一直在从汉文和中国的革命运动中汲取感情力量和思想资源,台湾民族主义运动与战时中国大陆的民族主义运动具有同构或者重叠关系,并非相互对立。而当时的台湾总督府其汇编的《警察沿革志》中也不讳言:"在观察台湾社会运动时,民族意识问题实具有极重要的意义"。台湾光复之日,全岛同胞欢欣鼓舞,举行盛大的游行庆祝,南音、歌仔戏、龙灯舞狮等被禁几十年的民间文艺全部出动,锣鼓恸地,民众焚香祭祖,禀告列祖在天之灵,"台湾光复了",这些都是今天台湾人可以超越两岸对立的历史情感基础。作者在"序"中指出,"历史随着世界两极对立结构的形成而改变了它的轨道。台湾与祖国大陆也因此再度处于长期的分裂状态之中",他想要阐明的观点是:抗战胜利之后的国共内战与国际冷战格局才是如今台湾人身份认同混乱的根源所在。

由于国民党漫长的戒严时期完全遮蔽了"二·二八"事件和白色恐怖的历史真相,日据时代的历史问题也被封存。蓝博洲的写作在台湾政治与文化语境中的意义正在于,在创作尚不自由的环境里,以巨大的勇气揭露历史真相。如今,《幌马车之歌》出现在大陆,上述历史真相的去蔽意义仍然存在,大陆知识界对于台湾战后历史面貌的认知未必是清晰的。另外,由于钟浩东们的革命志向与中国大陆革命年代的先驱的新民主主义革命理想是重叠的,书的引进不存在政治正确与否的问题,以至于大陆读者因从中寻找到"一致"或"统一"意识而喜悦,或者是因对现状的不满而对蓝博洲契合了大陆的政治政策有所不满。而我以为作者笔下钟浩东们的流动的、反抗的认同意识值得借鉴。他保持流动视角,是因为日据时代的帝国霸权使得被殖民者消音,等到回归祖国的怀抱,国民党的独裁又在压制弱势群体的反抗。他的反抗姿态是因为要保持独立思考的自由,避免被权力同化。一言以蔽之,钟浩东们始终坚持以独立的姿态和不可让渡的原则对抗霸权(日本殖民)或极权(国家机器),不断质疑统治者的胜利,读了这样的书,我们会知道我们需要什么样的知识分子。蓝博洲对大陆读者还有一个期待,那就是期待久已迷失的大陆人重新找回已经或是正在流失的理想。伴随着作者的期待,我想我们可以从思考作者的疑惑做起,那就是:为什么钟浩东可以不死却要去死呢?在钟浩东看来,对原乡的追索,不是为自己找一个温柔乡或乌托邦,或一个安身之地,而是为了将那个原乡、即政治共同体内部由隔绝变为友爱,由混沌变为有序,他宁愿把自己一次性地交付出去,忍受肉体上的没有"家园"的痛苦。那么显然,凤梨酥的现代消费性特征无关乡愁,而钟浩东戴着沉重的脚镣走上刑场时与战友共同唱响的"幌马车之歌"才能引发沉重而又高贵的乡愁。

　　阖上最后一页,再翻开目录,我对作者使用"第一乐章"、"第二乐章"这样的音乐术语提出质疑:从情感的表达上看,每一章的情感表达都趋向严肃、稳重,对情感的表现含蓄内敛;而一部真正的音乐作品,不同的乐章,其速度、风格和节拍应该有变化,那么这是否是对音乐术语的误用?不过仔细想来,在惊人的平静的文字背后,作者的内心又何尝不是波涛汹涌?只是他清楚地知道,伴着"幌马车之歌",带引我们"寻访被湮灭的台湾史和台湾人",记录历史,有必要保持平静与节制。

蓝博洲:《幌马车之歌》,法律出版社2012年版

西洋精华

苦难世界——赫西俄德思想的底色

杜丽燕[1]

与荷马相比,赫西俄德似乎并没有太大的名气,他的思想也常常被人们忽略。甚至连他生活的时代,史学界也众说纷纭。对于赫西俄德最早的文献记载,应该是希罗多德的《历史》。赫西俄德在探讨希腊各种神祇的来源时说,"从什么地方每一个神产生出来,或者是不是它们都一直存在着,他们的外形是怎样的,这一切可以说,是希腊人在不久之前才知道的。因为我认为,赫西俄德与荷马的时代比之我的时代不会早过400年;是他们把诸神的家世教给希腊人,把它们的一些名字、尊荣和技艺教给所有的人,并说出了它们的外形。"[2]希罗多德还指出一个当时的传说,即赫西俄德比荷马较晚一些。希罗多德(公元前484—430/420年)是公元前5世纪的历史学家,时逢希波战争。一般史学著作依据希罗多德的说法,推断赫西俄德的鼎盛年为公元前9世纪中期。也有学者认定赫西俄德的时代为公元前846—777年,即公元前9世纪中期—前8世纪前期。

赫西俄德在《工作与时日》中说,奥林匹斯山神共创造了五代人,分别是:黄金种族、白银种族、青铜种族、英雄种族、黑铁种族。按照赫西俄德的描述,第四种族是一些半神的人,是"高贵公正的英雄种族,是广阔无涯的大地上我们前一代的一个种族。"[3]这些人经历了七雄攻忒拜,也经历了特洛伊战争。显而易见,第四种族应该是指荷马史诗描述的时代。赫西俄德很不情愿地说"我但愿不是生活在属于第五代种族的人类中间,但愿或者在这之前死去,或者在这之后才降生。因为现在的确是一个黑铁种族。"[4]通常认为,赫西俄德所说的黑铁族,生活于公元前9—前8世纪。黑铁族不是英雄,因而不以战争为业。

赫西俄德是农民,他的诗歌鼓励人们勤劳致富。赫西俄德时代,城邦已经初步建立,因此,他的《工作与时日》疾呼城邦应该是正义的代表,并且表达了"不希求暴力"的

---

[1] 作者系北京市社科院哲学所研究员,从事西方哲学研究。
[2] 希罗多德:《历史》,王以铸译,商务印书馆1997年版,第125页。
[3] 赫西俄德:《工作与时日》,张竹明、蒋平译,商务印书馆1991年版,第6页。
[4] 同上书,第6页。

心愿。从赫西俄德的诗作可以看出,他的时代与荷马的时代已经有了很大的差别。人们的生活相对安定,因为赫西俄德一直守在家乡,"从未乘船到过宽广的海域"。他的《工作与时日》所反映的生活,基本上是普通劳动者一年四季勤于劳作的记载。根据传说,赫西俄德最终死在尼米亚。

归在赫西俄德名下的作品有很多部,张竹明在《工作与时日》的前言中表明,这些作品被分为两类,一类以《工作与时日》为中心,"属教谕诗,包括生产技术的指导和伦理道德的训诫。"①另一类以《神谱》为中心,"追溯诸神的世系和名望的始祖"。完整保存至今的作品有三部:《工作与时日》、《神谱》、《赫拉克勒斯之盾》。《赫拉克勒斯之盾》被看作《伊利亚特》的仿制品,因而基本不受人重视。《工作与时日》和《神谱》吸引了研究者众多的目光。就创作时间而言,《工作与时日》早于《神谱》。对于荷马的反思,在《工作与时日》中体现得最为充分。就让我们随着赫西俄德的诗篇,进入父亲留给他的爱奥利亚的科梅的家园,与他一道倾听在贪婪的贵族的暴政下呻吟的贫苦农村,感受赫西俄德所表达的普通人的愿望:不要战争与厮杀,要和平与勤劳;在普通平凡的日常工作中,宙斯代表了城邦的公正和法度。这法度不代表强权与财产,而代表公正与正义。赫西俄德的《神谱》说出了弱者的权利,而且认为,维护弱者的权利恰恰是宙斯正义的本质。这与荷马的英雄伦理形成了鲜明的对比。

在荷马史诗中,我们清晰地感受到希腊人乐观的生活态度。希腊人赞美阳光下的生活,无忧无虑地享受着每一天的生活,即使在血雨腥风,尸横遍野的战争,他们也不会忘记抓住战争的每一个空隙,尽情地吃喝玩乐,争夺战利品。"荷马式人物的真正悲痛在于和生存分离,尤其是过早分离。"②赫西俄德的作品与思想,似乎并不具有荷马式人物的乐观气息,正如策勒尔所说:"赫西俄德的人生哲学显然是明显的悲观主义。"③这种悲观主义是建立在对荷马式的伦理道德进行反思的基础上。罗斑认为,赫西俄德"《工作与时日》那首诗的道德概念,值得我们作一种深刻的研究。这概念实在表明了在道德观念的确定上的一大进展。"④赫西俄德利用了古老通俗的智慧,而且运用了东方的资料,以希腊人传统的格言和神话形式表达出来。他不是简单地采用拿来主义,而是"有所修正甚至批判"。笔者以为,由于赫西俄德对所用资料采取了修正和批判的态度,因此,他对荷马时代的主要价值取向,进行了初步的反思,并且使荷马式的乐观主义态度得到逆转。可以说,赫西俄德对于整个生活世界的看法是悲观主义的。在这一点

---

① 赫西俄德:《工作与时日》,商务印书馆1997年版,"译者序"第4页。
② 尼采:《悲剧的诞生》,周国平译,生活·读书·新知三联书店1986年版,第12页。
③ 策勒尔:《古希腊哲学史纲》,翁绍军译,山东人民出版社1996年版,第11页。
④ 罗斑:《希腊思想和科学精神的起源》,陈修斋译,商务印书馆1965年版,第23页。

上,笔者认为策勒尔的看法是能够成立的。

一、从混沌到有序——自然神与苦难世界

赫西俄德苦难世界的蓝图,从他的创世记开始。按照赫西俄德的描述,在宙斯创造奥林匹斯诸神的秩序之前,还有一次自然的创世。"开端之前的开端是个由暴力、凶杀和乱伦组成的地狱。在这个背景下,希腊人认识的宇宙经过了一场诸神间可怕的和毁灭性的内战后,才作为一种最终欢庆胜利的和约缔结出现。借助赫西俄德的神谱,希腊人坠入深渊,与此相连的是一种永恒的回忆:从何种恐怖中争得的文明和宇宙。"[1]按照赫西俄德《神谱》的描述,"开端之前的开端",最先产生的是卡俄斯(Chaos 混沌),其次便产生了该亚(Gaia 大地)。大地是"所有一切的永远牢靠的根基。"[2]在大地深处是烟雾弥漫的"地狱之底"(Tartaros)。最后是爱神厄罗斯(Eros),"在不朽的诸神中数她最美,能使所有的神和所有的人销魂荡魄呆若木鸡,使他们丧失理智,心里没了主意。"[3]柏拉图指出:"爱神是一个伟大的神,在人与神之中都是最神奇的。这表现在许多方面,尤其在他的出身。他是一位最古老的神,这就是一个光荣。他的古老有一个凭证,就是他没有父母。"[4]亚里士多德也认为,率先产生的四种东西,爱神是原神。并认为,赫西俄德"是第一个找寻'情欲'这样一个事物为现存万物的一个原理:因为希萧特在叙述宇宙创生时这样说:'爱神是她计划成功的第一个神祇'。希萧特又说:'最初是混沌,其次是宽阔的大地,……在诸神中爱神位列在前'。这暗示在现存万物中必须先有一个引致动变的原因,而后事物得以集结。"[5]按照赫西俄德的《神谱》,爱神是原神,奥林匹斯诸神以宙斯为首,是最后出生的孩子。

对于赫西俄德的史诗,仁者见仁,智者见智。由于赫西俄德是在神话氛围内说明宇宙的起源,受到亚里士多德的批评。不过,人们似乎没有注意到亚里士多德对荷马—赫西俄德传统的客观态度。至少对于赫西俄德,亚里士多德看到他把爱神视为原神的意义。亚里士多德从中看到,赫西俄德"暗示现存万物中必须先有一个引致动变的原因",亚里士多德把赫西俄德的爱作为宇宙的原动力看。但是,亚里士多德并不认为,赫西俄德是在寻找自然原因。他依然认为这属于神话思维的范畴。他认为真正为宇宙

---

[1] 萨弗朗斯基:《恶或者自由戏剧》,卫茂平译,云南人民出版社 2002 年版,第 2 页。
[2] 赫西俄德:《神谱》,第 29 页。与《工作与时日》合订,张竹明、蒋平译,商务印书馆 1991 年版。
[3] 同上书,第 30 页。
[4] 柏拉图:《会饮篇》,见朱光潜译《柏拉图文艺对话集》,人民文学出版社 1983 年版,第 220 页。也可参见王晓朝译《柏拉图全集》第二卷,人民出版社 2003 年版,第 213 页。
[5] 亚里士多德:《形而上学》,吴寿彭译,商务印书馆 1981 年版,第 10 页。行文中的希萧特就是赫西俄德。

寻找自然原因的是希腊文明中的第二群体,即由泰勒斯开始的希腊自然主义运动。也许是由于亚里士多德本人的影响,自亚里士多德以后,西方思想界的主流是把自然主义运动的开端确定在以泰勒斯为代表的米利都学派。也许亚里士多德所说的自然是物理学的自然,这物理学的自然寻找原因,当然非某种物质元素莫属。也许亚里士多德哲学主张四因说,因而看重质料和动力也在常理之中。由于他的世界是物理世界,所以他的质料因当然是质料,在希腊哲学史上,最早寻找宇宙质料的当然是米利都学派,所以把他们看作自然主义的第一个群体是完全可以理解的。不过,在自然的动力问题上,亚里士多德对赫西俄德采取了一种比较含糊的说法。他承认,赫西俄德的爱神作为原神,暗示万物必有引起变动的原因,而且亚里士多德也看到,巴门尼德也以情欲为现存万物的原理,恩培多克勒提出友爱(filia),即赫西俄德所说的情爱或者情欲是 erwj。尽管说法不同,但是,他们的相同之处在于把它看作是善因,是万物变化的善因。亚里士多德拒绝承认,也可以说是无法证明,赫西俄德与巴门尼德和恩培多克勒有任何承袭关系,他表示"这些思想家们谁先提出这个道理,让我们以后再加考定。"[1]不过,我们在后面的行文中,似乎没有看到亚里士多德考证过究竟是谁率先提出宇宙必须有一个动变原因。假如我们不是那样排斥神话思维,假如我们把神话思维创造也视为一种思想的创造,那么,我们可以把赫西俄德的爱神作为原神的思想,看作是一种前自然主义的东西,即于无意间为宇宙寻找了一个动力和变因。这对后来的思想至少是一个启发。赫西俄德至少在无意间提出一个假设,即自然力量先于一切力量。也许正是在这个意义上,也有一些西方学者倾向于认为,赫西俄德是自然主义哲学的先驱。所不同的是,赫西俄德把自然定位于情爱或者情欲,一种生育能力,自然哲学家们则定位于某种自然成分,如水、气、原子等。当然,如果我们把在物理学上探索自然原因,看作希腊思想发展的一个新阶段,那么这个阶段当然始于泰勒斯。

赫西俄德与荷马不同的地方在于,荷马史诗强调诸神与人的勇敢和力量,强调吃喝玩乐是幸福生活的重要内容。赫西俄德则强调爱。在探讨宇宙秩序时,他把爱神视为最古老的神,原神,无父无母。她与大地一道出现,是一切事物的根基。柏拉图在评论爱神时说,"就我个人来说,我说不出有什么幸福能够比得上做一个有爱情的人,或者对有爱情的人来说,做被他所爱的青年。一个人想要过上一种良好的生活,出身、地位、财富都靠不住,只有爱情像一座灯塔,指明人生的航程。"[2]也许在赫西俄德史诗中,这一思想还只是处于朦胧状态,但是,他把爱神作为原神,与大地同时产生,至少预示着把

---

[1] 亚里士多德:《形而上学》,吴寿彭译,商务印书馆1981年版,第10页。
[2] 《柏拉图全集》第二卷,王晓朝译,人民出版社2003年版,第213页。

爱作为幸福生活首要标志的可能性。如果从自然主义的角度看,爱作为原神,就是把自然力作为原始,从这一意义,我们也可以说,赫西俄德是自然主义的先驱。

卡俄斯使"胸部宽大的该亚"受孕,生下乌拉诺斯,意思是天空。天空与大地交尾,以乱伦的方式产生了第二代神祇。第二代神祇成分比较复杂,相互关系也不是特别好描述,大致上是这样的,混沌产生了"黑暗神"和"夜神",后二者结合产生了"日神"和"苍穹神"。这里面有相反相生的意味。大地产生了天宇、山岳和海洋。在此之后,是天与地结合产生了许多神,其中最可怕的是泰坦族神。"泰坦"是他们的诨名,意为"紧张者"。这些神"身材魁伟、力大无穷、不可征服"。尼采认为,泰坦神代表着"自然暴力",是"恐怖的秩序"。据赫西俄德描述,天宇不喜欢这些不可征服的子女,他们刚一降生,就被父亲幽禁在"大地的一个隐秘处,不能见到阳光。"大地对此深感悲哀和愤怒,于是她策动这些子女反叛天宇。所有的泰坦神都被恐惧支配,不敢开口。唯有宙斯的父亲克洛诺斯答应做这件事。在天宇与大地交合之际,克洛诺斯从隐藏之处伸出双手,飞快地割下父亲的生殖器,把它们抛入大海。血滴在地上,生出了厄里倪厄斯,即复仇女神;生殖器在海中溅起泡沫,从泡沫中生出阿弗洛狄忒,即浪花所生的女神。她的财富是"窃窃私语和满面笑容,以及伴有甜蜜、爱情和优雅的欺骗。"①阿弗洛狄忒代表美和爱,但是,她的美与善是对立的。亚里士多德清楚地看到了赫西俄德思想中,看到了另外一些东西,"大家可以看到自然间种种形式往往包含着相对的性质——不仅有齐整与美丽,还有杂乱与丑陋,而坏的事物常多于好的,不漂亮的常多于漂亮的。于是另一个思想家引进了'友'与'斗'作为这两个系列不同素质的个别原因。我们倘跟踪恩培多克勒的观点,了彻其嗫嚅的词意,照他的实义来解释事物,则我们当可确言友<爱>为众善之因,而斗乃众恶之因。"②不过,这些思想在赫西俄德那里还不是十分清晰。美与恶、爱欲与争斗相伴在赫西俄德著名的潘多拉的传说中得到进一步发挥。与潘多拉相关的内容,我们在后面还将详细探讨。在亚里士多德眼中,赫西俄德所说的神即自然,爱即生命的冲动,也是宇宙的动力。美与恶相伴酿成宇宙中斗的性质,而爱本身应该是友。不过,爱与友不是单纯的,而是相对的性质。尽管策勒尔指责亚里士多德将爱欲作为推动力"并没有摒弃个人创造的神话形式",但是,亚里士多德以及亚里士多德以前的哲学家们,已经从赫西俄德那里汲取了足够的自然主义的内容,并为纯粹的自然主义的内容,注入了道德的力量。从此,西方哲学告诫人们,自然本身就蕴含着善恶两种相对的性质。这两种相对性质,恰恰是造成苦难世界的根本原因。

---

① 赫西俄德:《神谱》,商务印书馆1991年版,第32页。
② 亚里士多德:《形而上学》,吴寿彭译,商务印书馆1981年版,第10—11页。

爱神包含着爱与欲,爱主要是肉体的爱。赫西俄德也好,荷马也好,爱还没有上升到精神层面,或者主要不是指精神层面。所以他们是在日常的物质生活层面理解爱,爱与欲是很难分开的。爱与美之神意指爱与欲,意味着生命的冲动本身就有可能拥有善与恶两种力量。当然赫西俄德时代还没有这个理念,但是,当他在这两个层面诠释爱时,至少为后来的发展留下了很大的空间。就这个意义而言,可以说爱神是原神,然而她并不代表完满的福祉,因为她同时也包含着欲望,所以她有可能是灾难的原因。如果说爱神也有灾难的一面,那么她并不是灾难的全部,只是甜美的灾难。

除了这类灾难以外,混沌产生的黑暗神和夜神还生出厄运之神、横死之神、死神;诽谤之神、痛苦的悲哀之神和蛇妖;命运和惩罚女神,她们的特点是永远处于可怕的愤怒之中,就连宙斯也对黑暗女神礼让三分。夜神与报应女神生出了欺骗女神、友爱女神、年龄女神、不和女神。不和女神则生出了劳役之神、遗忘之神、饥荒之神、忧伤之神、争斗之神、战斗之神、谋杀之神、屠杀之神、争吵之神、谎言之神、争端之神、违法之神、毁灭之神。赫西俄德告诉人们,"所有这些神灵本性一样",即代表了恶、苦难和灾难。就时间顺序而言,暗夜之神紧随混沌之后产生,暗夜不仅产生了白日与光明,而且产生了苦难、灾难、恶。由赫西俄德的这一思想,也派生出一批思想家,他们认为,"世界从暗夜中创生"。例如,"奥菲斯残篇"2,"缪斯残篇"1,"爱庇米德残篇"5,"阿克希硫残篇"1,3等。① 自然主义哲学家亦从赫西俄德思想中汲取了世界由混沌产生的想法。上述思想,虽然一直受到后来的哲学家,特别是柏拉图和亚里士多德的批判,但是,至少他们诱发了后来的哲学家在宇宙论层面,本体论层面,或者道德判断层面上的反思。

从混沌生出的神,都是天宇与大地的儿女。他们分管着天地万物,江河湖海,七情六欲,生长死亡;他们也分管着天地万物的自然规律。昼夜归他们管,雷鸣闪电归他们管,风霜雨雪归他们管。不仅如此,他们还分管人类的情感,如,愤怒、复仇;人类的才能,如艺术、诗歌等。总之,无论是宇宙间的一切还是人类拥有的一切,都隶属于从天地交合中产生的诸神。克洛诺斯阉割他的父亲以后,取其父而代之,成为宇宙的主宰。他与自己的姐妹生出第三代神祇。其中有宙斯、波赛冬、哈得斯。这些孩子一出世,就被克洛诺斯吞到肚子里,因为他从他的父亲那里听说,自己强大的后代将取代他的统治。由于母亲的计谋,宙斯得以幸免。宙斯长大以后,迫使克洛诺斯吐出那些被吞食的兄弟姐妹。为了感谢宙斯,他们每个人都送给宙斯一件礼物,如闪电、霹雳等。宙斯由于拥有这些礼物而十分强大,他用这些武器统治神界和人类。

诸神的争斗并没有到此为止,尔后,泰坦神与以宙斯为主的奥林匹斯诸神重新燃起

---

① 参见 Kirk & Raven, *The Prosocratic Philosophers*, Cambridge, 1960, pp.19-24。

战火,这场旷日持久的争斗,最终以宙斯的胜利而结束。不过宙斯没有消灭泰坦诸神,而是将他们囚禁在地下。从此,奥林匹斯诸神在奥林匹斯山上统治着世界,宙斯既是万神之王,也主宰着人类世界。韦尔南指出,"赫西俄德的《神谱》就像一曲献给宙斯王的赞美歌。提坦诸神和堤丰都败给了克洛诺斯的儿子,不仅他们的失败作为《神谱》的结尾使这首诗的结构更加完满,而且这首诗的每个章节都重复和浓缩了宇宙起源神话的整体结构,宙斯的每一次胜利都是一次创世。"①创世的结果不仅重复了王权的神话,而且"分配了特权和命运。"两类神对垒,分配给世界和人类的命运是什么呢?赫西俄德并没有直接回答这一问题,但是,他的思想中却孕育着这一问题的答案。我们前面讲过,西方哲学家通常认为,赫西俄德的思想是悲观主义的。这种悲观主义告诉人们,世界在本质上不是乐观的,而是痛苦或者苦难。理解赫西俄德的史诗,重要的不是神的谱系,而是谱系在相互争斗,彼此敌对的状态中更新换代。这是后来的希腊人从中看到的导致更新换代的力量的原因。追寻这些原因,是勾勒希腊文明清晰的脚步所不可或缺的。

尼采这样评价泰坦诸神与奥林匹斯诸神对于希腊人的意义,"从原始的泰坦诸神的恐怖秩序,通过日神美的冲动,逐渐过渡而发展成奥林匹斯诸神的快乐秩序,这就像玫瑰花从有刺的灌木丛里生长开放一样。"②在尼采看来,泰坦诸神象征着人类原始的生命冲动,它的特点是自负和过度。宙斯的奥林匹斯诸神战胜了泰坦神,并将他们囚禁在地下。这意味着泰坦神生活在阳光照不到的地方,它们是被囚禁的野性的冲动,是被人为压抑的野性的冲动。它被囚禁在地下,成为一种"隐蔽的痛苦",弗洛伊德把这种被囚禁状态称作潜意识,它会导致人格的病态。在尼采看来,则是导致生活世界的痛苦。尼采把奥林匹斯诸神总称为日神,他们统治着阳光下的世界,是文明之神,他们象征着秩序、适度、乐观。宙斯与泰坦神,即尼采所说的日神和酒神,不是全然无关的两极,日神的"整个生存及全部美和适度,都建立在某种隐蔽的痛苦和知识根基之上⋯⋯说到底,'泰坦'和'蛮夷'因素与日神因素同样必要!"③因为泰坦神代表了生命的原始冲动,而日神(奥林匹斯诸神)又代表了秩序和理性的力量,他们的原则是适度和有序。

---

① 韦尔南:《希腊思想的起源》,秦海鹰译,生活·读书·新知三联书店1996年版,第96页。提坦神就是泰坦神。是自然神,代表着生命原始的冲动。克洛诺斯儿子宙斯以及荷马史诗中的奥林匹斯诸神则代表文明之神。按照尼采的说法,泰坦神与奥林匹斯诸神处于一种张力之中,它们的张力就是酒神与日神的张力,也就是理性的生命冲动之间的张力。在前苏格拉底思想中,二者势均力敌,因而人性和生命的冲动没有受到压抑,是尼采心目中最理想的状态,自苏格拉底开始,日神与酒神的张力被破坏,理性的力量逐渐成为生命冲动的压抑者。
② 尼采:《悲剧的诞生》,周国平译,生活·读书·新知三联书店1986年版,第11页。
③ 同上书,第15页。

文明从二者之间形成相互制约的关系开始。这种关系一旦形成,世界就是苦难的世界,因为代表生命原始冲动的泰坦神,被文明和理性的奥林匹斯神囚禁在地下。用弗洛伊德的话来说就是,文明就是对本能的压抑。即用理性制约冲动。因为并不是所有的生命的冲动都是好的。生命的冲动是一种非理性的力量,它既可以使生命充满力量,也是一种无序的力量。

按照叔本华的见解,生命的原始冲动就是生命的意志。叔本华认为,意志就是康德所说的物自体。"意志是在动机律的范围以外,只有它在时间的任何一点上的显现才必然是动机律所规定的。"①意志是自在之物,它不受什么东西的支配,一切表象、一切可见性、客体性都由它而出,但是,它们都是意志的偶然表现。它们是意志客体化的结果,是意志的样态。这些样态呈等级排列,意志的客体化最低一级是普遍的自然力,在此基础上逐级上升。但是,无论它们上升到什么高度,它们都是意志的样态,而不是意志。就这个意义而言,"我们生活存在于其中的世界,按其全部本质说,彻头彻尾是意志,同时又是彻头彻尾的表象"②。表象既是表象,就必定有形式。即"主体和客体这形式"。如果取消了这些形式以及由形式产生的一切以后还剩什么呢?"除了是意志之外,就不能再是别的什么了。因此,意志就是真正的自在之物。任何人都能看到自己就是这意志,世界的内在本质就在这意志中。"③意志是欲求的意志,意志的欲求是"自明的","是一个无尽的追求"。叔本华认为,"一切欲求皆出于需要,所以也就是出于缺乏,所以也就是出于痛苦。这一欲求一经满足也就完了;可是一面有一个愿望得到满足,另一面至少就有十个不得满足。再说,欲望是经久不息的,需求可以至无穷。而所得满足却是时间很短的,分量也扣得很紧。何况这种最后的满足本身甚至也是假的,事实上,这个满足了的愿望立即又让位于一个新的愿望。"④在意志的欲求中的人生,就是在愿望中的不断期待和恐惧,人作为欲求的主体,就处于这样一种生活中,因此,人生永远得不到持久的幸福。由于整个世界(包括人生)都是欲求的意志的客体化,因此,世界永远处在渴望、追逐、逃避、恐惧之中,即始终追求享乐,本质上也是意志欲求表现,因而最终会落入渴望、追逐、逃避、恐惧之中。意志是自在的,世界只是意志的样态,意志并没有真正满足自己欲求的手段,因此,意志是痛苦的意志。以痛苦的意志为支撑的世界是苦难的世界。在赫西俄德之后近2000千年左右的时间,叔本华将赫西俄德及希腊人心目中的泰坦神,尼采的酒神(泰坦神的代表),作为世界生存的根本前提。并且明

---

① 叔本华:《作为意志和表象的世界》,石冲白译,杨一之校,商务印书馆1982年版,第160页。
② 同上书,第233页。
③ 同上书,第233页。
④ 同上书,第273页。

确地告诉人们,由于意志无休止的欲求,由于欲求无法得到满足,从而导致世界的痛苦。换句话说,由于整个世界以意志为基础,因此,世界就是苦难的世界,人生也是苦难的人生。虽然赫西俄德本人并没有说得如此清楚,甚至可以说,这一思想在赫西俄德那里是模糊的,但是,在2000多年后的叔本华、尼采时代,哲学家们用纯粹形而上的语言清晰地将这一理念表达出来。这一结论不是在2000多年后才得出的,而是在2000多年后才获得了它最清晰的表达。从赫西俄德开始,希腊人已经不再认为,他们的世界只有欢乐,他们开始考虑苦难问题。随着泰坦神被以宙斯为首的奥林匹斯诸神囚禁在地下,骚动的生命意志也像弗洛伊德的潜意识一样,被深深地压在了意识之下,压在了日常生活的底层。它是永不止息的,骚动的,但是,它很少能够找到可以宣泄的方式,由此导致人生的病态和痛苦。一部西方文明史,伴随着人类对痛苦的反思和寻求解除痛苦之道而逐渐展开了。

二、苦难世界、苦难生活与人类的堕落

赫西俄德把与人类相关的神,即由宙斯和他的兄弟姐妹生出的神祇,从总体上分为两类:象征着文明、秩序与节制的奥林匹斯诸神和代表原始生命冲动的和无序力量的泰坦神。在克洛诺斯统治时代,第一代人类产生了。人类的所有属性和本质,都与这两种神相关。神的二分世界决定了人性和人类社会的二分特点。理性的一面,原始的生命冲动的一面;精神的一面和肉体的一面;不朽的一面和有死的一面。二分特点是苦难世界和苦难的人类生活的原因,是导致人类悲剧性命运的根本之所在。赫西俄德在《神谱》和《工作与时日》中明白地告诉人们,人类生活的希望和悲剧,都是普罗米修斯式善行的直接后果。

赫西俄德时代的希腊人坚信,"诸神和人类有同一个起源"。宙斯的父亲克洛诺斯不仅生出了宙斯兄妹,而且创造了第一代凡人——黄金种族的人类。当时,克洛诺斯"是天上的国王,人类像神灵那样生活着,没有内心的悲伤,没有劳累和忧愁。他们不会可怜地衰老,手脚永远一样有劲;除了远离所有的不幸,他们还享受筵宴的快乐。"[①]他们不会为吃喝而辛苦劳作,因为"肥沃的土地自动地出产吃不完的果实","羊群随处可见";他们享受着安宁与和平,因为"幸福的神灵眷爱着他们。"不过,赫西俄德与荷马一样认为,尽管人与神同源,而且人类曾经过着神一般的生活,但是,人不是神。因为人是有死的,尽管黄金种族"的死亡就像熟睡一样安详"。黄金种族被大地埋葬后,被称

---

① 赫西俄德:《工作与时日》,商务印书馆1997年版,第4—5页。

作"大地上的神灵",他们"无害、善良,是凡人的守护者"。不仅如此,他们还"身披云雾漫游于大地各处,注视着人类的公正和邪恶的行为"。他们拥有国王般的权力,可以赐予财富。

第一代人是没有生育能力的。待第一代全部死亡后,诸神创造了第二代种族,"一个远不如第一代种族优秀的白银种族,在肉体和心灵两方面都一点不像黄金种族。"①他们在善良的身边生活100年才长大,语言贫乏、在家里孩子气十足地玩。成人的经历非常短,且愚昧无知,始终与悲伤相伴。无知使他们不能避免犯罪,他们总是彼此伤害,而且不敬畏神灵。这些不肖人种被宙斯抛弃了。第二代种族被称埋葬在地下,人们称他们为"地下的快乐神灵"。仍然得到人们的尊重,不过品位要低一级。之后宙斯创造了第三代种族——青铜种族。他们可怕而强悍。"喜爱阿瑞斯制造哀伤的工作和暴力行为,不食五谷,心如铁石,令人望而生畏。他们力气很大,从结实的躯体、结实的双肩长出的双臂不可征服。"②由于他们使用的器具都是青铜制造的,所以他们被称作青铜种族。他们用自己的手毁灭了自己,只得去哈得斯阴冷的王国报到,没有留下姓名。他们的死亡是受黑死病侵袭。第四代种族就是荷马笔下的英雄种族。他们是半神。"不幸的战争和可怕的厮杀,使他们中的一部分人丧生。"忒拜之役和特洛伊战争使他们生还无几。宙斯把他们安置在远离人类的地方,在大地之边,过着无忧无虑的生活。他们依然受到人们的尊敬。宙斯又创造了第五代人,黑铁种族。他们白天辛苦劳作,夜晚不断死去。善恶搅和在一起,父子之间没有伦常关系,主客之间不能以礼相待,朋友之间没有亲密友善。人类极度堕落,致使羞耻和敬畏两女神用长袍掩面飞回奥林匹斯山。人类被诸神抛弃,他们被拒绝进入永恒的行列。"人类将陷入浓重的悲哀之中,面对罪恶而无处求助。"

赫西俄德并没有告诉我们,黄金种族为什么没有生育能力,而最堕落的黑铁族却没有被毁灭,反而一代代地繁衍下来。他也没有明确说明,黄金种族之后的四代人,何以一代不如一代。他们究竟因何堕落,是神的意志,还是人自身的原因。不过,从两部作品的相关内容看,人类的堕落似乎是由神之间的矛盾造成的。例如,在《工作与时日》中赫西俄德指出,"愤怒的宙斯不让人类知道谋生之法,因为狡猾的普罗米修斯欺骗了他。因此,宙斯为人类设计了悲哀。"③而在《神谱》中,赫西俄德指出,普罗米修斯的欺骗起源于神与人之间的争执,而普罗米修斯似乎以调解人的身份宰杀了一头牛,分成几份放在他们面前,为了蒙骗宙斯,普罗米修斯把牛肉和内脏堆在牛皮上,上面再罩上牛

---

① 赫西俄德:《工作与时日》,商务印书馆1997年版,第5页。
② 赫西俄德:《工作与时日》,商务印书馆1997年版,第5—6页。
③ 赫西俄德:《工作与时日》,商务印书馆1997年版,第2页。

的"瘤胃",放在其他人面前,在宙斯面前摆上一堆白骨,却罩上一层发亮的油脂,宙斯选择了脂肪,却发现拿到是白骨,于是宙斯大怒。之后,普罗米修斯又用一个空茴香杆为人类盗取火种,招致了宙斯更大的愤怒。普罗米修斯的代价是被缚在高加索山上,一支大鹰每天啄食他那不死的肝脏。为自己的善行付出了惨重的代价,而人类是普罗米修斯善行的受益者。既然人类从普罗米修斯的善行中受益,不用说这一受益也是有代价的,那么人类的代价是什么呢?

宙斯命他那跛足的儿子、奥林匹斯山著名的工匠赫淮斯托斯,把土与水掺和起来,在里面加进人类的语言和力气,"创造了一位温柔可爱的少女,模样像永生的女神"。宙斯吩咐雅典娜教她做女红;阿弗洛狄忒在她头上倾洒优雅的风韵、永不满足的欲望、无休止的操心;百眼怪兽阿耳戈斯、斩杀者赫尔墨斯给她一颗不知羞耻的心和欺诈的天性。经过诸神的一番努力,被造的少女成为一个面若桃李,心如蛇蝎,巧舌如簧,谎话连篇的祸水。从外表看,潘多拉身着雪白长袍,戴着下垂的面网,头戴鲜花,束金色发带。从行为举止看,她拥有阿弗洛狄忒教给的一切迷人的媚态。每个神祇都送给她一份祸害人类的礼物,他们把这礼物放在一个盒子里,交给潘多拉。这盒子底下唯有一个东西是美好的,那就是在盒子的下层放着希望。宙斯称这位少女为"潘多拉","意思是:奥林匹斯山上的所有神都送了她一件礼物——五谷为生的人类之祸害。"①诸神把潘多拉送到普罗米修斯的兄弟厄庇米修斯面前。面对连奥林匹斯诸神都为之惊叹的美女,厄庇米修斯神魂颠倒了。普罗米修斯再三叮嘱他不要接受奥林匹斯诸神任何礼物,而早已被美貌的潘多拉搞得找不着北的厄庇米修斯忘记了这一忠告。当潘多拉在厄庇米修斯面前准备打开那装满灾难的盒子时,厄庇米修斯忘记了自己的职责,没有制止潘多拉的做法,于是潘多拉打开盒子,让诸神赠予的礼物——一切灾难飞出盒子。就在盒子底下的希望即将飞出时,她按照宙斯的指令关上了盒子。在潘多拉打开怪盒之前,人类各部落原本生活在没有罪恶、没有劳累、没有疾病的大地上。而现在,诸神制造的一切不幸已经飞向人间。"不幸遍布大地,覆盖海洋。疾病夜以继日地流行,悄声无息地把灾害带给人类。"②灾难的降临是不报警的,这表明人类无法躲避灾难,因为灾难是宙斯和诸神的意志,它们是无法躲避的。完成了使命的潘多拉带着怪盒飞走了,灾难留在了人间。

潘多拉和诸神的怪盒带给人类怎样的灾难呢?赫西俄德告诉我们:第一个灾难就是潘多拉本人。"她是娇气女性的起源,这类女人和会死的凡人生活在一起,给他们带

---

① 赫西俄德:《工作与时日》,商务印书馆1997年版,第3—4页。《神谱》亦有同样的内容。
② 赫西俄德:《工作与时日》,商务印书馆1997年版,第4页。

来不幸。只能同享富裕,不能共熬可恨的贫穷……高空发出雷电的宙斯也把女人变成凡人的祸害,成为性本恶者。"①由潘多拉引起的第二个直接的灾难是婚姻。人企图以逃避婚姻来逃避灾难是不可能的。因为,如果独身,到老年就不会有人供养。尽管他活着的时候不会有人供养他,而他死后,亲戚们就会来分割他的财产。如果选择了婚姻,且婚姻美满,那么"对于这个男人来说,恶就会不断地和善作斗争;因为如果他不巧生了个淘气的孩子,他就会下半辈子烦恼痛苦得没完没了。这种祸害是无法排除的。"②除了与女人相关的灾难以外,还有其他的灾难。例如,衰老。赫西俄德断言,"在不幸中人老得很快"。而在此之前,人类虽然有死亡但是没有衰老。"疾病夜以继日地流行"。人类相互欺诈,相互伤害,不能避免犯罪;愚昧无知和悲伤始终与人类相伴;道德沦丧、不敬神灵、崇尚暴力、不食五谷、心如铁石、嗜好残忍;虔诚不是美德,恶人用恶语欺骗和中伤高尚者;嫉妒、粗鲁、乐于作恶……与人类相关的一万种灾难已经漫游人间!一句话,由于普罗米修斯用欺诈的手段对待宙斯,招致宙斯的雷霆之怒,人类的灾难、苦难、堕落均由此开始。当羞耻和敬畏女神不愿意看到如此丑恶的世道和人性,用长袍掩面逃回奥林匹斯山时,神抛弃了人类,世界无以复加地随落了,人类"面对罪恶而无处求救。"策勒尔评论说,赫西俄德对于人类的看法,"是一种原始的历史哲学,所依据的是一种人类不断堕落的思想,现在已经达到这样的地步,以致'廉耻'和'正义'都已逃往奥林匹斯山,因为它们在人世找不到栖身之处。"③世界真正沦为苦难世界,人生由堕落始,人是不幸的物种,不幸的物种没有幸福可言。

---

① 赫西俄德:《神谱》,商务印书馆1991年版,第44页。
② 赫西俄德:《神谱》,商务印书馆1991年版,第45页。
③ 策勒尔:《古希腊哲学史纲》,第11页。

论家庭与城邦之间的张力
——从一种西方古典政治哲学的视角来看

王玉峰[①]

家庭与国家之间的关系是政治哲学中的一个基本问题。在《理想国》中,柏拉图强烈地认为私人家庭的存在会破坏城邦的统一,以及削弱公民们之间"不分你我"、"同甘共苦"的情感。因此,柏拉图站在城邦的立场上,完全取消了私人家庭,推行了所谓的"公妻制"。

> 女人应该归这些男人所有,任何人都不得与任何人组成一夫一妻的小家庭。同样地,儿童也都公有,父母不知道谁是自己的子女,子女也不知道谁是自己的父母。[②]

按照柏拉图的设想,这样的一个城邦将会是一个"大家庭",所有的"儿女"都会成为所有"父母"的儿女,反之亦然,而同辈人之间则彼此兄弟姐妹相称。柏拉图认为,这样一种家庭的亲情将会使这个城邦的公民们彼此之间团结友爱,苦乐与共,远离一切仇恨和纷争。而城邦分裂的根源就在于公民们彼此之间区分"你"、"我",不能异口同声地说这是"我的",和这不是"我的"。[③] 他认为,在一个公妻制的城邦中则不会发生这样的情况。

> 那么,这个国家不同于别的任何国家,在这里大家更将异口同声歌颂我们刚才所说的"我的"这个词。如果有任何一个人的境遇好,大家就都说"我的境遇好",如果有任何一个人的境遇不好,大家就都说"我的境遇不好"。[④]

如果真的能够做到所有的公民都团结一心,不分彼此,柏拉图认为这样的城邦才是最好的。他确信,"当全体公民对于养生送死尽量做到万家同欢万家同悲时",这种"同甘共苦"也就是整个城邦团结的纽带。[⑤] 因此,柏拉图显然认为他的这种公妻制的做法

[①] 作者系北京市社科院哲学所副所长、副研究员,研究方向西方古典哲学研究、希腊哲学研究。
[②] 柏拉图:《理想国》,郭斌和、张竹明译,商务印书馆1997年版,457C—D。
[③] 柏拉图:《理想国》,462B—C。
[④] 柏拉图:《理想国》,463E。
[⑤] 柏拉图:《理想国》,462B。

会促成公民们之间的"团结一心"和城邦的幸福。

> 我们有没有讲过,这种认识这种措辞能够引起同甘共苦彼此一体的感觉?……那么,护卫者们将比别的公民更将公有同一事物,并称之为"我的",而且因这种共有关系,他们苦乐同感。①

柏拉图确信地说,在辅助者之间妇女儿童的这种公有制对国家来说是最大的善,并且是这种善的原因。②

然而,柏拉图的这种主张遭到了后来学者们的许多批评。学者们的一个基本看法是,家庭的存在有着自然的基础,柏拉图取消了家庭也就损害了人们的一些深层情感,从而他的"理想国"既是不可欲的,也是不可实践的。

格鲁伯在《柏拉图的思想》中说:

> 几乎任何一个《理想国》的读者会感觉到这样一种方案是既不具有可实践性,也是不可欲的。不可实践是因为它需要不自然的克制,虚假的投票,而且相貌的相似这一事实会在大多数情况下泄露与父母血亲相联系的迹象。不可欲是因为它损害了一些人类最深的感情,它在夫妻之间完全忽略了爱情的因素,并且剥夺了个人在其家庭范围内的安全感。③

巴克也认为柏拉图取消私人家庭的做法,由于摧毁了个体自我意识的基础,从而使他自己谆谆教诲的正确自我意识变得不可能了。

> 自我固然应该生长,并向外伸展其枝节,但它同样必须有一个根基。广泛的利益也许值得欲求,但这种扩展是没有价值的,除非它建立的基础是强烈的个性和个体自我的自觉意识。除非我们假设有这样一种自我意识,否则把自己等同于一种广泛的利益毫无意义,其结果也毫无意义。柏拉图的错误在于,他在构思上层建筑时忽略了基础——在追求自我的延伸时,他忘记了它必须先有一定的强度。……当柏拉图废除财产和家庭时,他真正摧毁的正是这样一种独立自我意识的力量;因为它们是任何个体自我之自觉意识的必要基础。因此,柏拉图共产主义的一个缺陷就是:由于摧毁了一切自我意识的基础,从而他所谆谆教诲的正确自我意识也就变得不可能了。④

泰勒批评柏拉图的家庭方案是一种"无法忍受的严厉"。⑤ 那么,应该如何看待学

---

① 柏拉图:《理想国》,464A。
② 柏拉图:《理想国》,464B。
③ G.M.A Grube, *Plato's Thought*, London:The Athlone Press,1980,p.270.
④ 厄奈斯特·巴克:《希腊政治理论:柏拉图及其前人》,卢华萍译,吉林人民出版社2003年版,第322—323页。
⑤ A.E.Taylor, *Plato:The Man and His Work*, London:Methuen,1926,p.278.

者们的这些批评意见呢？我们可以说，柏拉图当然并不是某种现代意义上的个人主义者，自由主义者或者浪漫主义者。他并不会承认人在自然上就是自由或独立的"个体"，也没有把"爱情"看得过于神圣。但是，这并不表明柏拉图的家庭政策就是无可争议的。我们知道，最早批判柏拉图家庭政策的恰恰是他的学生亚里士多德。而亚里士多德也并不持有现代自由主义或者浪漫主义的意见。

亚里士多德在《政治学》中曾经以一种"自然史"的方式描述了"城邦"是如何由"家庭"一步步演变而来的。

亚里士多德认为，男女两性有别，男人和女人只能结合在一起才能繁衍后代；而人的体力和智力水平也不同，所谓"劳心者治人，劳力者治于人"。这样，基于"男女"和"主奴"这两种关系，就首先形成了"家庭"。

> 最初，互相依存的两个生物必须结合，雌雄（男女）不能单独延续其种类，这就得先成为配偶，——人类和一般动物以及植物相同，都要使自己遗留形性相肖的后嗣，所以配偶出于生理的自然，并不是出于思虑的结合。接着还得有统治者和被统治者的结合，使两者互相维系而得到共同保全。凡是赋有理智而遇事能操持远见的，往往成为统治的主人；凡是具有体力而能担任由他人凭远见所安排的事务的，也就自然地成为被统治者，而处于奴隶从属的地位。……由于男女同主奴这两种关系的结合，首先就出现了"家庭"。……家庭就成为人类满足日常生活需要而建立的社会的基本形式。①

在家庭的基础上，逐渐形成了"村坊"，"村坊最自然的形式是由一个家庭繁殖而衍生的聚落"。② 若干村坊的组合最后形成了"城邦"。"等到由若干村坊组合而为城邦，社会就进化到高级而完备的境界，在这种社会团体以内，人类的生活可以获得完全的自给自足。"③这样，从家庭到村坊，再由村坊到城邦，这就是我们人类生活的一个自然演化过程。

亚里士多德把"家庭"看作是人类生活的一个自然的起点，而"城邦"则是人类生活自然演化的终点或完成。④ 这样，家庭就是城邦的一个自然基础。如果说柏拉图在《理想国》以一种最高的政治标准而取消了家庭，那么亚里士多德则在《政治学》中保留了家庭。亚里士多德正是由于肯定了"家庭"的某种自然正当性，所以才批评柏拉图完全取消家庭的做法。

---

① 亚里士多德：《政治学》，吴寿彭译，商务印书馆 1997 年版，1252a26-34，1252b10，1252b13-14。
② 亚里士多德：《政治学》，1252b18。
③ 亚里士多德：《政治学》，1252b28-29。
④ 亚里士多德：《政治学》，1252b30-1253a2。

在亚里士多德看来,家庭的基础在于人的某种"爱欲"(eros),而这种"爱欲"是有朽的人类不朽的一种方式,因此首先表现为一种"自爱"。而人类这种"自爱"应该有一个自然的限度,一方面,它不能过度,否则它就会变成令人可鄙的"自私";另一方面,它也不是什么无节制的"博爱",因为那种毫无差等的"博爱"只会淡化,甚至败坏爱的德性。①

事实上,根据血缘的亲疏,这种爱会自然地呈现出一种"差等"。自己的父母当然总是更加疼爱自己的孩子,这种爱不会毫无差等地扩大到整个城邦的范围。柏拉图主张在一个城邦里,所有的父母同等地爱所有的孩子,这已然超出了人类自然情感的某种限度。

正是因为这种"公妻制"有违一般的人性,所以亚里士多德认为,柏拉图不但不可能通过这种手段实现他最初所设想的美好的目的,甚至会适得其反。他说,哪怕就算是城邦的所有公民都能像柏拉图所设想的那样对于所有的事情都能异口同声地说"这是我的"和"这不是我的",也未必真能导致城邦的融洽,这样做实际上还会引起损害。②原因在于:

> 凡是属于最大多数人的公共事物常常是最少受人照顾的事物,人们关怀着自己的所有,而忽视公共的事物;对于公共的一切,他们至多只留心到其中对他个人多少有些相关的事物。人们要是认为某一事物已有别人在执管,他就不再去注意了,在他自己想来,这不是他对那一事物特别疏忽;在家庭中,情况正是这样,成群的奴婢往往不如少数侍从更为得力。[柏拉图所述苏格拉底的制度,]每个公民将有一千个儿子:可是这些儿子不是个别公民的儿子,每个公民应该是任何儿子的父亲,每个儿子也应该是所有各个父亲的儿子,结果是任何父亲都不管任何儿子。③

因此亚里士多德不无讽刺地说道:

> 人们宁愿是某一个人的嫡堂兄弟,不乐于成为[柏拉图式]那样的儿子。④

所以在亚里士多德看来,柏拉图"公妻制"的效果一定会相反于他原来所企求的目的。柏拉图原本想通过这种"公妻制"来加强公民们之间的团结友爱精神,可是他的做法实际上反而使人的感情变得很淡。

> 恰恰像一勺甜酒混入了一缸清水,亲属感情是这样淡而无味,在这种社会体制中父亲不得爱护儿子,儿子也不得孝顺父亲,兄弟之间不必相敬相爱,亲属的名分

---

① 参见亚里士多德:《政治学》,1262b14—24,1263b1—5 等等。
② 参见亚里士多德:《政治学》,1261b30—32。
③ 亚里士多德:《政治学》,1261b33—40。
④ 亚里士多德:《政治学》,1262a14—15。

和称号实际上已失去了原来的意义。①

在家庭问题上,后世的学者从各自的立场出发,更多地追随亚里士多德,而批评柏拉图。可是,我们不要忘记,柏拉图正是为了公民们的"幸福"才建议取消私人家庭,实行公妻制的。② 在《理想国》的第四卷一开头,阿德曼托斯就质疑苏格拉底,护卫者们没有任何私有财产,过着完全公共的生活,这种生活对于他们而言是否是幸福的?苏格拉底的回答是,他们建立整个国家的目标不是为了某一个阶层的单独突出的幸福,而是为了全体公民的最大幸福。③ 这样,私有家庭的存在似乎是妨碍了整个城邦整体的幸福。在这里,柏拉图并不是像现代自由主义者,比如霍布斯那样把人想象成没有任何社会关系、完全独立和自由的"个体",而是把个人看作是城邦整体的一个部分,也只有在整个城邦中,个人才成其为真正的人。所以柏拉图对人的幸福的理解并不是自由主义和浪漫主义的,他并不是从一些个人的心理感受出发来理解人的幸福,而是从整个城邦的统一性出发来理解。

> 在任用我们的护卫者时,我们必须考虑,我们是否应该割裂开来单独注意他们的最大幸福,或者说,是否能把这个幸福原则不放在国家里作为一个整体来考虑。我们必须劝导护卫者及其辅助者,竭力尽责,做好自己的工作。也劝导其他的人,大家和他们一样。这样一来,整个国家将得到非常和谐的发展,各个阶级将得到自然赋予他们的那一份幸福。④

但是问题恰恰在于,一个城邦能否达到像一个人那样的统一性?这个问题直接和《理想国》的一个核心问题相关:城邦的正义和个人的正义是否是一致的?从《理想国》的论证来看,柏拉图推行"公妻制"就是为了论证这个问题。如果柏拉图要论证城邦的正义和个人的正义是一致的,那么他就有必要表明城邦与个人是同构的。而由于一个人具有统一的身心结构,所以当他的某一部分感到痛苦或者快乐时,他是整个人都感觉到了。

> 比如像我们中间某一个人的手指受伤了,整个身心作为一个人的有机体,在统一指挥下,对一部分所感受的痛苦,浑身都感觉到了,这就是我们说这个人在手指部分有痛苦了。这个道理同样可应用到一个人的其他部分,说一个人感到痛苦或感到快乐。⑤

---

① 亚里士多德:《政治学》,1262b18-21。
② 柏拉图:《理想国》,464A。
③ 柏拉图:《理想国》,419-420。
④ 柏拉图:《理想国》,421B-C。
⑤ 柏拉图:《理想国》,462C-D。

而如果一个城邦像一个人那样自然,那么一个城邦的所有公民也都应该有这种"同甘共苦"的感觉。可是,如何才能使整个城邦的所有公民能像一个人那样对痛苦和快乐拥有统一的感觉呢?在柏拉图看来,这就必须要取消私人家庭,实行公妻制。因为家庭是一个比城邦还要封闭的共同体,如果每一个人的情感都局限于私人家庭这个小圈子,每一个人都只关心自己的妻子和儿女,那么柏拉图所设想的那种所有公民之间"同甘共苦"的情形是不可能出现的。因此,柏拉图虽然没有像浪漫主义者那样把个人感情看作是神圣的,但也并没有像一些批判者们说的那样,忽略了家庭生活中的情感因素。柏拉图恰恰是看到了家庭情感的排外性,而这种排外性会威胁城邦的统一。就像伯内特(John Burnet)说的那样:"柏拉图攻击的正是这种排外性。柏拉图并不认为家庭软弱得无法服务于任何目的,而是过于强大,以至于无法等同于国家的一个单位,而且其要求过于严苛,以至于成员们无法自由发展。"①

这样,我们可以看到,公妻制是否可行直接关涉到整部《理想国》的核心论证。也正是在这里,柏拉图揭示出了"城邦"和"个人"这个类比的一个严重困难:由于身体的彻底私有性质,一个城邦无法做到像一个人那样的统一性。就算柏拉图把城邦变成了一个充满亲情的大家庭,他也无法严格地证明城邦的结构和个人的结构是一样的。因为就算某些家庭成员是个人的自然延伸,可是家庭仍然不是个人。在这里,正如布卢姆所说的那样:"城邦不会获得那种程度的统一,因为,有一种东西是无法成为公共的:身体。每一个人的身体都是他自己的。"②也正是从这个意义上,布卢姆认为"城邦的统一依赖于对身体的遗忘"。③一些人可能会说,柏拉图当然并不是想表明一个城邦可以拥有一个身体,因为这是明显不可能的事情。但柏拉图在其最好的城邦中实行公妻制的意图或许仅仅想使所有的公民在心理或情感方面趋于一致。但是,正是基于血缘的亲疏,人的感情才有了自然上的差等。亚里士多德和后来的学者们正是基于"爱有差等"的人类自然情感来批评柏拉图的家庭政策的。

推行"公妻制"不仅仅关涉到"城邦的正义"和"个人的正义"之间一致性论证的关键,而且它也是"正义"的一个必然要求。在《理想国》第四卷中,城邦的"正义"被规定为在城邦中每一个人都做一份适合其天性的工作。④因此,"正义"就非常类似于组建城邦的"专业化分工原则"。如果我们把这种"正义"或者"专业化分工原则"贯彻到

---

① 参见厄奈斯特·巴克:《希腊政治理论:柏拉图及其前人》,卢华萍译,吉林人民出版社2003年版,第304页,注释2。
② Allan Bloom, "Interpretive Essay", *The Republic of Plato*, New York: Basic Books Inc., 1968, p.386.
③ Ibid., p.386.
④ 柏拉图:《理想国》,433A-434C。

底,那就必然会导致一个彻底的公有制社会。因为一个人在城邦里只能做一份适合其天性的工作,那么他就不能再兼职其他的工作。作为城邦的一名公民,他将不再是任何私人团体的成员,因此也不可能是任何私人家庭的丈夫或妻子。护卫者们的工作是服务于整个城邦的整体利益的,他们必须全心全意服务于城邦的整体利益,而不能追求任何私人的利益。这样,护卫者们就过着一种完全公共性的生活。因此,一种彻底的专业化分工原则将会导致私人家庭的彻底消失。取消私人家庭,正是贯彻正义原则的必然后果。

如果组建城邦的原则是"正义",而家庭的基础则是人的某种"爱欲",那么我们会看到在人性中这两种不同的东西恰恰是矛盾的。正义要求人必须大公无私,而爱欲则自然地存在着差等。如果要完全地实现城邦的正义,一个人就必须从小家庭中解放出来,克服自然亲情的障碍,对所有人都一视同仁。因此,在一个城邦中"正义"的完全实现,其代价就是私有家庭的彻底消失以及相应的家庭伦理的瓦解。反之,如果在城邦中保留"家庭",那么就不可能完全地实现"正义"。

柏拉图看到了"家庭"和"城邦"之间存在的这种永恒的张力。"家庭"和"城邦"从本性上都是某种封闭的共同体,因此它们都要求其成员的某种忠诚性。如果是这样,那么"忠孝"就必然难以两全。人的"爱欲"和城邦的"正义"会把人带到两条完全相反的道路上。柏拉图的深刻之处在于,他看到了这种冲突和这种冲突的不可调和性。如果要在城邦内实行完全的正义,就必须牺牲人的爱欲。

如果说,人的这种"爱欲"和城邦的"正义"之间有着一种不可调和的冲突,那么,在这二者之间的任何调和都不过是一种"折衷"或"妥协",亚里士多德的《政治学》也不例外。亚里士多德似乎是降低了柏拉图城邦正义的标准从而在某种程度上保存了柏拉图所要取消的家庭和爱欲。无论是彻底坚持"正义"原则而取消"家庭",还是在"正义"与"爱欲"之间做出某种折衷保留"家庭",都有其代价。柏拉图的"美的城邦"从来都没有真正实现过,在我们人类的现实中更多地还是采取了一种妥协的折衷主义。

在这个问题上,中国的儒家就是一种典型的妥协主义。梁漱溟在《乡村建设理论》一书中认为,由儒家文化所塑造的中国传统社会具有"职业分立"和"伦理本位"这两种主要特征。[①] 事实上,这两种原则是存在着张力的,从某种意义上它们甚至是互相矛盾的。如果一个社会的"职业分立"能够达到柏拉图"理想国"那样的程度,也就是一个人只做一份适合其天性的工作,那么以家庭伦理为出发点的儒家"伦理本位"原则就必然会瓦解。如果过于坚持"伦理本位",一个国家也很难完全坚持"正义"。儒家清楚地看

---

① 梁漱溟:《乡村建设理论》,上海人民出版社2006年版,第24—27页。

到了国与家之间存在的这种基本的张力，在家庭伦理和国家正义之间发生冲突的时候，儒家基本采取了一种"容隐制"的折衷主义方案。但是在现代社会，儒家的生存空间似乎越来越小。我们可以看到，儒家宣扬的那套家庭伦理之所以能在中国具有如此悠久的生命力，这在很大程度上缘于中国传统社会一直是一个专业化分工并不是那么强的农业社会。随着中国逐渐走出农业社会，进入到了一个专业化分工更明确的工业化和后工业化社会，强调以家庭伦理为出发点的儒家文明也就不可避免地逐渐式微。当然，只要还有家庭的存在，儒家的那套家庭伦理就不会完全消失和丧失其意义。

家与国之间的关系是政治哲学的一个基本问题，它们之间的紧张根植于我们的人性，因此是值得我们思考的一个永恒的问题。这个问题无论希腊人还是中国人，无论是古人还是现代人，都会不可避免地遇到。作为一个普通人，我们其实一直生活在家与国之间的那种张力中，从来不曾完全摆脱过，也永远都不会完全摆脱。

西方马克思主义与黑格尔哲学相关性分析
——以卢卡奇和霍耐特为例

黄小寒[①]

在19世纪马克思主义创立与发展过程中,在20世纪西方马克思主义形成和演变过程中,黑格尔哲学都产生着直接和重要的思想资源的作用。全面理解黑格尔哲学这一历史的理论和理论的历史,是我们深入考察马克思主义和西方马克思主义不容忽视的一个方面。本文仅就西方马克思主义与黑格尔哲学的关系,以卢卡奇和霍耐特为例,做一提纲式的初步分析。

一、黑格尔哲学进入西方马克思主义

黑格尔哲学是马克思主义理论的来源之一。在马克思主义的创始人马克思那里,黑格尔哲学的理论影响主要体现在三个方面。

第一,黑格尔的哲学方法。黑格尔是德国古典哲学的集大成者,是近代理性主义发展的高峰。他的哲学体系的布排和各个环节都深刻地体现了唯心主义辩证法的方法论特征。唯心主义辩证法是什么?在黑格尔那里,主要是指抽象性、普遍性与特殊性、现实性的对立统一。正是在这种逻辑关系中,内在的否定性成为黑格尔理念发展的动力。

第二,黑格尔的时代意识。黑格尔既是一个思辨理论家,又是一个现实主义者。青年黑格尔熟悉英国、法国和德国的启蒙思想,关注具有世界历史意义的重大事件:法国大革命和英国工业革命。黑格尔深刻地反思这两大革命给整个人类生活和社会结构所带来的巨大影响和变化,这包括经济、政治、社会和科学等领域涌现出的重要成果和主要问题。在青年黑格尔的早期著作中,我们可以读到他的政治学(市民社会、国家制度)、经济学(需要、劳动、价值、所有权、使用权、平等、等级、权利)、社会学(家庭、共同体)、伦理学(善、良心、义务、德、风尚、应然)、自然科学(力学、物理学、有机物理学)等问题意识以及对这些问题的讨论。因此,后来,当黑格尔对上述一系列领域进行哲学总结时,他必然使理念实在化。而这种逻辑在先的理念也是当时德国社会矛盾在知识分

---

① 作者系北京大学马克思主义学院国外马克思主义研究所教授,研究方向为国外马克思主义哲学研究。

子中的必然反映。由于德国本身政治和经济的落后,法国的自由主义关于物质动机的规定,在德国变为了"自由意志"、自在和自为的意志、人类意志的纯粹自我规定。这也是黑格尔哲学全书构架的理由,也是能动性的原因。黑格尔强调自由的理性和理性的自由。他的客观唯心主义的辩证法思想的确是法国的自由主义在德国的一种回音。

第三,黑格尔的批判精神。黑格尔作为德国古典哲学或批判哲学的完成者,他的哲学理论对以往的哲学传统做了敏锐地考察与分析。他既严厉批判一些哲学前辈,包括康德、费希特和谢林的观点,又揭示其所富有的辩证法的萌芽和具体的哲学价值。同时,黑格尔对封建社会、对宗教和政治伦理也做了一定的考察与批判。黑格尔曾站在德国启蒙运动中民主左翼的立场上,批评那种迎合德国小国专制的倾向。

马克思正是在对黑格尔理论的分析中,借鉴其思想方法、理论生长点和批判精神,在新的历史条件下和历史使命中创立了哲学、政治经济学和共产主义等理论。

1848 年以后,黑格尔哲学在德国,甚至在整个西方世界逐渐式微。非理性主义强调,哲学应该返回到康德,并且将康德与贝克莱的哲学理论相等同。新康德主义则认为,康德之后对康德主观主义的批判是错误的,因此,黑格尔被当成"死狗"。只有到 19 世纪末 20 世纪初,黑格尔哲学才开始复兴。这种复兴,不是对黑格尔思想的发展,不是对黑格尔历史主义的具体化,而是以黑格尔哲学改造新康德主义。新黑格尔主义的早期理论家反对把康德和黑格尔哲学绝对对立,反对将二者割裂。帝国主义时期的理论家无视黑格尔对康德哲学辩证法萌芽的发展和对不可知论的批判,将黑格尔的一切理论问题归结为对康德问题的明确化,将德国古典哲学降低到初创的水平。战后时期的理论家则用黑格尔的历史方法,将一切哲学流派"合题"化,将黑格尔的辩证法沿着反理性主义的哲学方向篡改。

随着西方马克思主义的创立与发展,黑格尔思想才开始真正复兴。从整个西方马克思主义形成和发展过程看,黑格尔理论至今仍具有现实意义。出现了所谓的"黑格尔主义式的马克思主义"。

二、黑格尔哲学与西方马克思主义的批判理论

从西方马克思主义的整体思想来看,核心问题之一是对资本主义社会的批判。以卢卡奇为例。卢卡奇所处的时代,既不是黑格尔的时代,也不是马克思的时代。黑格尔时代的反封建任务在欧洲已经完成。马克思时代无产阶级反对资产阶级的斗争在欧洲已经式微。早期西方马克思主义问题意识的一个重要方面就是唤起无产阶级的阶级意识,全面地、科学地认识资本主义社会。作为一个马克思主义者,卢卡奇试图从对黑格

尔哲学和马克思主义的研究中,汲取科学方法和思想资源。卢卡奇的《历史与阶级意识》(1923)、《青年黑格尔与资本主义社会问题》(完成于1938)在这方面做了一定的工作。

在西方马克思主义者中,可以说,卢卡奇是对黑格尔研究较深入的哲学家之一。卢卡奇全面梳理了黑格尔在伯尔尼、法兰克福和耶拿时期的思想发展,较彻底地分析了法国革命及其结果对德国辩证法形成的重要作用,以及由于德国经济和政治的落后,使得这种辩证思维只能是一种唯心主义的形式。卢卡奇特别关注黑格尔对英国工业革命的研究。黑格尔曾认为,在法国唯物主义者那里,经济思想获得了一种抽象的哲学形式,它为法国资产阶级革命奠定了重要的意识形态基础。而这种经济思想到了英国,获得了具体的经济学形式,却呈现出了一种哲学的平庸化。

卢卡奇认为,正是在对法国革命的革命思想产生困惑(主要是指雅各宾派在巴黎推行平民专政,使大部分德国知识分子感到恐惧),他对政治经济学的研究、对英国经济状况的分析,使他在发展的一个重要关头,选择了一条辩证法的道路。"黑格尔把人的自我产生看作一个过程,……因此,他抓住了劳动的本质,把对象性的人、现实的因而是真正的人理解为他自己的劳动的结果。"①黑格尔哲学是与英国古典经济学相类似的一种思想运动。古典经济学的思想是黑格尔《精神现象学》的经济基础。而异化成为了黑格尔哲学的核心概念。"alienation"在德语中被翻译成外化"Entausserung"和异化"Entfremdung"。但是,黑格尔的外化或异化,其基本含义是指"表现为"或"分化为",等等。黑格尔并没有提出马克思和西方马克思主义那样的异化问题。

虽然,卢卡奇也认识到,在黑格尔的早期哲学中,他特别关注伦理与道德问题,黑格尔对康德的《纯粹理性批判》的兴趣远远小于《实践理性批判》,青年黑格尔所考虑的所有那些社会和历史问题,基本上是以道德伦理问题的形式出现的。虽然,卢卡奇本身也提到关于他的道德态度的问题,但是,他对黑格尔这方面的思想却没有过多的去挖掘。他更多地是去关注黑格尔的异化思想,以理解马克思资本逻辑中的异化问题和他那个时代的异化问题。

卢卡奇在《历史与阶级意识》中,首先揭示了资本主义的"物化"现象。他指出,物化是资本主义生存方式的本质特征,是资本主义社会所特有的经济形式所决定的。卢卡奇反复强调,在资本主义的现代化过程中,初期的资本主义经济学家曾将经济学作为社会生活的基本科学,并承认经济学范畴既表现了人与人之间的关系,也反映了人与自然的关系。但是在后来的经济学发展中,这些关系被忽略了,剩余的只是对经济范畴的

---

① 《马克思恩格斯全集》第3卷,人民出版社2002年版,第319页。

偶像崇拜和经济科学的专门化。人的劳动在对象化为商品的同时,形成了史无前例的三大拜物教;形成了资本主义生产过程中,人的主观方面和生产的客观方面的"物化";人的精神的"物化"(上述的物化同于马克思的异化),马克思深入揭示了早期自由资本主义的各种异化现象。卢卡奇则更深入揭示了早期垄断资本主义物化问题。"对象化是一种中性现象:……只有当社会中的对象化形式使人的本质与其相冲突的时候,只有当人的本性由于社会操作受到压抑、扭曲和残害的时候,我们才能谈到一种异化的客观社会关系。"①

其次,揭示近代哲学的"二律背反"正是对真实的社会生活的反映和表达。卢卡奇指出,"近代批判哲学是从意识的物化结构中产生出来的。"②近代哲学从笛卡尔到康德,完成了认识论上的哥白尼革命。近代哲学强调人在认识对象中的作用。康德提出,人是认知形式,对象是认知内容。由于人的认知形式所特有的局限性,人只能通过知性形式把握某一方面或局部的现象。而认识的最终对象、本质、整体或总体是不可能把握的。这正对应了资本主义世界:个别企业的有组织性和整个社会的"无政府"状态;孤立的"原子化"的个人和个人有机构成的社会;可预测、可计算与"可说的"形式理性和非理性或偶然性的实际内容;实证理论的还原论的"价值无涉"和现实世界总体性的"价值关涉";外部自然世界的因果必然性和人的内在的自主与自由等关系问题。这里,德国古典哲学把形式和内容的对立推到了极端,作为哲学基础的所有矛盾都汇合在这一对立之中。这样,我们的问题的确就超出了纯粹认识论的范围,进入到克服主体和客体的物化(对立)领域。

黑格尔哲学曾试图重建所有的逻辑,即总体的逻辑学。它的一个突出特点就是使主体与客体的绝对对立溶化了,"实体即主体"。主体在自己的运动发展中"表现为"自然和人的精神。然而,这个能动的主体只是一种"理念"。"黑格尔确实用'理性的狡黠'来解释这样发现的历史结构。这样的历史结构是他的现实主义的天才既不能,也不愿意否定的。"③可见,黑格尔哲学试图打破形式理性主义的局限性,并重建被物化消灭了的人。但是,最终的结果"只是达到了对资产阶级社会的完全思想上的再现和先验的推演。"④

卢卡奇认为,德国古典哲学是资本主义社会发展的一个特殊阶段。在这一过程中,上述问题已经被自觉地当作问题。一方面,哲学家们确实以哲学的形式反映了资本主

---

① 卢卡奇:《历史与阶级意识》,商务印书馆1996年版,第20页。
② 卢卡奇:《历史与阶级意识》,商务印书馆1996年版,第177页。
③ 卢卡奇:《历史与阶级意识》,商务印书馆1996年版,第225页。
④ 卢卡奇:《历史与阶级意识》,商务印书馆1996年版,第227页。

义发展最深刻和最重要的问题;另一方面,哲学家们找不到解决问题的具体途径。但是,他们意识到从方法论的角度超越人类这一历史发展阶段是必然的。

这一超越的哲学方法论的工具就是马克思的唯物辩证法。卢卡奇认为,总体性思想是马克思方法论的核心。因此,他从整体与部分相统一的总体性;主体与客体相互作用的总体性;历史的总体性等三个方面批判西方资本主义的文明;拯救和挖掘黑格尔的辩证法;探索马克思和马克思主义相关的思想。

最后,强调无产阶级的阶级意识。正是基于上述工作,卢卡奇在社会主义发展的十字路口上,反复揭示资本主义社会的"异化"问题;强调马克思辩证法的"总体性"思想,试图唤起无产阶级的阶级意识。卢卡奇的这一工作是与欧洲的思想文化传统分不开的。西欧传统强调人的自由解放。黑格尔哲学全书的最终目的就是自由的理性。在第二次世界大战后,资本主义的发展,使得人已经基本满足日常生活的需要,但是,与人的自由的理性,人的自在自为的存在还有很大的差距,人已经最深刻的非人化了。所以,卢卡奇要让无产阶级知道,资本主义社会的本质并未改变。无产阶级作为社会和历史发展过程的同一的主体—客体必须担当自己的历史使命。因为,"无产阶级的自我认同同时也就是对社会本质的客观认识。追求无产阶级的阶级目标同时也就意味着自觉地实现社会的、客观的发展目标,这些目标如果没有它的自觉参与只能仍旧是抽象的可能性、客观的限制。"[①]

卢卡奇是西方马克思主义中重新开启"黑格尔式的马克思主义"的第一人。他曾认为,对于任何希望回到马克思主义的人来说,恢复马克思主义的黑格尔传统是一项迫切的工作。他的哲学曾与维特根斯坦和海德格尔媲美。至于卢卡奇的思想如何,要接受长期历史的检验。

三、黑格尔哲学与西方马克思主义的建设理论

20世纪末,西方马克思主义在对资本主义社会进行批判的基础上,也开始思考社会建设问题。霍耐特是其中的一个重要代表。

霍耐特是法兰克福学派重要成员之一。他在《权力的批判》(1986)中,曾对法兰克福学派的批判理论做了全面的分析,也可以说是对批判理论的批判。他认为早期的批判理论是一种"历史还原论",它仅从支配自然的方面强调人的解放。还应该考虑社会方面如政治伦理。在他后来的《为承认而斗争》(1992)和《自由的权利》(2011)中,霍

---

① 卢卡奇:《历史与阶级意识》,商务印书馆1996年版,第228页。

耐特开始从事这方面的研究。

黑格尔的早期思想至今作为资料还运用得很少。早期黑格尔曾对康德的《纯粹理性批判》或认识论问题没有多少兴趣,他的关注中心点在《实践理性批判》上。像许多他同时代的哲学家一样,黑格尔试图将康德的《实践理性批判》的观点应用到社会和历史上。这样,一方面,黑格尔把社会问题当作道德问题看,另一方面,实践问题,即人对社会现实的改造问题,构成了他的反思核心。

与卢卡奇不太一样的是,霍耐特选择黑格尔的伦理政治思想,主要是耶拿时期的《论自然法的科学研究方法》、《伦理体系》、《实在哲学》、《精神现象学》和后期的《法哲学原理》等做研究。霍耐特的工作可以概括为:

第一,关注黑格尔的社会伦理或共同体伦理思想。与卢卡奇一样,霍耐特也认为,黑格尔对已消逝的古希腊城邦共和国这一历史上的社会现象非常重视,并将其视为对社会与国家进行改造的具体榜样。在耶拿时期,黑格尔的伦理政治哲学方面的基本思想是,古希腊城邦共和国的终结意味着人类自由与人类伟大的社会的没落,意味着城邦的共和国市民向现代社会自私自利的"私人"的过渡。黑格尔曾提出,古代是一个"无经济"的时期,古代城邦共和国里财产是人人平均的。古代之后,公共生活瓦解了。因此,他才开始觉得有研究经济学理论的需要。

霍耐特与卢卡奇的一个观点相同。在一个有决定意义的论点上,黑格尔从青年时代起就超越了康德。康德是从个人角度分析道德问题,强调基本道德事实是个体的良心。康德所揭示的道德普遍特征,被他投射到一种虚构的,实际上是神秘化的个别主体中,"可理解的自我"之中。在康德那里,社会问题是第二性的。黑格尔则从社会的、集体的主体概念出发,他强调的是共同体伦理。黑格尔不是从认识论上,而是直接去研究这个集体的主体,分析其在历史发展过程中,在实践行动中的行动和命运。在他的研究中,这种集体的主体瓦解成为"私人的"个体,占有重要的位置。在他那个时代,"私人的"个体的"总和"构成社会。

第二,自我持存模型的分析。自中世纪以后,资本主义的生产关系以及政治和经济的长足发展,远远超出了传统道德的保护框架,道德再也不能只是作为一种德行的规范秩序而被研究了。古典政治学的好的生活和公正的生活已经不再具有充分的说服力,转而让位于新的"自我持存"的思想模式。

这里有两个人物是被霍耐特关注的。一个是马基雅维利;另一个是与马基雅维利相隔120年的霍布斯。他们的讨论都是建立在一种社会本体论的基础上。他们都提出,人是一种只关心私利,以自我为中心的存在物。因此,主体间永远处于一种相互为敌和不信任的状态。社会行动领域始终处于主体间为了保护肉体认同而进行的"人与人的斗争中"。

霍耐特认为,无论是马基雅维利,还是霍布斯,其理论模型的关键都是主体为自我持存而斗争。因此,他们都强调政治实践的终极目的就是要结束这种角逐式的、咄咄逼人的冲突。马基雅维利试图抛弃传统政治哲学关于主权行为的一切规范约束和义务。霍布斯则去牺牲社会契约的自由内涵。

第三,强调为承认而斗争。黑格尔认为,现代的自然法观念的根本问题是陷入了原子论的"个体存在"。马基雅维利和霍布斯的"经验研究",从人性的虚构定义或人类学的定义出发,把人类的"自然"行为理解为孤立的个体的单一的行为,而个体的共同体的组织形式则是外在加入的。

在这个问题上,霍耐特重新回到了黑格尔的观点。他同意黑格尔强调统一的力量是与个体和公共利益的和谐一致密切相关的。他揭示了黑格尔理想共同体的一般特征,霍耐特称之为伦理总体性概念。

这一概念可以这样概述。把交往生活方式分为各种不同的伦理类型,其中存在着主体相互承认的过程。这种相互承认的关系结构都具有普遍性:在这种结构中,一个主体意识到,自己的能力和品质必须为另一个主体所承认,因而必须与另一个主体达成和解;他者亦然。在这一结构中,主体永远处于了解其特殊身份的过程中,因为主体由此确认的总是其自我认同的新维度,因此,为了实现对个体的新的承认,这个结构的成员就必然通过冲突,离开原有的伦理样态。这样,主体间伦理关系的承认过程就是在一种和解与冲突的交替运动中。"并获得了一种具有建构意义的内在张力。"①

霍耐特认为,这是一种社会有机体。可以在"普遍自由和个别自由"的"生命一体性"中看出特异性。它是一切个体实现自己自由的机会或条件。普遍自由和个体自由一体化得以实现的社会媒介是共同体内部交往所使用的风俗和习惯,它是一种公共"立法体系",而不是国家的成文法,或孤立主体的道德信念。

这里,要指出的是,黑格尔以康德的实践的自由概念为出发点,进而提出自由和人类尊严的要求。但一到这些要求如何实现的问题上,他就立刻转到社会方面。黑格尔反对康德、费希特和青年谢林,将哲学脱离现实的历史发展的密切联系。青年黑格尔的历史问题是,指出古希腊是发展到最高形式的民主社会,然后再说现实时代的没落,德国的落后,试图通过这一对比,使人展望到未来的自由解放。黑格尔是从人本学走向历史主义。在青年黑格尔那里,哲学的实践性是与他的政治梦想密切结合的。作为德国哲学家,霍耐特也继承了德国哲学的理论传统。在《自由的权利》中,霍耐特分析了伯

---

① 霍耐特:《为承认而斗争》,东方出版社2008年版,第22页。

林消极自由与积极自由的"可能性"与界限。他保留了伯林的消极自由,以反思自由替代积极自由,补充了社会自由,并对三种自由的历史进行了几百年跨度的考察。霍耐特着重思考自由的实现途径。他提出,一种按自由价值构思的正义论,必须要有相对应的机制结构做基础,否则就不可能建立和发展。理论不能仅停留在抽象的基本准则的引导上,而必须在社会现实那里找到实现自己的那些条件,形成自己的机制形态。霍耐特的社会自由是一种民主伦理,而它的实现机制则是《为承认而斗争》中的"承认机制"。

在西方马克思主义的发展中,霍耐特试图完成从自然支配理论批判到政治伦理理论建设的转向。这里,霍耐特借鉴了黑格尔的承认思想,他的承认理论也具有哲学本体论的意义和政治意义。当然,历史的实现是需要经历时间的风雨的。

四、结　语

上述的讨论体现了一个非常重要的思想和事实:这就是为了揭示和说明事物的深层关联,哲学的研究"愈来愈不得不超越狭义的哲学问题范围,而把注意转移到整个的人类实现在科学地掌握具体现实中的历史发展史上。"[1]实际上,正是在对时代问题的把握中,才使得黑格尔"不把哲学史当作哲学轶事和哲人传记的汇编,不把哲学史当作对于个别哲学家的个别观点的正确与错误的一批形而上学的论断,而把哲学史提到一种真正的历史科学的高度。"[2]黑格尔的哲学体系展示了辩证法的特性;也体现了资本主义的实际内部结构以及实现力量。

通过上述的分析,我们可以得出,无论是西方马克思主义的批判理论,还是西方马克思主义的建设理论,黑格尔对它们的影响是不容置疑的。这表现在,一方面是借助黑格尔思想的媒介,挖掘马克思思想的理论来源和底蕴,诠释马克思的思想方法;另一方面是借助黑格尔思想的资源,揭示资本主义社会的弊病,并试图逐步改造资本主义社会。

而在上述的分析中,我们也看到,黑格尔同法国、英国人不同,他并不是一个启蒙主义者,他最终的哲学归宿基本上是一个唯心主义者。列宁在分析黑格尔的理论逻辑时,曾经指出他的聪明的唯心主义向聪明的唯物主义的接近,这种接近确实是通过间接道路,通过他的百科全书式的哲学体系,通过他对自然和社会的深入观察。至于他的自觉

---

[1]　卢卡奇:《青年黑格尔》,商务印书馆1963年版,第24页。
[2]　卢卡奇:《青年黑格尔》,商务印书馆1963年版,第7页。

的哲学思维,则自始至终是唯心主义的。因此,虽然,黑格尔的异化思想,政治伦理思想和实践概念,比康德、费希特、谢林更加宽广和更具有社会性,但是,正如马克思、卢卡奇与霍耐特所说,他的思想被束缚在意识哲学的体系之中,得不到继续的发挥和前行。因此,西方马克思主义在对黑格尔哲学的研究和吸取中,也采取了一种扬弃的态度。

梅洛-庞蒂与胡塞尔时间观比较研究

李婉莉[①]

在时间观问题上,胡塞尔对梅洛-庞蒂的影响是深远的。这种影响不仅包括胡塞尔关于时间问题的专门论述对于梅洛-庞蒂的影响,更包括胡塞尔后期现象学特别是关于生活世界等的观点对梅洛-庞蒂的影响。这种影响体现在:梅洛-庞蒂在论述时间问题时,不仅将胡塞尔的滞留、前摄等概念直接引为己用,更是在胡塞尔本人也探讨的在场域(Präsenzfelder;Field of Presence)等概念上,沿着胡塞尔的思路伸展下去。然而,梅洛-庞蒂对于时间问题的探讨,毕竟是有着自己启人深思的独特之处的,这种独特的地方主要在于,和胡塞尔的先验现象学不同,梅洛-庞蒂和普鲁斯特一样,强调时间经验的肉体的主题[②]。在时间观上,梅洛-庞蒂和探讨现象学其他问题时一样,也强调身体的重要意义。我的身体占有着时间,它为现在带来过去和未来,它不是一个事物。身体创造着时间,而不是服从于时间[③]。

一、时间晕(原印象、滞留、前摄)

胡塞尔是在借鉴批评布伦塔诺的时间理论中展开其关于时间问题的探讨的。布伦塔诺认为,当我们感知到某物的时候,被感知的东西在一段时间里对我们来说始终都是当下的,尽管并非没有变异。这个始终以当下的方式留存在意识中的东西,对我们显现为一个或多或少过去的东西,一个仿佛是在时间上回移的东西[④]。举例来说,为什么我们能够听到一段连续的旋律?为什么我们不是将这段旋律感知为每一瞬间的单个的声音的叠加?这是因为当旋律响起的时候,处在一个瞬间的单个声音并不会随着这一瞬间的消逝而消逝,而是还会留存在意识中,从而让我们感知到相互跟随的声音的关系。

[①] 作者系北京市社科院哲学所助理研究员,从事法国现代哲学研究。
[②] 参见 Ted Toadvine & Lester Embree(edit), *Merleau-Ponty's Reading of Husserl*, Kluwer Academic Publishers, 2002, p.149.
[③] 参见 Maurice Merleau-Ponty, *Phenomenology of Perception*, trans.Colin Smith.Routledge Classics, 2002, p.279.
[④] 参见埃德蒙德·胡塞尔:《内时间意识现象学》,倪梁康译,商务印书馆2009年版,第41页。

在布伦塔诺这里,我们感知的当下瞬间已经不是一个点,而是包含着现在和过去,而正是因为包含着现在和过去,时间才得以延续。胡塞尔认为,布伦塔诺关于时间的考察隐含着一个现象学的内核,在这里,意向地包含着当下的东西和过去的东西的意识统一是一个现象学的材料①。

胡塞尔更进一步,认为当下的瞬间不仅不是一个点,而是一个时间晕(Zeithof),包含着现在(原印象)、过去(滞留)和未来(前摄)。或者还可以这样说,在胡塞尔看来,"现在"不是一个当下瞬间,它必须包含着过去和未来。

在时间的流逝现象中,延续客体之产生得以开始的"起源点"是一个原印象(Urimpression)②,它意味着时间意识的最原初的样式。原印象在意识流中是转瞬即逝的,它刚一出现,就瞬间流逝到过去之中。如果我们只是将时间感知为当下瞬间的现在,停留于原印象,那么,我们就无法捕捉到时间的延续。时间作为不断变化的连续统,如果将每一个当下瞬间感知到的点称为原印象,那么,这个连续统如果延续下去,就必须在当下的感知中,在"现在"之中还包含别的东西。胡塞尔认为,首先需包含"滞留"(Retention)。在一段旋律中,这段旋律开始和停止,而整个延续的统一、它在其中开始和结束的整个过程的统一,都在结束之后"移向"越来越遥远的过去。在这个回坠的过程中,我还"持留住"它,还在一种"滞留"中拥有它,而只要这个滞留还在维续,这个声音就具有它的本己时间性③。切身的声音——现在(即以意识的方式、在意识"之中")不断地变化为一个过去,一再地有新的声音——现在来接替那个过渡到变异之中的声音。但是,如果对声音——现在的意识、原印象过渡到滞留之中,那么这个滞留本身重又是一个现在。它本身是现时的,同时它又是关于曾在的声音的滞留。因为原印象被包容在持续的变化之中,它刚一乍现就流逝到过去,所以,意识的每一个现在都从一个滞留转变为另一个滞留,从不间断。而每一个滞留都是一个连续统,声音响起,并且不断地响下去。声音——现在变换为声音——曾在,印象意识流畅地向一再更新的滞留意识过渡。在沿着这条河流或随着这条河流行进的同时,我们具有一个始终属于起始点的滞留系列④。

胡塞尔还将滞留称为"原生的回忆"。如前所述,被感知的东西在一段时间里对我们来说始终都是当下的,感知与现在紧密相连,它本原地构造着现在。因而,现时的感知是根据作为体现(Präsentation)的感觉而非作为再现(Repräsentation)、作为当下化而

---

① 埃德蒙德·胡塞尔:《内时间意识现象学》,倪梁康译,商务印书馆2009年版,第46页。
② 同上书,第61页。
③ 同上书,第55页。
④ 同上书,第61页。

构造起自身的。

胡塞尔认为,感知在这里是这样一种行为:它将某物作为它本身置于眼前,它原初地构造客体。因而,如果我们将感知称作这样一种行为:它将所有的"起源"包含在自身之中,它进行着本原的构造,那么,原生的回忆(即滞留),就是感知。因为只有在原生的回忆中,我们才看到过去的东西,只有在它之中,过去才构造起自身,并且不是以再现的方式,而是以体现的方式。只有在原生回忆中,与现在相对立的刚刚曾在、此前才能直接地被直观到;原生回忆的本质就在于使这个新的和特殊的东西被原生地、直接地直观到,完全就像现在感知的本质在于使现在被直接地直观到一样①。在这里,在当下的感知中,不仅包含了现时的感知(现在),也包括了原生的回忆(滞留)。

胡塞尔认为,在以原印象为核心的时间晕中,不仅包含着现在和滞留,还包含着前摄(Protention)。当我们聆听一段旋律的时候,每一次都有一个声音处在现在点中。但过去的点并没有从意识中被消除出去。随着对现在显现的、仿佛现在听到的声音的立义,原生的回忆融化在刚刚仿佛听到的声音以及对尚未出现的声音的期待(前摄)上。对于意识来说,现在点重又具有一个时间晕②。可见,意识对于即将到来的声音的期待,就是前摄。意识通过把已经消逝之点"扣留"下来的方式让滞留点在场;与此类似,意识也通过对尚未来临之点进行先行"摄取"的方式将前摄之点带入现在③。在以现在点为核心的时间晕中,经由滞留和前摄,过去和未来都被包容在现在之中。

以上胡塞尔关于时间问题的探讨,对于梅洛-庞蒂的影响是很深的。可以说,梅洛-庞蒂在一开始就完全接受胡塞尔关于现在、滞留及前摄的观点,认为在现在之中必须有过去和未来的加入,才能保证时间的连续。

梅洛-庞蒂认为,在俗常的时间观念中,人们总是以为,未来是尚未到来的,过去是已经不在的,而现在,严格来讲,则是无限小的一点,是瞬间的存在。这样一来,时间不但不具有延续性,而且是塌陷的、坍缩的。若要时间之为时间,就必须在现在之中加入不是现在的东西。因此,梅洛-庞蒂说:必然还有另一种真正的时间,在那里,我知道了涌流和无常变化的本性④。

与胡塞尔不同的是,梅洛-庞蒂虽然引用前摄、滞留等内时间意识现象学的概念,但对于胡塞尔仅仅将时间禁锢在意识中这一点是持批评态度的。对他来说,作为意识

---

① 埃德蒙德·胡塞尔:《内时间意识现象学》,倪梁康译,商务印书馆2009年版,第74页。
② 同上书,第67页。
③ 参见方向红:《时间与存在——胡塞尔与海德格尔现象学的基本问题》,商务印书馆2014年版,第46页。
④ 参见 Maurice Merleau-Ponty, *Phenomenology of Perception*, trans.Colin Smith.Routledge Classics,2002,p.482。

的内在对象的时间是降低到一致均衡水平的时间,换句话说,它已经不是时间了①。过去和未来不能仅仅作为从我们的感知和回忆中抽象而来的概念,不能仅仅是"心理事实"的真实系列的名称②。梅洛-庞蒂的这一观点与他的具身化的知觉理论是一脉相承的。早在《知觉现象学》的开篇他就说过,真理并不是内在于"内在的人"之中,毋宁说,并没有"内在的人",人是在世界中的,而且只有在世界中他才能知道他自身③。

因此,在谈到时间问题上,梅洛-庞蒂认为,如果说客观的世界不能够支撑时间,这不是因为它太狭窄,以至于我们要加上一点过去和一点未来。过去和未来毋宁说就是确定无疑地存在于世界中,它们存在于现在之中,而且,为了成为时间的秩序,存在本身缺少的,是某些非存在,即从前和明天这样的非存在④。过去和未来离开了它们与存在的一致性,而朝向主体之中,这不是为了寻找某些真实的支撑,而是相反,为了寻找与它们的本性一致的非存在的可能性⑤。

可见,尽管梅洛-庞蒂赞成胡塞尔关于时间晕(现在、滞留和前摄)的观点,但他又进一步,将这个内时间意识中的时间晕放在了主体身上,或者说,正是因为主体的存在,时间才有了一个场域性的晕圈,才将过去和未来一同包含进来。这是因为,在梅洛-庞蒂那里,主体性本身就是时间性。主体并不是超时间存在的"我思"。主体是处境化的,因为它允许它的处境作为一个有意义的内容,一个在场域而出现。主体是在处境的意义上遇见到他自己的可能性和历史;他是在未来和过去的处境的视域中遭遇到他自身的。正因为主体是处境化的,所以,知觉的经验内在地是时间性的。知觉的主体是处境化的主体,也即空间的和时间的主体,这是因为,在知觉场的时间性的厚度中,以及在从过去经验而来的"习惯"中,经验预期了它的正在显露的未来,保留了已经完成的过去⑥。

梅洛-庞蒂认为,对时间进行现象学地分析是解决主体性问题的钥匙,因为我们已经在时间和主体之间发现了更加亲密的关系。时间不仅是主体的特征,更是主体性本身。所有《知觉现象学》一书之前所解释的存在的维度——空间型、性感、语言等,之所以最终导向时间问题,是因为它们都指出了作为时间性而存在的主体,指出了主体是时间性的存在⑦。

---

① Maurice Merleau-Ponty, *Phenomenology of Perception*, trans. Colin Smith. Routledge Classics, 2002, pp.481-482。
② 同上书, p.481。
③ 同上书, p.Xii.
④ 同上书, p.478.
⑤ 同上书, p.479.
⑥ 参见 Scott L. Marratto, *The Intercorporeal Self——Merleau-Ponty on Subjectivity*, State University of New York Press, 2012, p.113。
⑦ 同上书, p.117。

主体始终是作为时间化的主体。知觉的综合就是时间的综合;主体性在知觉的意义上不是别的,就是时间性①。从一个现在到下一个现在的进程并不是我感知的东西,我也不是作为一个旁观者而看见它,而是,是我让它得以发生。我已经处在即将到来的现在之中,就像我的姿势已经朝向它的目标一样。我自身就是时间②。所以,我们必须将时间理解为主体,将主体理解为时间③。而且,主体不是在时间之中,因为主体从事于或者活在时间里,是与生活结合在一起出现的④。

所以,只有当主体破坏了大量的自在存在,遮蔽了视角,将非存在引入进来的时候,时间才存在⑤。时间在任何时候都是时间概念的根基,它不是作为我们知识的对象,而是作为我们存在的维度而存在⑥。

二、生活世界

梅洛-庞蒂将时间从内在意识的束缚中解脱出来,时间性就是主体性,就是具身化的主体性。这是他对于胡塞尔早期时间理论的突破。不过,其实,到了胡塞尔现象学的后期,胡塞尔本人也在试图突破内在意识的局限。他在后期提出的生活世界概念,启迪着我们更加有创意地理解时间。本文认为,实际上,正是胡塞尔后期的现象学思想对于梅洛-庞蒂的时间观有着更加深入的影响。

胡塞尔认为,对一个单个对象的任何把握,对知识的任何进一步证实,都是在世界这一基础上进行的⑦。如果说,在内时间意识现象学时,胡塞尔才刚刚开始分析"时间晕"这个小小的场域性的结构,那么到了这里,胡塞尔则明确表示每一个经验都有着自己的视域。世界对于我们总是已经有知识以各种各样的方式在其中起过作用的世界,因而毫无疑问,没有任何经验是在某种物的经验的最初素朴的意义上给出的。任何经验都拥有自己的经验视域。任何经验都有其现实的、确定的知识取向的核心,有其直接由自身被给予的确定性内涵,但超出这一确定的如此存在的核心、超出这一本来作为"亲自"被给予物的核心,经验仍然有自己的视域⑧。

---

① 参见 Maurice Merleau-Ponty.*Phenomenology of Perception*,p278.trans.Colin Smith.Routledge Classics,2002。
② 同上书,p.489。
③ 同上书,p.490。
④ 同上书,p.491。
⑤ 参见 Scott L.Marratto.*The Intercorporeal Self——Merleau-Ponty on Subjectivity*,State University of New York Press,2012,p.122。
⑥ 参见 Maurice Merleau-Ponty.*Phenomenology of Perception*,trans.Colin Smith,Routledge Classics,2002,p.483。
⑦ 埃德蒙德·胡塞尔:《经验与判断》,邓晓芒、张廷国译,生活·读书·新知三联书店1999年版,第47页。
⑧ 同上书,第47、48页。

正因为每一经验都拥有自己的经验视域,所以,在进入任何一种认识活动之前,对象对我们来说总是已经在此了,已经在素朴的确定性中被预先给予了①。也正因为每一个经验都有自己的经验视域,每一个经验都是在世界的基础上进行的,所以,我对这个世界从来不是完全无知的,它与我互相牵连,并且隐含着我对它的认知和经验的可能性。在任何认识活动之前,认识对象就已经作为潜能(Dynamis)而存在了,而这种潜能是要成为现实(Entelechie,隐德莱希)的②。

此时可以看出,胡塞尔已经在突破最初的内在意识的领域,开始探讨意识与世界、经验与世界之间的关系,并主张重返我们的生活世界,即作为自然科学之被忘却的意义基础的生活世界。在他看来,早在伽利略那里就已发生的一种最重要的事情就是:以用数学方式奠定的理念东西的世界暗中代替唯一现实的世界、现实地由感性给予的世界、总是被体验到的和可以体验到的世界——我们的日常生活世界。③ 一直以来被我们忽视的是,这个具有自在规定性的宇宙,这个精密科学用来把握存在者宇宙的宇宙,无非是一件披在直接直观世界和经验世界之上、披在生活世界之上的理念外衣,因而科学的任何一个成果在这种直接经验和经验世界中都有其意义根基且都要返回到这上面来。如果我们要回溯到我们所寻求的那种最终原始意义上的经验,那么就只能是原始的生活世界的经验④。

所以说,回溯到世界,是要看它作为一切单个经验的无所不包的基础,作为经验世界,是如何直接地、先于一切逻辑作用地被预先给定的。回溯到经验世界就是回溯到"生活世界",也就是回溯到这样一个世界,在其中,我们总是已经在生活着,并且它为一切认识作用和一切科学规定提供了基础⑤。

在理解时间问题上,梅洛-庞蒂正是受到胡塞尔的生活世界的启发,将时间置于主体肉身化生活于其中世界中,置于具身化的主体与世界的关系中。在他看来,如果不是从主体与世界的关系的视角考察时间,那么时间就会流于俗常观点。俗常的时间观念认为,时间如河流一样,从过去流向现在和未来。现在是过去的结果,未来是现在的结果。但是,梅洛-庞蒂认为,在河流不断流动的变化中,这个流动的变化本身实际上事先假设了一个我所占据的特定的位置。也就是说,每一个变化都假设了一个我所占据的位置,从这里我看到事物在我面前排成一队。如果没有某人的存在,也就没有事件

---

① 埃德蒙德·胡塞尔:《经验与判断》,邓晓芒、张廷国译,生活·读书·新知三联书店1999年版,第44页。
② 同上书,第45页。
③ 参见胡塞尔:《欧洲科学危机与超越论的现象学》,王炳文译,商务印书馆2001年版,第64页。
④ 参见埃德蒙德·胡塞尔:《经验与判断》,邓晓芒、张廷国译,生活·读书·新知三联书店1999年版,第62—63页。
⑤ 同上书,第45页。

的存在,因为事件是发生在某人面前的,发生在某人身上的,而且正是这个人的有限的视角才是事件呈现出自己的个性特点的基础。时间也一样,时间事先假设一个时间的视角,它不像河流,不是一个流动的物质①。

在将时间比作河流的比喻中,梅洛-庞蒂认为,只要我们引进一个观察者,不管这个观察者是顺流而下,还是站在岸边看着河水在他面前流过,此时,时间的关系就颠倒过来了,就不再是从过去流向现在,又流向未来了。比如,在后一个例子,即观察者站在岸边的例子中,已经流下来的河水不是朝向未来,而是沉到过去;而即将到来的是尚在源头的河水,因而,时间不是从过去而来的。并不是过去将现在推向了存在,也不是现在将未来推向了存在,未来并不是在观察者身后准备好的,而是正在向他运动着、正在与他相遇的一个正在孵化着的现在,就像即将来临的暴风雨一样。而对于前一个例子,即观察者顺流而下,这时,对于坐在船里随水流流动的观察者,我们可以说他在顺着河流而流向他的未来,但是,未来在于在入海口等待着他的新的风景中,因而,时间的过程就不再是河流本身,而是在流动着的观察者面前不断飞逝的风景。由此可见,时间不是真实的过程,不是真实的连续,时间产生于我与事物的关系之中②。

梅洛-庞蒂认为,在现在中和在感知中,我的存在和我的意识是一致的,这不是因为我的存在还原到我拥有的知识的水平,或者它在我面前清晰地陈述自己——相反,感知是不透明的,因为它在我所知道的下面,在启动着我的感觉领域,这个感觉领域是我与世界的原始的联合——是因为"在感知"(to be conscious)不是别的,就是"处身于……"(to-be-at, être à),因为我的存在的意识并入真实的"生存的"姿势之中。正是通过与世界的联系,我才毋庸置疑地与我自身联系。我们拥有整个的时间,我们在我们自身面前在场,因为我们在世界面前在场③。举例来说,当我理解一件事,比如欣赏一幅画的时候,我不会在此时此地产生综合,我是带着我的感觉场、我的知觉场来到它面前的,最后,我是带着所有可能的存在的图像、带着与世界相关的全部的背景来到它面前的。在主体自身的心中,我们发现的,是世界的在场④。

可见,梅洛-庞蒂在探讨时间问题时,一开始就将时间置于主体与事物、主体与世界的关系中去考察,这一点显然是深受胡塞尔后期现象学,特别是生活世界思想的影响的。

---

① 参见 Maurice Merleau-Ponty, *Phenomenology of Perception*, trans., Colin Smith, Routledge Classics, 2002, p.477。
② 同上书, p.478.
③ 同上书, p.493.
④ 同上书, p.498.

三、在场域

任何经验都有自己的视域结构,任何经验都是在世界的基础上进行的。正是因为有了经验的视域结构,有了生活世界,胡塞尔对于时间问题的探讨开始在世界的基础上展开。到了现象学后期,胡塞尔认为,过去、未来不仅共在于以现在为核心的时间晕中,时间的三维(过去、未来和现在)之所以存在,时间之所以延续,就在于时间是以生活世界为基础的。只有回溯到世界,才能发现过去、现在和未来得以存在的基础和意义。胡塞尔提出了在场域(Präsenzfelder;Field of Presence)的概念,这一概念不仅被梅洛-庞蒂借鉴,甚至后者对这一概念的探讨也与胡塞尔在很多地方不谋而合。

胡塞尔认为,一个自我的一切知觉和经验就其意向对象来说,都处于关联之中,都与一个时间有关。并且同样可以说:所有相互理解的自我主体的一切知觉和经验就其意向对象来说,也都处于关联之中——即处于一个在其全部主观时间中建构起来的客观时间的关联之中,处于一个在客观时间中建构起来的客观世界的关联之中①。

例如,如果我从一个知觉出发通过回忆追溯到我自己的过去,那么这个过去就恰好是我的、这同一个当下的活生生的主体的过去。这个已经过去的且现在已被回忆起来的周围环境的世界与我现在生活于其中的世界同属于同一个世界,只是它在自己过去的某一段被再现了出来而已。而且,所有这些各式各样的被回忆起的周围世界都是出自同一个客观世界的一些部分。这个客观世界最广义地说就是对于某种存在于可能相互理解的共同体中的人性而言的生活世界②。

因为以一个生活世界为基础,所以,在当下的东西与回想的东西之间、在知觉与被联想唤起的回忆或想象直观之间,就建立起可能的统一性。这是一种感性直观的统一性,是一种在现实的和真正的直观场域中并超出其上而在一个生动的时间场域中建构起来的统一性③。比如我们把回忆的桌子置于一个正在知觉的桌子旁边,那么我们就有了一个带有充满空间的东西的空间,有了在其中表现出来的一个生动的第二张桌子,以及一个时间,在其中这两张桌子显得有片刻是相互并列的。在这里,回忆的桌子自身"归属于"另一个不同于知觉的桌子的客观时间。在这里,我们就有了一种"印象"的统一性,而这是对一个当下的印象,对一个带有空间统一性所属的共存性的绵延的印象。

---

① 参见埃德蒙德·胡塞尔:《经验与判断》,邓晓芒、张廷国译,生活·读书·新知三联书店1999年版,第197页。
② 同上书,第192—193页。
③ 同上书,第213页。

所以,我们可以使各种不同的在场域(Präsenzfelder)的对象在空间上"相互推动",把它们"相互并置"于一个显现的空间中,我们也可以使它们在时间上相互并置或相互推动。于是我们就可以说,我们使那些分属于不同在场域的对象相互推动,是因为我们将它们置于一个时间场域之中;我们把一些对象置于另一些对象的直观时间场域之中。借此,我们把它们带进了一个直观的前后相继或一个直观的共存之中①。

可见,借助生活世界的展开,时间也获得了场域性的结构。它不再仅仅是一个包含过去、现在与未来的时间晕,而是以世界为背景,在其中,处于不同在场域的事物可以相互并置或相互推动,属于不同时间场域的事物也可以相互并置、相互推动。

和胡塞尔探讨过去和回忆一样,梅洛-庞蒂也是在时间的场域性结构中来考察回忆。梅洛-庞蒂认为,回忆不是关于过去的构成性的意识,而是以在现在中包含着的暗示为基础,重新打开时间。而身体,作为我们采取态度和构成假的现在的永恒不变的手段,是我们与时间和空间联系的媒介。回忆是从活的时间与空间的肉身化经验中诞生的②。例如,桌子上有我过去生活的痕迹,我在上面刻下了我的名字,在上面洒下了墨水,但是,这些痕迹并不涉及过去,它们就是现在。至于我在它们身上发现了某些"以前的"事件的记号,是因为我从别的地方得到了我过去的感觉,因为我自身就带着这种特殊的感觉和意义③。

同理,对未来的讨论也一样。正是因为我生活着的未来并不是客观世界中的真正的未来,而是像"我能"一样,是我的在我之先存在的方式,所以,我才必须认为主体时间性地存在着,而时间是主体的存在的方式④。

梅洛-庞蒂认为,正是在广义的我的"在场域"中,我与时间接触,并学着领会时间的过程。这个广义的在场域就是我正在度过的时刻,在这一时刻的后面,是已经消逝的白天的视域,在它前面,是夜晚和深夜。……正是处于在场域中,我看到未来滑向现在,并滑向过去。对于我的白天,我不会在脑海中形成一幅画面,我的白天就以它全部的重量压在我的身上,它就在那里,而且,尽管我可能不会去回想它的任何细节,但我却有力量随时可以这么做,我依然将它握在手中。同样道理,我也不会去想即将到来的傍晚和随后的深夜,可是它们就在那里,它们就像一座我只能看到正面的房屋的背面,或者轮

---

① 埃德蒙德·胡塞尔:《经验与判断》,邓晓芒、张廷国译,生活·读书·新知三联书店 1999 年版,第 214 页。
② 参见 Ted Toadvine & Lester Embree(edit),*Merleau-Ponty's Reading of Husserl*,Kluwer Academic Publishers,2002,p.150。
③ 参见 Maurice Merleau-Ponty,*Phenomenology of Perception*,trans.Colin Smith.Routledge Classics,2002,p.480。
④ 参见 Scott L.Marratto,*The Intercorporeal Self——Merleau-Ponty on Subjectivity*,State University of New York Press,2012,p.122。

廊下面的背景一样①。对于我自身来说,我并不是只置身于这一时刻之中,我也处于这个早晨,或即将来临的夜晚,尽管我的现在是这一时刻,然而,我的现在也同样是这一天、这一年甚至我的整个一生②。

可见,胡塞尔后期现象学关于时间的视域结构的探讨,关于在场域的探讨,启迪梅洛-庞蒂自身对时间的追问。尽管梅洛-庞蒂始终坚持知觉的肉身化主题,坚持时间的肉身化主体,因而这里的在场域就是一个肉身化的主体处身于其中的场域,依然不同于胡塞尔单纯经验的视域。但我们还是可以说,没有胡塞尔在后期现象学中对生活世界、经验的视域结构等主题的展开,很难想象梅洛-庞蒂的知觉现象学会以什么样的面貌出现,也很难想象梅洛-庞蒂的时间观会以一种什么样的风格出现。

---

① 参见 Maurice Merleau-Ponty, *Phenomenology of Perception*, trans., Colin Smith. Routledge Classics, 2002, p.483。
② 同上书,p.489.

梦想的变奏——美国文学中的美国梦

王双洪[①]

梦想是人们对美好事物的向往和追求，人类有史以来，梦想便是文学艺术中的一个永恒主题。但是，没有哪一个民族的文学像美国文学那样，对梦想的追寻、幻灭、歌颂、诅咒等主题贯穿了二百多年的文学史，也少有一种梦想冠之以一个国家的名字，并且具有一种趋于相对稳定的内涵。

美国梦这一主题在美国文学中被不断演绎。"美国梦是一种近似神话的传说，认为美国是一块能使梦想变成现实的神奇土地，只要敢于冒险，奋斗，穷光蛋也能变成百万富翁"。福克纳《谈谈私人生活》一文中指出这样一个美国梦想："……为人准备的一座尘世的殿堂和境遇，这种境遇使他不仅能够摆脱压迫他这个平民大众的专制政权规定的森严等级制度，而且能够摆脱把他本人牢牢控制在附属地位和软弱无力状态的教会和国家的等级制度所造成的平民大众本身。……这不单是一种思想，而是一种境遇，一种实际的人的地位，它应当随美国本身的诞生而出现，它肇端，建立而且包含在空气中，在'美国'这个词本身之中"。[②] 美国当代著名作家如诺曼·梅勒、亨利·米勒等都有以"美国梦"为题的艺术作品，而二百年来美国文学中表现美国梦主题的作品更是不胜枚举。美国梦在美国文学中具有"母题"的意义，在美国文学史的发展中以不同形态凸显。

"美国梦"在文学作品中有着丰富的内涵，是一个不断积淀、不断发展的概念，准确地说，"美国梦"的含义"既有一定答案本质属性，也有其语义上的模糊性"。[③] 尽管如此，我们还是能从众多文学作品中找到"美国梦"中都包含的一个主题，即精神维度与物质层面的张力。其中，有对纯洁美好的伊甸园的追求，有激励人追求自由、平等、成功等理想的力量，也有对俗不可耐的权利、财富的向往，充满了物质与理想之间的冲突。美国梦在美国文学中以变换多样的面目出现，恰似一个主题的多重变奏，不同时期、不

[①] 作者系北京市社科院哲学所副研究员，主要从事古希腊哲学研究。
[②] 《美国作家论文学》，生活·读书·新知三联书店1986年版，第369页。
[③] Robert B. Heilman, The Dream Metaphor: Some Ramification, *American Dream and American Nightmare*, David Madden(ed), Southern Illinois University Press, 1972, p.4.

同作家赋予了美国梦不同的色彩。

美洲大陆的发现正值欧洲的资本主义扩张时期,资本主义所固有的贪婪与罪恶随着物质丰富与发展而凸现的越来越清晰。而当时美洲大陆还是一块尚未被人类所谓的文明玷污的地方,在很多人眼中,美洲大陆是上帝赐给人类的第二个伊甸园,在那里,可以重建乌托邦。这种新世界,这种伊甸园的梦想,便是美国文学中最早的美国梦主题。

美国建国之初,我们无法苛求一个由欧洲移民组成的,从荒野中走来的国度能拥有代表自己精神、文化的文学作品,美国最早的文学作品是对英国文学不同程度的模仿。但当美国作家刚刚开始表达自己所特有的边疆、开拓等主题时,他们的笔端便表现了伊甸园梦想。最早可以称得上描写美国风土人情,有关美国式主人公的小说是费伊莫·库柏(1789—1851)的《皮袜子故事集》。这是一部包含五部小说的集子,第一次表现了伊甸园之梦。库柏通过描写名为纳蒂(青年主人皮袜子)的青年,展现了一个生动逼真的田园世界。开拓者尚未到达,森林还是一片处女地,在那里,纳蒂能够自由自在地生活与行动,散发着一股近乎原始时代天真无邪的气息。这种"处女地"神话——一个尚未被人类的进犯所破坏的美利坚神话——是美国文学的一股原动力,它对多数人向往的黄金时代或伊甸园的美梦做出了美国式的描绘。爱默生在他的论自然中,对回归自然有着无限推崇,认为在林中能重归童稚,保有永恒的青春,寻回理智和信仰。梭罗也启示人们去大自然中寻找生活的真谛,去追求社会以外的另一种精神价值。他曾只身一人来到风光迷人的瓦尔登湖畔,过了两年伊甸园般的生活,写下了伟大的作品《瓦尔登湖》。如果说以上作品表现了对伊甸园梦想的追寻,还是对于自然的一种无意识的亲近,还带有浪漫的色彩,那么,霍桑笔下居住在森林边缘的海斯特·白兰,马克·吐温笔下的哈克贝利·费恩则都是道德、文明压力之下的被迫逃离。

这一阶段美国文学中美国梦对伊甸园的追寻都去往边疆、河流等人类很少涉足的地方,通过地理空间的改变,人获得了心理上的安全感和民族精神的认同。因为,当时的边疆可以说是人们精神上的安全阀,在荒野中,一切都可以重新开始,一切都是新的,平等的,公平的。当时,美国作家笔下流泻出来的美国精神是生机勃勃、奋发昂扬的。18世纪中叶,惠特曼的诗歌豪迈地讴歌美国民族精神及理想:"我们将去那风吹雨打,美国人海船扬帆飞速前进的地方/走啊!与力量,自由,大地,暴风雨一起同行,健康,勇敢,快乐,自尊,好奇……"。[①] 惠特曼的《草叶集》讴歌了民族精神与前景,他的诗歌为美国主流文化接纳,汇入了"美国梦"的精神源泉。

19世纪90年代至20世纪20年代,美国的边疆开拓结束,拓荒精神渐行渐远。美

[①] 《芦笛集——大路之歌》,见《惠特曼诗选》,刘唤群等译,花山文艺出版社1995年版,第148页。

国内战后工业文明飞速发展,加之第一次世界大战中美国获得了大好的发展机遇,这一切使得伊甸园的梦想也随之失去。在"圣母"时代远去而"发电机"时代(亨利·亚当斯语)来临之后,美国梦在物质世界中不再有伊甸园生活的美好,文学作品中美国式的主人公不再是渴望伊甸园生活的亚当,他在工业文明中堕落到人世,未泯的美国式的天真与真诚,笼罩上一层生存的功利与紧张。文学中美国梦的自然、浪漫色彩逐渐为人与物相互冲突的严峻现实状态所代替。

杰克·伦敦在小说《马丁·伊登》(1909)中展现了追求梦想的青年幻灭的痛苦。在贫民窟长大,身为一名水手的马丁·伊登,在一次偶然的机会里踏进了资产阶级的客厅,发现世间还有如此"文明、高雅"的所在,那里的陈设、书画强烈地触动了他。他对罗丝小姐一见钟情,那是一位与贫民区的女人们有着天渊之别的女士。为了赢得罗丝小姐的爱,马丁——一个体魄强健、精力充沛、满口俚语粗话的小伙子开始在生活小节、礼仪、谈吐等方面彻底改造自己。他发奋自学,想通过文学创作取得成功,从而进入那个他所向往的充满了美好事物的阶层。马丁在精神世界中一级级往上爬,他懂得了很多,开始专注于他新发现的这个世界。他以超常的精力投入文学创作,但久久敲不开报界与出版界的大门,罗丝小姐在他最穷困潦倒的时候离弃了他,他在那个难以企及的阶级的嘲笑声中几近绝望。但是,此时命运开始垂青于他。屡屡遭退的稿件开始被采用,稿约、稿酬纷至沓来,曾经高高在他之上的人开始极力逢迎、取悦于他,罗丝也主动找上门来委身于他。马丁迷惘而矛盾,对自己追求的目标、对自己攀上去与之为伍的人们感到失望。他最终没有得到促使他向上攀爬的爱和美,恰恰相反,物质目标达到之后,他发现了那曾经象征爱和美的人们之间充斥着虚伪和丑陋,所有的希望与梦想都幻灭了。马丁·伊登最终以死亡逃避了梦想幻灭的痛苦。

德莱赛笔下的嘉莉妹妹和马丁·伊登的奋斗历程有相似之处。嘉莉是位十八岁的天真姑娘,梦想过上城里人的生活。她从小镇来到芝加哥,目睹并亲受了贫困,又被所谓的爱情欺骗。她不惜一切代价在演艺生涯中取得成功。最后,她虽然在事业上出人头地,但是却一直被一种难以言状的,得不到满足的梦想所扰。

利用对物质的追求来获取精神上梦想的实现,这本身便包含着一个不可解决的悖论。马丁和嘉莉都在物质上取得成功之后,发现心中期望的爱和美变得越发遥远,都经受了目标达成、梦想幻灭的痛苦。

菲兹杰拉德及其作品是"爵士乐时代"的典型产物。这个时代特指一战结束到经济大萧条来临之前的时期,即20世纪20年代。这是一个浮华享乐的年代,又是人们,尤其是年轻人感到普遍迷惘失落的年代。"一切神明统统死光,一切仗已打完,以往关于人的一切信念完全动摇"。这是美国文化变革转型的时期,也是美国文学蓬勃发展的年代。菲兹杰拉德的作品吟唱了一首首美国梦破灭的哀歌。

《了不起的盖茨比》(1925)的主人公盖茨比是美国东部的一个穷孩子,靠不法手段发迹之后,仍然怀念已成为他人妻子的旧日情人苔西,于是在苔西住宅的对岸买下一幢豪华的法式别墅。为了吸引苔西的目光,他通宵达旦宴请宾客。他心目中的苔西还像若干年前一样纯洁美丽。但现实中的苔西除了艳羡盖茨比的财富之外,根本不会为了盖茨比的爱情而离开兼有财富和地位的丈夫。在盖茨比为苔西承担下车祸肇事者的罪名后,还不断担心苔西,深夜里久久凝望着苔西的窗口。此时的苔西和丈夫却在商量如何从车祸中脱身。在盖茨比死于苔西夫妇唆使的复仇者的枪下后,苔西以及所有出入于宴会的客人都不见了踪影。盖茨比胸怀美好的梦想,却死在了自己家漂亮的游泳池里。小说中的故事叙述者涅克追述美国梦的历史渊源,"想象当年荷兰水手怎样眺望到这片树木葱茏的新大陆",接着想起:

> 盖茨比头一次认出苔西对岸那盏绿灯的时候,一定十分惊异。他千里迢迢来到这片绿色的草地,他的梦想似乎近在眼前,伸手就能抓到。他不懂,这个梦想早就丢在他身后,丢在纽约市外空漠无闻的地方,丢在共和国一望无垠、黑夜漫漫的田野之中。①

在当时的年代,盖茨比们的美国梦净化了他们的心灵,马丁·伊登、嘉莉妹妹的梦想给物欲充斥的世界增添了一丝理想的亮光,他们藉此追求精神上的爱和美,用物质的自我实现试图达到精神上的满足,然而最后才发现一切不过是美丽的幻灭。

从经济大萧条一直到第二次世界大战后的20世纪60年代,美国梦已经完全失去了它的理想主义的辉光,失去了哪怕是诱人走向幻灭的光亮,美国式的主人公不再有自我实现时的狂热及幻灭后的绝望,他们开始变得卑琐渺小,丧失了行动的能力,或者干脆迷失了自我,梦想开始变得荒诞可笑。这时候的主人公已经无法摆脱物质的社会,也只能在精神上做一个实现自我的强者,去接近,去其把握美国梦的迷人色彩。这一时期文学中的梦想更多地表现为没有行动的白日梦和自我的异化,以及丧失自我的噩梦。这是一个向前看是大萧条和战争余波,向后看则是核战恐怖阴影下的时代。许多幻灭的艺术家和作家转向内心,他们笔下还在传达着美国梦,却不再有以往的浪漫、希望和兴奋,甚至不再有悲壮和凄凉。

米勒的《推销员之死》(1949)曾经在无数次演出中赢得了观众的泪水,究其原因,就是人们从推销员身上看到了自己的一生。但这个剧作的基调却已不是凄婉,而是带有一点点滑稽,带有一丝黑色幽默色彩的笑。年老的汽车推销员威利·洛曼的美国梦

---

① [美]菲茨杰拉德:《了不起的盖茨比》,巫宁坤译,译林出版社1999年版,第123页。

实际而切近,他想凭自己的工作热情、诚实和勤奋,拥有一处属于自己的房子,能有幸福美满的家庭和出色的孩子。他希望自己每到一处,都受人爱戴、欢迎,能轻松自信地在旅馆中换上"绿色天鹅绒拖鞋",这也是他年轻时在报纸上读到的成功推销员的一生。他为之奋斗,但梦想总是可望而不可即。他对商业成功梦想的狂热渴望变成了一种自欺,他夸大销售额,夸大自己在公司中的重要性,直到有一天这个干了一辈子推销员的人,被人"像吃完橘子扔橘子皮一样"的辞掉。威利的乐观、热情和勤奋也许更适合边疆和农耕。在舞台提示中,米勒告诉我们,一只长笛演奏的旋律在"诉说青草、绿树和辽远的地平线"。这部戏剧以长笛音乐开始,"这是威利的音乐,音乐即刻让他想起露天劳作和绿色的原野"。[①] 当威利的商业成功梦想彻底破灭时,他想到去购买种子,他产生了强烈的开辟田园的冲动。当公司解雇、儿子们离弃他的时候,他那自欺欺人的梦想难以为继,此时,只有田园和农耕梦想才能让他的勤劳和诚实等美德显现价值。于是,我们看到了一幕令人痛苦的场景。晚上,他在院中徘徊,借着手电筒的光,在被摩天大楼包围的小院中吃力地播种着什么。相形之下,历史上边疆开拓时的伟大梦想在他这里只剩下了卑微和滑稽。《推销员之死》是一部关于梦想的剧作,但是,在剧中梦想是一种自欺,这种梦想建立在威利对自己的天赋和能力的错误估计上,或者说,是建立在对美国梦虚幻而美丽的许诺上,建立在对美国梦的盲目崇拜和乐观上。正如他的儿子比夫在他墓前所说的,他有一个错误的梦想,所以,所有的一切都是错误的。

剧作家奥尼尔的戏剧也典型地表现了那个时代中人的生存状态。戏剧《送冰的人来了》(1946)将一个社会,一个时代的人的生存状态凝缩在一个旅馆中。一群无家可归、被现实和希望抛弃的流浪汉,长期待在哈里·霍普旅馆,每个人都看不到明天,只有今天和昨天,他们守护着自己的"白日梦",为了让自己的生活看上去更有意义,编造关于过去的谎言,从而寻找着继续生存下去的理由。饱受妻子折磨的旅馆老板编织着深情的终身伴侣的神话,被开除的警察希望"平反";妓女们希望自己是纯洁无瑕的少女,皮条客梦想成为经纪人。但他们没有一个人愿意踏出旅馆、向梦想靠近半步,只是靠醉酒和白日梦给自己生存的意义和勇气。奥尼尔看到了当时社会中人们精神的悲剧,在物质、机器的挤压下,人的灵魂和精神世界被放逐,人们陷入了实利主义和理想主义的矛盾中,双重的追求也是双重幻灭的碾压,这种状态下,探寻生存的意义变得尤为艰难,人只有生活在白日梦中自欺。

在技术化的世界中,曾经浪漫过或者哪怕功利过的美国梦继续改变,开始变得无

[①] The Wrong Dream, Chester E. Carpenter, *American Dream and American Nightmare*, David Madden (ed), Southern Illinois University Press, 1972, p.169.

奈、没有意义,变得荒诞或者丑恶。塞林格《麦田里的守望者》(1952)的主人公霍尔顿是一个十六岁的孩子,他想方设法要逃离自己生活的世界,因为那里充斥着"假模假式",他梦想成为一个麦田守望者。

> 有那么一群孩子在一大块麦田里游戏,几千几万个小孩子,附近没有一个人——没有一个大人,我是说——除了我。我呢,就在那混账的悬崖边,我的职务是在那儿守望,要是哪个孩子往悬崖边奔来,我就把他捉住——我只想做一个麦田里的守望者。①

这个十六岁的少年,拒斥成人世界,梦想永远做一个孩子,永远与蓝天和麦田为伴,但他脸上的表情却比成人还要绝望和冷漠。这个少年表达了那些依然坚守人文主义立场的美国作家的内心情感,他们拒斥物化的世界,向往与眷恋共和国伊始时的伊甸园梦想。拉尔夫·埃利森的小说《看不见的人》,讲述了一个黑人在社会中寻找不到身份认同的故事。从表层理解,这是对美国种族主义噩梦的批判,对自由、平等的美国梦的反讽;但从另一个层面理解,也是一个人在现代社会中寻求自我而不得的噩梦。这个人是被看不到的,直到他远离了社会和人群,一个人生活在地下,才终于有了身份的确证。

在对上述文学作品的分析中可以看出,美国作家对美国梦这一主题的表现贯穿文学史始终,只不过是随着时代的变迁,梦想的内容、美国梦给人的心理感受也随之改变。自从美国拥有了真正表现自己风土人情的民族文学起,一直到19世纪边疆开拓结束,梦想的主体都是介于现代文明和自然之间的人。他们相信,自然状态的人不存在邪恶、贪婪和欺诈,在海上,在密西西比河上,在所有人迹罕至的地方,人们都可以开启一个新世界,重新拥有梦想的伊甸园,从而拥有不受文明社会侵扰的安全感。19世纪末之后,工业文明迅猛发展,在一个越来越以物质占有,物质成功作为评判人的价值标准的社会里,人的生存笼罩着功利和紧张。这时的梦想变成了精神上逃离,或者说希望逃离现实社会,在精神层面追求更高更为纯粹的意义,在社会现实之外的虚幻中寻找安全感。从第二次世界大战前的大萧条时代一直到20世纪60年代的文学作品中,几乎再也见不到伊甸园梦想的纯洁、美好,见不到追求自我实现的梦想时的乐观、自信,甚至见不到梦想幻灭的绝望,作家们直接表现精神危机和存在的荒诞无意义,作品中充满了对美国梦的否定、诅咒、嘲弄和戏谑。

诸多文学作品,既咏叹着美国梦的炫目与诱惑,还揭示着现实中美国梦的脆弱与不可企及,以及美国梦谎言背后的黑暗与罪恶。美利坚民族是一个马赛克式的民族,由各国移民组成,美国梦中所有肯定性的要素,诸如财富、自由、民主等,不管真实也好,虚幻

---

① 塞林格:《麦田里的守望者》,施咸荣译,漓江出版社1983年版,第220页。

也罢，不断吸引着新的移民来到这片大陆，陆续为美国梦注入新的内容。美国梦的主题还会在美国文学中演变，美国作家对美国梦的思考远未结束，他们可以向往、追求、诅咒它，赞美它的炫目，洞悉它的幻灭，但无法摆脱它。作家们只能以真诚的爱意或者无情的坦率揭示生活的真实。

新世界/旧世界、边疆/城市、自然/文明、理想/现实、物质/精神之间的张力不仅仅存在于这个以国家名字命名的梦想中，也存在于人类社会发展的历史当中。文学作品所演奏的"美国梦"主题变奏还在继续。所有的梦想都是建立的现实不完美的基础上，并且现实永远是不够完美的。有位诗人说过，我们并不担心梦想的泛滥，而是担心伟大梦想的缺失。是的，在以物质和技术衡量进步与否的社会当下，我们也希望，梦想的张力中，不要缺失了精神的维度。

给我一个支点

达尔文与赫胥黎在进化观上的分歧

程倩春[①]

作为人类历史上最伟大的科学成就之一,达尔文进化论的提出不仅深化了人们对生物学的理解,更深刻改变了人们对整个世界和人类事物的观念。正因为达尔文进化论在许多方面颠覆了传统观念,因而其一经提出,便引起了激烈的争论。在一系列关系到达尔文进化论的前途与命运的争论中,是达尔文终生不渝的朋友们的支持与辩护让他的理论逐渐为人们所接受。其中,动物学家、解剖学家赫胥黎功不可没。自诩为达尔文的"斗犬",赫胥黎通过一系列的演讲、评论,毫不留情地回击对达尔文进化论的攻击与谩骂,不遗余力地捍卫达尔文进化论。特别是他第一次提出"达尔文主义"这一口号,把达尔文的支持者聚集起来,形成一股巨大的力量。一般来说,无论学术争论还是政治论辩,坚持同一立场的人必然具有一致的思想观点和认识。然而,作为达尔文最亲密的朋友和支持者,赫胥黎与达尔文在进化观上并不完全一致,在核心问题上甚至于存在较大分歧。为什么这些分歧没有影响赫胥黎对达尔文进化论的支持与信仰?反思这一问题对于深入理解达尔文进化论,尤其是深刻认识长达一个半世纪的进化论之争有着重要的意义。

一

毫无疑问,在达尔文的巨著《物种起源》出版后,赫胥黎成为了坚定的进化论者。他主张"宇宙的最明显的属性就是它的不稳定性,它所表现的面貌与其说是永恒的实体,不如说是变化的过程。在这过程中,除了能量的流动和渗透于宇宙的合理秩序之外,没有什么东西是持续不变的。"[②]显然,同19世纪的有识之士一样,赫胥黎看到了自然界中的事物和现象是变动不居的,从而,开始用运动、变化的观点看待事物和现象。然而,仔细考察,便会发现赫胥黎对进化的观念及机制的认识与达尔文有较大的不同。

[①] 作者系北京市社科院哲学所副研究员,从事科技哲学研究。
[②] 赫胥黎:《进化论与伦理学》,《进化论与论理学》翻译组译,科学出版社1971年版,第35页。

首先,他们对进化一词的理解不同。达尔文本人虽然被公认为科学进化论的创始人,但是他很少使用进化一词。他习惯于用演化(Descent)一词来描述物种通过演变而发展的过程。这是因为,在生物学上,进化一词最早的用法是描述子宫中胚胎的生长。人们通常认为胚胎的生长是预先存在的完整的微型生物的扩展。从而,进化是一种既定的形式的展开过程。在19世纪,进化一词的含义有了扩展。人们把进化与进步联系起来,指生命向着更高形式的必然进化。相比较而言,赫胥黎对进化概念的认识有了一定的进步。他指出:"现在一般应用于宇宙过程的'进化'一词,有它独特的历史,并被用来表示不同的意义。就其通俗的意义来说,它表示前进的发展,即从一种比较单一的情况逐渐演化到一种比较复杂的情况;但其含义已被扩大到包括倒退蜕变的现象,即从一种比较复杂的情况进展到一种比较单一的情况的现象。"[1]也就是说,他意识到进化既可能是一种向更高级、更复杂的前进性的变化,也可能是一种向低级、简单的后退性的变化。显然,他看到了进化的复杂性。但是无论前进性还是后退性的变化,仍然是一种有方向性的变化。因而,在赫胥黎那里,进化始终是有方向性的。不是指向前的进化,就是指向后的退化。

而在达尔文看来,物种的演变和发展既无所谓进化,也无所谓退化。因为自然选择不是注定导致发展的机制。化石记录表明,物种的变化没有恒定的比率。有些物种变化很快,有些物种在很长的地质时期中保持稳定。比如,有些很古老的物种今天仍然存在着,几乎没有发生变化,即所谓的活化石。这是因为,演化从本质上说是一种适应,是生物对环境的适应。适应环境变化的物种被保留下来,不能适应变化了的环境的物种被淘汰。也就是说,生物的形态和结构是在生存竞争中,由其自身的变异和所处的环境共同来决定的。而适应无所谓好与坏,进步与退步。其"好与差,适应与畸形都不像从前那样被看作是绝对的,它们的价值随着环境而变动。"[2]例如,在长期的演变过程中,阿拉帕戈斯群岛上的雀鸟的喙发生了改变。但是并不能说长喙比短喙进步,也不能说尖喙比粗喙退步。不同形状的喙不过是对环境的一种适应,其本身没有高下之分。一个环境中的怪兽在另一个环境也许会是上帝的宠儿。因此,在达尔文看来,进化没有方向性。

当然,达尔文也承认,进化常常会促使每一种类型在其特有的结构范围内组织化程度更高,即物种不断退化。通常人们认为这种情形是一种进步。达尔文也愿意相信特化的不断增加是一种进步,因为这意味着后代比其祖先有更好的条件来适应一种特定

---

[1] 赫胥黎:《进化论与伦理学》,《进化论与伦理学》翻译组译,科学出版社1971年版,第4页。
[2] 阿德里安·戴斯蒙德、詹姆斯·穆尔:《达尔文》,焦晓菊等译,上海科学技术文献出版社2009年版,第184页。

的生命方式。然而,他也指出,特化可能成为一个陷阱。过于特化的物种可能不适应它所生活环境的迅速变化,并因此导致灭绝。可见,达尔文即使相信自然选择可以产生一种进步形式,但是他也不得不承认这种进步顶多是选择机制主要适应功能的缓慢而不定的副产品。

其次,他们对进化的本质的理解不同。赫胥黎认为进化是必然性的。他认为,进化"作为一个固定秩序的体现,其每一阶段都是依据一定规律而起作用的一些原因造成的结果,进化这个概念也同样排除了偶然性的概念。"[①]他甚至认为"不仅植物界,而且动物界;不仅生物,而且地球的整个结构;不仅我们的行星,而且整个太阳系;不仅我们的恒星及其卫星,而且作为那种遍及于无限空间并持续了无限时间的秩序的证据的亿万个类似星体;都在努力完成它们进化的预定过程。"[②]也就是说,在他看来,生物进化是在固定的自然法则支配下进行的有目的的过程。某种确定的目标预先确定了进化的趋向。进化只是预定图景的展示。这也是当时大多数主张进化的人的看法。

相反,达尔文却认为,生物进化并不存在预先的目的,进化是偶然的。因为一方面,生物个体的变异是随机的。由于时代的限制,达尔文并不清楚变异的原因。但是长期的观察与实验,使达尔文认识到,个体差异的存在是可以观察到的事实。根据达尔文的描述,无论是动物还是植物,每个个体间都在某方面有其细微的变异之处。没有哪两个动物或植物是完全一样的。而且变异是随机的,即意味着不仅变异的方向是不确定的,既可能发生有用的变异,也可能产生无用的变异;变异的原因也不可能直接分析出来。另一方面,环境的变化也是不可预期的。地质学的研究已经表明,自地球诞生以来,自然环境已经发生了巨大的变化,而且这种变化还在继续。正是环境的变化,使得发生有用变异的物种生存下来。发生无用变异的物种则很快地灭绝。因此,适应是进化的唯一驱动力。而适应不过是对变异的选择。这样变异的随机性和环境变化的不可预期性都决定了生物的进化不是必然的,而是偶然的。也就是说进化没有任何固定的路径,在进化中也不存在规则性,不存在朝向一定目标的预定趋势。进化是一种完全无限制的过程。

再次,他们对进化的机制的理解不同。达尔文认为自然选择是进化的机制与动力。自然选择是达尔文进化论的核心内容,也是达尔文最重要的理论发现。"按照这一理论,进化变化的发生是由于在每一代中都产生出大量的遗传变异。只有很少的个体可以作为下一代而生存下来,因为它们具有非常适应的遗传性状组合。"[③]

[①] 赫胥黎:《进化论与伦理学》,《进化论与伦理学》翻译组译,科学出版社1971年版,第4页。
[②] 赫胥黎:《进化论与伦理学》,《进化论与伦理学》翻译组译,科学出版社1971年版,第5页。
[③] 恩斯特·迈尔:《很长的论点——达尔文与现代进化思想的产生》,田洺译,上海科学技术出版社2003年版,第41页。

达尔文通过对家养动物的人工选择的研究得出自然选择的理论。达尔文发现家养动物在长大的过程中会发生无数微小的变异,而那些变异只有经验丰富的育种家才能识别出来。育种家保留下产生预期变异的品种,淘汰掉不希望得到的品种。使这种只有他们才能辨别的细微差异通过一代代积累,最终形成一个育种家希望得到的新的品种。达尔文认为,与家养动物一样,大自然中的生物也会发生无数微小的变异。"不适应环境的病弱变种被大自然淘汰,正如它们也被育种家淘汰。而优良的变种则兴旺发达,通过一代代的传衍,特定的倾向得到促进。适应环境的特征仿佛被一位看不见的育种家提炼出来。人工选择'展示了塑造大自然的技艺,大自然自己的'选择之手则优越无数倍。"[①]

对于达尔文来说,自然选择是所有生物,包括动植物和人类在演化发展过程中都适用的进化动力。在《人类的由来》一书中达尔文指出,人类社会时时刻刻处在生存斗争中。其中智力出众的人比智力低下的人有更多的机会留下后代。由于缺乏同样优越的生存条件,穷人的后代更易夭折,从而富人留下的后代更多。也就是说,人类的每个种族也是在自然选择的推动下发展的。他甚至认为人类智力和道德的发展也是自然选择的结果。

赫胥黎则认为自然选择只适用于自然状态的宇宙过程,而不适用于人为状态的园艺过程以及人类社会的进化过程。在赫胥黎看来,由人的智力和能力所造成的园艺过程同自然状态的宇宙过程是对立的。"后者的特点是紧张而不停的生存斗争。前者的特点是排除引起斗争的条件来消灭那种斗争。宇宙过程的倾向是调整植物生命类型以适应现时的条件。园艺过程的倾向是调整条件来满足园丁所希望培育的植物生命类型的需要。"[②]达尔文所主张的自然选择只适用于自然状态。自然状态下生物的繁殖没有限制,而生存空间和所需要的营养却是有限的。为了获得更多的生存机会,生物之间进行着激烈的斗争。而在人工条件下,为了获得符合其期望的生物类型,园丁会限制生物的繁殖,改变其生存条件,给生物提供充分的空间和营养,使之得以生存。

赫胥黎认为人类社会的进化过程又不同于宇宙过程和园艺过程。本来管理人类社会同人为状态下的园艺过程是类似的。例如,在科学原则指导下,行政长官应该像园丁消除有缺陷的、多余的植株,育种者消灭不合意的牲畜一样,淘汰病者、弱者及过剩人口。同时仔细挑选身体强壮的人结成配偶,养育符合要求的健康后代。但是实际上,这种做法是不适当的。一方面,人们并不具备足够的智力和残忍性在众多的社会成员中

[①] 阿德里安·戴斯蒙德、詹姆斯·穆尔:《达尔文》,焦晓菊等译,上海科学技术文献出版社2009年版,第327页。
[②] 赫胥黎:《进化论与伦理学》,《进化论与论理学》翻译组译,科学出版社1971年版,第9—10页。

挑选出值得保留的对社会有用的人员；另一方面，也是赫胥黎极为关注的，这一做法也极易破坏把人类社会联结成为一个整体的纽带——人类的爱与同情心。

赫胥黎认为人类普遍有着趋乐避苦的本性。如果任由这一本性自由发展，必然破坏社会的团结。为了抑制这一倾向，在人类社会漫长的发展过程中，人类发展了父母与子女的相互之爱与对他人的同情心。"那些用以锻造出人类社会极大部分原始结合的情感，进化成为我们叫做良心的这种有组织的和人格化了的同情心。——我们以自己的同情心去判断别人的行为，我们也以别人的同情心来判断我们自己的行为。"[①]赫胥黎称这种情感的进化叫做伦理过程。

他进而指出伦理过程对抗于宇宙过程的原则。具体来说，在社会生活中，生存斗争发挥着较小的作用。"通常所谓的社会中的生存斗争，乃是一种不是为了取得生存资料，而是为了取得享受资料的斗争。而且，斗争胜利的生存者不是达到社会最上层的少数人，而是中等的适者——大众。他们的数量和较高的增殖力使得他们能够常常压倒那些得天独厚的少数。"特别是，随着人类的不断进化，人们开始发现"宇宙过程就是进化，期间充满了神奇、美妙，同时也充满了痛苦。他们试图发现这些重大事实在伦理学上的意义，找出是否有关于宇宙行径的道德制裁。"[②]也就是说随着知识的增长、文明的进步，人们的思维能力不断提高，人们开始建立善恶的概念，形成健全的伦理原则，他认为，不管人们在宗教哲学上存在多大分歧，大家都承认只要具有改善事物的能力，人们的首要职责就是用它训练人们的全部的智力和能力为人类至高无上的事业服务。即，在社会中，适应具有道德意义。社会进化是用伦理过程抑制宇宙过程，其影响不是使适者生存，而是使尽可能多的人生存。

二

达尔文与赫胥黎在进化观上的分歧表明，赫胥黎虽然自称为坚定的达尔文主义者，但是他并不理解达尔文的全部学说。事实上，按照著名的进化论者迈尔的说法，达尔文的进化论是由五个理论组成的复合理论。即生物进化、共同由来、物种增殖、渐变理论和自然选择。赫胥黎只接受了前两个理论，而否定了后三个理论。按照今天的标准看，赫胥黎不过是"假达尔文主义者"，因为他相信的只是一般意义上的进化思想。而现代生物学家最为重视的，也是达尔文最卓越的贡献——自然选择学说没有被他所理解和

---

① 赫胥黎:《进化论与伦理学》，《进化论与伦理学》翻译组译，科学出版社1971年版，第21页。
② 赫胥黎:《进化论与伦理学》，《进化论与伦理学》翻译组译，科学出版社1971年版，第37页。

接受。其实当时的大多数所谓的达尔文主义者也都是如此。为什么赫胥黎与达尔文在进化观上存在如此巨大分歧仍然坚定不移地捍卫达尔文进化论呢?

首先,与人们对达尔文进化论的普遍认识有关。

在19世纪早期,许多地质学家和博物学家已经看到地球上生命形式发生着从简单到复杂的变化。但是如何解释这一变化,传统观念限制了人们的视野。人们习惯于用超自然的原因解释全新的生命形态的产生。即认为上帝已经建立了一些神学法则,通过这些法则来展示他的计划。正是在这些法则的作用下,现存的生命类型向更高级形式转变。例如,瑞士博物学家路易斯·阿加西认为,整个世界是上帝创造的,从最早的有组织物质的出现时起,上帝的作用就开始在自然界中得到体现。上帝的创造活动是有目的的。整个系列中每一次重要生物的出现,都是通向生物发展预定目的的一个阶段。创世的目的和终点是人类。生物结构和功能的进化与进步,不是对环境条件变化的回应,不是适应上帝更高超的智慧,而是为了向人类表明他是一个精心预定和结构和谐的特创计划中的最终目的。在这一背景下,达尔文进化论要想为人们所接受,首先需要摆脱特创论的束缚。"接受自然选择导致进化的理论绝对需要整个意识形态的转换,因为需要用自然过程的作用来取代'上帝之手'。"①

因此,达尔文进化论虽然以自然选择为核心,但是《物种起源》一书在前三章并没有具体阐述自然选择原理,而是用大量的事实证明,物种不是神创的,是可变的。从而在"1859年之后的一段时间内,达尔文主义的意思只是反对特创论。如果有谁反对特创论,认为物种不是固定不变的,赞同共同由来,并认为人类属于进化序列的产物,他就是达尔文主义者。"②按照这一标准,赫胥黎是当之无愧的达尔文主义者。

其次,与赫胥黎的个人追求有关。

作为新一代科学家的代表,赫胥黎相信现代文明依赖于自然科学。科学是社会进步的巨大动力,也是人类心智发展的必不可少的训练内容。在英国皇家矿业学院的一次演讲中,他这样讲到:《物种起源》的出版,宣告了一场新的思想革命的开始。英国能否在这场革命中有所作为,"那取决于你们公众如何对待科学。珍惜她,尊重她,忠诚地采用她的方法,并毫无保留地将它们运用于人类思想的所有分支,如此,则这个民族的未来将比过去更伟大。如果听从那些欲将科学压制并碾碎的人,那么,恐怕我们的孩

---

① 恩斯特·迈尔:《很长的论点——达尔文与现代进化思想的产生》,田洺译,上海科学技术出版社2003年版,第113页。
② 恩斯特·迈尔:《很长的论点——达尔文与现代进化思想的产生》,田洺译,上海科学技术出版社2003年版,第112页。

子们将看到英格兰的荣耀像亚瑟王一样消失在迷雾中。"[①]他认为,神学等传统势力的压制阻碍了科学发展的步伐,也影响了英国的文明发展与社会进步的脚步。于是,他毕生致力于使科学摆脱传统势力的控制。对于赫胥黎来说,达尔文进化论是科学研究的重要成果,更是科学已经可以确定曾经属于神学控制领域的真理的一种证明。他支持达尔文进化论,就是为了向人们证明不用超自然力量的干预,仅仅凭借理性科学,就足以解释自然界的事物和现象。从而表明,神创论是没有根据的,自然界的各种生命形式包括人是自然的原因而产生的,世界的万事万物也都遵循自然的规律。人们完全可以凭借科学而非不可捉摸的神秘力量来认识世界,改造世界。从而使科学摆脱神学的压制,真正成为决定社会发展的独立的重要力量。

第三,与达尔文自然选择学说的证据不够充分有关。

自然选择学说是关于生物进化机制的理论。这一学说是达尔文通过对人工选择的研究推论而来的。而能否把人工选择的结论直接推广到自然现象中,得出自然选择的结论似乎是不确定的。一方面,人工选择以育种家的存在为前提,是育种家有意识地决定保留哪些性状、淘汰哪些品种。从而,人工选择是有目的、有意识的。按照达尔文自然选择理论,在宇宙的生物进化中自然选择是偶然的,没有方向性和目的性。显然,在一般人看来,二者并没有太多的相似之处,从而,从人工选择推论出自然选择是一件值得怀疑的事情。另一方面,已经证明,自然选择的效应极难直接证实,因为人工选择仅限于从现存物种中产生出变异。没有太多明显的证据证明自然选择是在生物变化中实际起作用的机制。特别是自然选择学说完全抛开了上帝的设计与创造,其唯物论的色彩太明显了,这让那些一直认为探索宇宙的奥秘不过是为了证明上帝的荣耀的虔诚的科学家难以接受。例如,著名的科学家 J.F.赫歇尔爵士认为自然选择像唯物论一样将生命的历史描绘成偶然而无方向的条件组合,是一个"乱七八糟的定律"。正是因为自然选择学说在大多数人心目中不过是一种理论假说,因此,在当时甚至相当长的时间内并没有成为达尔文学说的关键内容,也就没有被当成区分真假达尔文主义者的关键。

三

赫胥黎不承认达尔文进化论的关键理论却又自诩为达尔文主义者的矛盾主张,表明达尔文进化论不是一个纯粹的科学理论,人们也从来没有把它看作一个纯粹的科学

---

① 阿德里安·戴斯蒙德、詹姆斯·穆尔:《达尔文》,焦晓菊等译,上海科学技术文献出版社 2009 年版,第 373 页。

理论。正是因为它表现出巨大的社会和人文价值,才使得达尔文进化论从提出开始,就引起了巨大的争论。如今一个半世纪过去了,由达尔文进化论引发的争论仍然没有停止。那么能否减少以至于结束争论,使达尔文进化论的社会影响保持在理性科学的范围内?赫胥黎与达尔文进化论的关系可以给我们一些启示。

首先,准确理解达尔文进化论的科学内涵。

在长达一个半世纪中,由达尔文进化论引起的争论始终不息,原因是多样的,其中一个是人们对达尔文进化论的科学内涵的理解是片面的。在达尔文时代,无论赞成达尔文进化论还是反对它的人其实都没有真正理解达尔文的理论。比如先提出自然选择一词的华莱士对这一原理的理解与达尔文就有着较大的不同。而赫胥黎根本没有意识到自然选择的意义,从而不承认自然选择的他才能坚持自己是达尔文主义者。虽然竭力为达尔文进化论辩护,但是由于不能真正把握达尔文思想的真正内涵,赫胥黎的辩护显然不够充分有力,至多是让人们抛弃了特创论的观念,皈依于一般的进化思想,而这一进化思想同达尔文本人的进化思想有本质的区别。也就是说,由于不能准确把握达尔文思想的真正科学内涵,由达尔文进化论引起的争论始终不能在真正科学的基础上展开,从而很难得出较为一致的意见和观点。当然,在当时的历史条件下,真正把握达尔文进化论的科学实质也不是一件容易的事。因为一方面,进化论讨论的是在漫长的历史年代中发生的缓慢而微小的变化积累而产生的结果,在有限的时间跨度内难以找到充分的证据证实有关假说和理论;另一方面,关于进化的机制的某些细节,达尔文本人也并不是完全清楚,有时他也会在不同的观点间摇摆。但是随着科学的不断进展,今天的人们比以往拥有更先进的技术手段和更全面的理论构想来揭示达尔文提出进化论的奥秘。因此人们有理由希望当今的进化论之争奠定在更为坚实的科学基础之上。

其次,严格区分达尔文主义与进化论。

一直以来,"达尔文主义"被当作了"进化论"同义词。似乎进化论者就是达尔文主义者。其实不然,达尔文主义者无疑是进化论者,而进化论者却未必都是信奉达尔文进化论的。这里有必要区分达尔文进化论与达尔文主义。本来二者应该是一致的。因为最初提出达尔文主义的人相信他们信奉的是达尔文的进化论。他们坚持的是达尔文的理论主张。实际上,早期的所谓达尔文主义者可能是"假达尔文主义者"。他们所坚持的达尔文主义并不是严格的专指自然选择的理论,而是一般意义上的进化思想。比如,赫胥黎不仅对自然选择持怀疑态度,而且还是个剧变论者。当然,把达尔文主义等同于进化论在当时的历史条件下是有着积极意义的。这一状况有助于相信进化论的人们团结起来,共同对抗来自特创论的攻击,以便在进化论与特创论的斗争中取得最后的胜利。但是把达尔文主义与进化论混淆起来,妨碍了人们对达尔文思想的科学认识,也就阻碍了人们真正科学地认识生物进化的本质与机制,从而无法真正认识我们生活的世界和我们自己。今天,人们已经知道,进化论包括许多不同甚至于对立的主张。达尔文进化论只是其中的一种解释生物进化的理论。但是在现代生物学家看来,达尔文进化论是人们提出的最为科学合理的理论,它不仅科学地解释了动植物包括人的起源与演变,而且对于人脑的进化,知识的起源,包括人的学习能力和思维能力的发展都给予了合乎逻辑的解释和说明。从而把达尔文主义与进化论区别开来,可以有效地减少由于一般进化论而引起的误解。

再次,正确认识作为科学理论的达尔文进化论与作为世界观的达尔文进化论的关系。

达尔文进化论一经提出便引起轩然大波,主要原因在于,在人们眼里,达尔文进化论不是纯粹的科学理论,它冲击了人们一直信仰的观念和权威。就像迈尔所说的,"无论是科学界还是科学界以外,谁也没有这个维多利亚时代的人对我们现代和世界观有这么大的影响。我们之所以一而再再而三地求助于他的工作,是因为作为一位大胆而睿智的思想家,他提出了一些从未有人提出的有关我们起源的最深刻问题,而且作为一位富有献身精神和创新精神的科学家,他对这些问题做出了震惊世界的回答。"①达尔文进化论表明,任何神圣权威的存在都没有证据,上帝对万事万物的设计也是不存在的。尤其是它推翻了人一向引以为傲的相对于动物的优越地位,指出人与其他动物拥有共同的祖先,他们之间只有程度上的差别,而没有本质上的区别。显然,达尔文主义提出了一种新的思想观念。生物不能被看作是造物主精心创造的产物,它们完全是自然过程的产物。生物进化是残酷无情的自然选择的结果,是以牺牲不适者为代价的。一旦达尔文说的是对的,人们坚持了数千年的思想大厦面临倒塌的危险。人们的思想和生活将陷入混乱状态。

的确,起源于达尔文进化论的社会达尔文主义曾经一度在人们的社会生活中造成了巨大的困扰。赫胥黎等人与达尔文的分歧也主要表现在对达尔文进化论应用于人类社会进化时可能产生的社会后果的担忧。实际上作为世界观的达尔文进化论是以作为科学理论的达尔文进化论为基础和前提的。如果认真研究达尔文进化论的科学内涵,便会发现作为世界观的达尔文进化论并不总是残酷无情的。因为达尔文进化论即有残酷的生存竞争,也有温情的相互合作,竞争与合作都是适应与选择的结果。比如,在人类智力的问题上,达尔文能够做出一种合理的解释:因为智力是有用的,所以自然选择

---

① 恩斯特·迈尔:《很长的论点——达尔文与现代进化思想的产生》,田洺译,上海科学技术出版社2003年版,"序"第4页。

会发展这种性状。在达尔文主义者看来,道德价值也是人类社会进化的必然产物。维护家庭组织和保护子代是自然选择赋予动物的本能。达尔文提出,在人类中,这种本能得到了发展。人们发现在为了群体的利益而进行的生存斗争中,那些具有密切合作本能的部落,将会战胜那些家庭结构松散的部落。从而愿意为了他所在部落的利益而劳作的本能逐渐发展成为对他所在部落的成员的责任感。在人类发展出智力,并且有闲暇去使用智力来解决一些抽象问题的时候,哲学家便开始把这种责任感,通过宗教的约束,发展成一般的道德法则。现代生物学研究表明,随着人脑的进化,随着人类自我意识的产生,人们发现相互合作,共同进步是维持人类种族生存与发展的有力手段。为了让自己的基因能够传承下去,即使自私的基因也会做出牺牲自己的行为。显然,作为科学理论的达尔文进化论本身是复杂的。这就决定了作为世界观,达尔文主义的内容也是十分丰富的。虽然作为科学理论的达尔文进化论为人们指出了包括人类在内的生物进化的机制和途径,然而,作为具有自我意识的有思想的芦苇,人完全可以自己选择自身发展的方向和道路,从而作为世界观的达尔文进化论并不必然是残酷的,也可以是温情的。

海外中国学

孙文的中国革命方案
——"由于中国人自由太多,所以中国要革命"

安富步著[①] 王杰译[②]

前　言

本稿通过分析孙文的《三民主义》,说明孙文理论的逻辑结构。

《三民主义》的重要性不待论证,却并没有受到应有的关注。岩波文库日文版《三民主义》,书后有安藤彦太郎的《解说》言:"孙文的《三民主义》在日本名声很大,却没有很多人真正阅读。"安藤在文中还引用了铃江言一著《孙文传》(一九三一年刊,战后再刊)中的一段话:"民主主义者孙文的理论和方案,充满暧昧、妥协性的矛盾,并具有滑稽性。而且,其理论与方案在资产阶级的前行路上显示了前所未闻的势力。"引完此话,安藤仍然申述《三民主义》的积极意义:

> 《三民主义》在理论上确实充满了矛盾,显得杂乱无章。但是,他不是把理论作为理论推出来的,而是从身边之事谈起,甚至插入些笑话。当我们读到他这些话语时,会被其渴望民族自主独立的强烈心情所深深打动(中略)恐怕当时的听众,在爆笑的同时被赋予了无限的勇气。(第244页)

铃江称为"滑稽",安藤称为"笑话"、"引发爆笑"的,究竟是哪些部分?提出"中国自由过多"观点的论述中,出现的"空气"比喻就是一个例子吧。孙文说,中国人认为每天吃饭是头等大事,然而有一样东西比吃饭还要重要一万倍,那就是空气。孙文还用具体数字,说明为何空气比吃饭重要一万倍:

> 大家不信,可以实地试验,把鼻孔塞住一分钟,便停止了十六次的呼吸。像我现在试验不到一分钟,便很难忍受。一天有二十四点钟,每点钟有六十分,每分钟要吃空气十六次,每点钟便要吃九百六十次,每天便要吃二万三千零四十次。所以说

[①] 作者系东京大学东洋研究所教授。
[②] 译者系北京社科院哲学所助理研究员。

吃空气比较吃饭是重要得一万倍，实在是不错的。(《民权主义第二讲》，第98页)

孙文在演讲现场实际停止了一分钟的呼吸给大家看，然后说人一分钟大概要呼吸16次，一日要呼吸23,040次。因此，比起一日仅吃2—3次的饭，空气还要重要一万倍。

与吃饭相比，一日呼吸的次数会多一万倍，或许是事实。但这一事实为何能导出空气比吃饭重要一万倍的结论呢？一般的日本人应该都无法理解。从根本上说，为何必须要说"一万倍"？不得不说很奇怪。还有，不说二万三千次，特别要强调是二万三千四十次，讲的数字非常具体，也给人一种滑稽感。

其实，在中国社会，尤其在广东社会，这种说法并不是玩笑，而是具有说服力的论述技巧。在广东话世界里，人类社会中的所有事情往往都被置换成数字来理解。例如，香港大学的人类学者Dixon Wong曾如下言道：

中国人，从出生前就已经被用数字来计算。从在母亲腹中之时，就会被问"现在几磅了？"出生后，脚的大小、体重、身高都被置换成数字；开始上学后，是考试的分数与名次；长大成人后，收入是多少、有几份工作、会说几国语言等，都要用具体的数字来评价。还有，是否孝顺，也用每月给父母多少钱、请父母吃多少次饭等这些数次来表示。在香港，有一首叫《数字人生》的歌。这首歌的歌词全部是数字，很受香港人欢迎。无疑，人生就是数字。(此引用听闻于大阪大学副教授深尾叶子女士)

即使是牛津大学博士毕业的现代国际型知识分子Wong氏也难免被卷入数字人生，仍然采用数字思考。从这一点考虑，我们很难认为孙文只为了滑稽、幽默的效果才说"一万倍"，他应该是认真的。

"中国自由太多"这一观点，是《三民主义》思想的核心部分，如下文详论。孙文在此展开热情激昂的话语，是为了让听众理解，我们都忽略了中国的自由像空气那样多的事实，就像我们感觉不到如此重要的空气的存在一样。三民主义的方案能否被接受，就看"中国自由太多"这一观点能否被接受。对孙文来说，这显然不是开玩笑的时候。应该认为天才革命家孙文为了得到最大的说服力，经过深思熟虑才使用了这种数字话语。

在《三民主义》中，孙文从头到尾认认真真进行讨论，并非为了鼓舞听众，进行夹杂幽默的表演。笔者的印象是如此。安藤说"不是把理论作为理论推出来"，孙文如有知应当会狂怒。孙文在此把自己的革命理论作为理论全面提出，并不是"充满矛盾，显得杂乱无章"的，而是始终一贯、条理清楚的。

问题是经过深思熟虑、由缜密的逻辑所构成的《三民主义》，在整体上为何会让人感到有些奇妙、滑稽呢？并且，为何能够在中国社会"资产阶级前行的路上显示了前所未闻的势力"呢?

笔者认为在其背后,有马尔萨斯的人口论以及由此派生的社会达尔文进化论带来的亡国灭种意识的强迫症存在。其背后固然有西欧列强和日本对中国的军事、经济压迫这一条件的存在。但是,如果没有亡国灭种观念的强迫症,仅有这些外在条件,应该不会产生孙文的思想。并且,根据私见,这种亡国灭种观念的强迫症,在帝国主义列强的压迫这一条件消失后的现代,也依然在中国社会发挥着作用。

本稿从"灵魂的脱殖民地化"这一视角,对马尔萨斯人口论给中国社会带来的诅咒进行考察。这个诅咒,不仅作用于中国,至今对全世界也起着有形无形的影响。但是,笔者感觉在近代中国它是以最明显的形态出现的。

本稿大纲如下:马尔萨斯人口论与达尔文进化论在中国近代产生了"亡国灭种"观念,这让孙文产生了极大的恐惧。孙文反复强调中国的人口岂止是停滞,反而在急剧减少,甚至有绝灭的危险。以此危险为前提寻找原因,最终孙文将其归结到中国人的自由。因而,打破这个自由,改造中国社会,以期创造巨大社会团体,成了孙文式中国革命的主题。

孙文严厉主张不要盲从西欧的做法。尽管如此,这个方案的背后有对"共同体的纽带/选择的自由"这一西欧式框架的盲从。笔者认为,受到马尔萨斯人口论与"共同体/自由"框架的诅咒,乃是孙文的议论带有病态的原因。

一、中国引进马尔萨斯人口论、社会进化论的情况

马尔萨斯人口论的核心是"人口以几何级数形式增加"这一观点。原本为讨论贫困问题而产生的人口论,因对达尔文与华莱士的进化论产生了影响,所以具有普遍影响。马尔萨斯人口论与进化论相结合,产生了"最适者生存"的思想,即:每一种生物的个体数以几何级数形式增加,共同争夺一个资源或者空间,势必产生生存竞争,适应能力稍逊于其他种类则迅速灭绝。

这一生态学思想被直接应用于社会,衍生出了社会进化论。这种理论认为,劣种的人类、种族、民族、国家将会迅速灭亡,这样才能促进社会进步,阻止灭亡的尝试是违反伦理道德的。这是一种加强强种优越性的意识形态。

此意识形态,对烦恼于诸外国的压迫与内在不安定性的近代初期的中国知识分子产生了很大的影响。在此笔者想要考虑的是此影响对孙文革命方案所起的作用。

关于中国引进马尔萨斯人口论的过程,森(1995)论述的很详细。又,在此基础上,安富(1999)对马寅初的新人口论的理论构造进行了论述。所以,关于人口论的详细议

论可参见这些论文。

如森所指出的那样,在中国围绕人口论的议论不是从本来贫困的原因这一脉络,而是作为社会进化论的源泉来接受的。之所以会产生这样的议论,有严复《天演论》的很大影响。严复不是把它作为解释贫困的理论,而是作为达尔文进化论的源泉来介绍的,并且评价它是孕育出西欧近代的扩张主义与世界支配的思想。

严复对进化论与人口论的介绍产生了深刻的反响。海部(2010)在其补论中指出,1898年出版的《天演论》(赫胥黎《进化论与伦理学》的翻译以及评注)使为世界调和原理的"理"改头换面,被置换为遵循"物竞"、"争存"、"适者生存"这一自然法则的进化、发展。所以,如果中国在冷酷的国际社会的生存竞争中输了,就会陷入亡国灭种的事态。此种危机感扩散到了知识分子中间。

但是,根据区(1999)的研究,严复没有把通过生存竞争的自然选择过程视为排除人为的自然法则。严复认为中国危机的根源不是外患,而是内部的积弱,唯有中国自身发生变革才是救亡之路。严复认为善恶的自由不基于个人的思考,而被束缚在现成的道德规范内,这是积弱的根源,因此主张应该用自由来实现伦理的主体化以及国民的自律化。

区认为"科学的方法与伦理的自由是严复改革构想的两个支柱",指出:

> 严复不认为社会的进化仅是人类自然欲望的解放,否定被霸者力量所左右的生存竞争。还认为唯有民懂得自治与共存之路的社会才会生存下来,主张通过群德谋求生存。问题在于群德的存在方式。他坚持以人们的自由意志作为群德的前提。"持志方有德,志源于自主之心。奴隶没有志向,所以也无德"。因而,道德再建的关键是贯彻开明自营的自由伦理。(区1999,第89页)

《天演论》是对赫胥黎思想的翻译,但所显示的严复思想却与斯宾塞所揭示的理想相近。正是被如此强韧的自由思想所支撑,严复的《天演论》才在中国知识分子之间产生了强烈的影响。那不仅仅是介绍而已。

根据区的研究,自《天演论》刊行以来,数十年间就出现了三十多种不同版本,受到知识分子的欢迎。不仅给予孙文同时代的鲁迅、章炳麟等人,还给陈独秀、李大钊、胡适、毛泽东等带来了深刻的影响。

二、孙文的恐惧

与严复的初衷不同,《天演论》似乎给孙文带来了亡国灭种的强烈恐惧。孙文在《民族主义第一讲》中指出,为避免亡国灭种而提倡民族主义,首先要知道危机何在。

为此,他将中国的情况与列强比较。

其中,孙文重视的是人口的增长率。他认为,欧美与日本通过近代化使人口剧增,而中国近二百年一直是四亿人。照此下去,百年后仅日本的人口就可以与中国匹敌。在这样的状况中,如果继续接受帝国主义的政治性、经济性压迫的话,中华民族可能真的就灭亡了。

孙文在别处有更极端的说法:

> 照外国确实的调查,今年中国的人数,只有三万万一千万;中国的人数在十年以前是四万万。现在只有三万万一千万,这十年之中,便少了九千万。这是一件很可怕的事,是应该要研究的一个大问题。中国人口在这十年之中,所以少了九千万的原故,简而言之,就是由于没饭吃。(《民生主义》第三讲,第218页)

也就是说,根据外国的"确实调查",中国人口在这十年间从四亿减少到三亿一千万人,少了九千万人,原因是没饭吃。《民生主义》第四讲中,孙文言:"今年的调查已经只有三万万一千万,再过几年,更是不足"。担心再过几年,人口会更少。

他的这种认识,在今天看来是完全错误的。通过20世纪,列强的人口增长率急剧减少。与此相反,中国尽管强制推行抑制人口增长的政策,还是增加到了十三亿人。现在我们也知道,清朝时期人口显著增长,民国时期又持续增加。再说,像汉民族那样的巨大民族会被外国势力灭亡掉? 这种担忧本来就是杞人忧天。孙文以百年后的人口比较为基准来考虑现在的行动,不能不说是颠倒。完全相信外国的"确实调查",相信十年减少九千万这么多人口,也很奇妙。

这个危机感来自何处? 孙文在《民族主义》第二讲的开头如下宣言:

> 自古以来,民族之所以兴亡,是由于人口增减的原因很多,此为天然淘汰(The Law of Natural Selection)。人类因为遇到了天然淘汰力,不能抵抗,所以古时有很多民族,和很有名的民族,在现在人类中,都已经绝迹了。(《民族主义》第二讲,14页)

他说自古以来,民族兴亡大多基于人口的增减,这是自然淘汰,人类无法抵抗。这不得不视为是经由严复传来的达尔文进化论所带来的坏影响。没有"物竞天择、适者生存"、"优胜劣败"这些概念,恐怕也就不会陷入如此的悲观主义中吧。

原本孙文对诉说贫困之原因的马尔萨斯人口论持否定态度,认为法国的人口停滞是由马尔萨斯说的毒害所致。他还强烈劝诫中国的新青年不要着迷此说,从而主张削减人口。(《民族主义》第一讲)

又,孙文不仅重视人口的增减这一直接性的自然淘汰,还重视由政治力与经济力所带来的压迫:

由此便可见天然淘汰力,也可以消灭很大的民族。政治力和经济力比较天然淘汰力还要更快,更容易消灭很大的民族。此后中国民族如果单受天然力的淘汰,还可以支持一百年,如果兼受了政治力和经济力的压迫,就很难渡过十年,故在这十年之内,就是中国民族的生死关头。(《民族主义》第二讲,第 15 页)

接着,孙文如下叙述了他的悲观预想:

　　如果政治力和经济力的压迫,我们没有方法去解脱,我们的民族,便要被列强的民族所消灭,纵使不至于全数灭亡,也要被天然力慢慢去淘汰;故此后中国的民族,同时受天然力、政治力和经济力的三种压迫,便见得中国民族生存的地位非常危险。(《民族主义》第二讲,第 15—16 页)

那么,孙文想用什么样的方法拯救中国呢?与严复完全相反,他想通过破灭中国人的自由,来恢复中华民族的自由。提倡、倡导人口论、进化论的马尔萨斯、达尔文、斯宾塞、赫胥黎、严复都是相信人类的道德能力,寻求自由的思想家。尽管如此,到了孙文这里,却展开了完全与此相反的思想。

在此应该注意的是,孙文把什么视为中国社会的缺点,他又是如何来克服这些缺点的。严复认为中国人被各种羁绊所束缚,没有自由,故唯有获得个人精神的自由才是救国的第一步。与此相反,孙文深以中国人不重视团体利益,更重视自我利益为耻,认为这是中华民族陷入亡国灭种的危机之根源。因而主张中国人能为团体而牺牲自己,中国必须要革命。

孙文这种认识的理论前提是:将"自由/不自由"、"散沙/团体"这两组对立关系等同视之。他认为,为了不让中华民族灭亡,必须脱离散沙状态,转向团体状态。如何实现这种转变?只要脱离"自由",主动转向"不自由"即可。这是支撑三民主义的思想根基。

在下节,从此观点对三民主义的整体进行考察。

三、孙文的三民主义

孙文认为欧美革命的理念是自由、平等、博爱,所以把中国革命的理念定位与此相应的民族、民权、民生,这就是三民主义。孙文很在意外国人所言的"中国人是一片散沙"这句话,认为改变此说法与中国的解放密切相连。可把三民主义视为针对此症状的处方。关于三民主义与自由、平等、博爱的关系,孙文如下言道:

　　用我们三民主义的口号和法国革命的口号来比较,法国的自由和我们的民族主义相同,因为民族主义是提倡国家自由的。平等和我们的民权主义相同,因为民权主义是提倡人民在政治之地位是平等的,要打破军权使人人都是平等的,所以说民权是和平等相对待的。此外还有博爱的口号,这个名词的原文,是兄弟的意思,和中国同胞两个字是一样解法,普通译成博爱。当中的道理,和我们的民生主义是相通的。因为我们的民生主义,是四万万人幸福的,为四万万人谋幸福就是博爱。这个道理,等到讲民生主义的时候,再去详细解释。(《民权主义》第二讲,第102页)

也就是说,法国革命的自由与中国革命的民族,平等与民权,博爱与民生是相对应的。这三个词各自具有何种意思,为何中国革命需要这种独特的三理念呢?接下来,边引用孙文的解释,边讨论。

何谓民族主义?指的是每个中国人都将民族放在第一位,以此来恢复国家的自由。孙文认为中国人仅把家族、宗族纳入了视野,没有以国家为单位的团结,这是很严重的缺陷。为此,中华民族受到欧美、日本的压迫,失去了自由。在此的当务之急就是形成国家=民族=国族级别的团结意识,恢复中华民族的自由。这就是与欧美的自由相对应的民族主义。

重要的是,孙文认识到了在中国社会,国家等团体对人民的制约薄弱,因此自由过多:

> 由于中国人自由太多,所以中国要革命。中国革命的目的与外国不同,所用方法也不尽相同。到底中国为什么要革命呢?直截了当说,是和欧洲的革命的目的相反。欧洲从前因为太没有自由,所以革命要去争自由。我们是因为自由太多,没有团体,没有抵抗力,成一片散沙。因为是一片散沙,所以受外国帝国主义的侵略,受列强经济商战的压迫,我们现在便不能抵抗。要将来能够抵抗外国的压迫,就要打破各人的自由,结成很坚固的团体,像把水和士敏土参加到散沙里头,结成一块坚固石头一样。中国人现在因为自由太多,发生自由的毛病。不但是学校内的学生是这样,就是我们革命党里头,也有这种毛病。(《民权主义》第二讲,第100页)

"中国自由太多,所以中国要革命"这一宣言才是孙文思想核心的体现。自此,孙文明确提出打破其自由,创造强有力的团体是中国革命的目的。所以,民族主义是打破中国人的自由,由此来恢复民族的自由。因而是与欧美的所谓自由是相对的。获得个人的自由是欧美革命的目的,在中国打破个人的自由是中国革命的目的。

何谓民权主义?孙文言,就是打倒君权,谋求人民政治地位的平等。因而,与平等相应。孙文认识到现代是民主主义的时代,同时还有如下认识:

> 但是欧洲一二百多年以来的战争,不是说争民权,是说争自由。(《民权主义》第二讲,第92页)

欧洲在一两百年以来,本是争平等自由,但是争得的结果,实在是民权。因为有了民权,平等自由才能够存在,如果没有民权,平等自由不过是一种空名词。(《民权主义》第三讲,第112—113页)

在孙文的认识中,欧美革命追求自由,其结果诞生了民主主义,并不是为了追求民主主义才革命的。只不过在斗争中发现民主主义实际上是自由与平等的根源。

虽说如此,孙文追求的民权主义不是议会制民主主义。他言,"大家都知道现在中国的代议士都变成了'猪仔议员',有钱就卖身,分赃贪利,为全国人民所不齿。"(《民权主义》第四讲,第133页)同时,对苏联的人民独裁做出了如下的高度评价,主张中国的民权与欧美的民权不同:

这种人民独裁的政体,当然比较代议政体不同得多了。但是我们革命党提倡三民主义来改进中国,所主张的民权,是和欧美的民权不同。(《民权主义》第四讲,第133页)

孙文否定君主制,把人民获得平等的政治地位视为民权,他的设想很可能是苏联型的体制。孙文言:

我们拿欧美已往的历史来做材料,不是要学欧美,步他们的后尘,是要用我们的民权主义,把中国改造成一个全民政治的真民国,要驾乎欧美之上。(《民权主义》第四讲,第133页)

主张不步欧美的后尘,建立全民政治的共和国,超越欧美。换言之,民权主义是中华民族全员自主团结起来对抗列强压迫,其实际意义在补强民族主义。

在此应该注意的是,孙文不认为中国社会的不平等、不自由是十分严重的问题。如下所言,他认为革命前的欧美是很不自由、不平等的,但是中国的状况并非如此:

但是中国以前的不平等,没有从前欧洲的那么厉害。欧洲两百多年以前,还是在封建时代,和中国两千多年以前的时代相同。因为中国政治的进化早过欧洲,所以中国两千多年以前,便打破了封建制度。欧洲就是到现在,还不能完全打破封建制度,在两三百年之前才知道不平等的坏处,才发生平等的思想。中国在两千多年以前便有了这种思想,所以中国政治的进步,是早过欧洲。但是在这两百年以来,欧洲的政治进步,不但是赶到中国,并超过中国,所谓后来者居上。(《民权主义》第三讲,第105—106页)

为何孙文如此考虑呢?理由之一就是世袭制度。在欧洲,岂止王侯,即使一般人民也被世袭制度所束缚,甚至职业都由世袭决定,改变职业通常伴随着很大的痛苦。但是,在中国,仅皇帝是世袭,以科举来防止官僚世袭,人民有按照自己的想法改变职业的自由。所以,孙文认为不平等、不自由并不是那么严重。其结果使孙文与民权主义相比，更重视民族主义。那么，又何谓民生主义呢？对此，孙文的解释如下：

> 当时欧洲人民听了自由这个名词容易明白的情形，好像中国人听了"发财"这个名词一样，大家的心理，都以为是很贵重的。现在对中国人说要他去争自由，他们便不明白，不情愿来附和，但是对他要说请他"去发财"，便有很多人要跟上来。欧洲当时战争所用的标题是争自由，因为他们极明白这个名词，所以人民便为自由去奋斗，为自由去牺牲，大家很崇拜自由。何以欧洲人民听到了自由、便那样欢迎呢？现在中国人民何以听到自由便不理会，听到发财便很欢迎呢？其中有许多道理，要详细去研究才可以明白。中国人听到说发财就很欢迎的缘故，因为中国现在到了民穷财尽的时代，人民所受的痛苦是贫穷，因为发财，就是救穷独一无二的方法，所以大家听到了这个名词便很欢迎。发财有什么好处呢？就是发财便可救穷，救了穷便不会受苦，所谓救苦救难。人民正是受贫穷的痛苦时候，忽有人对他们说发财，把他们的痛苦可以解除，他们自然要跟从，自然拼命去奋斗。欧洲一二百年前为自由战争，当时人民听到自由，便像现在中国人听到发财一样。（《民权主义》第二讲，第92—93页）

在欧洲，自由曾经受到很严格的限制。除了上述的由世袭制度的制约外，孙文还讲到了自己在世界各地的列强领地所遭受到的种种不愉快的经历，诸如要检查护照，要申请许可之类，指出即使在今天社会对移动、行动的制约依然是中国人难以想象的严格。为此，欧洲人渴望自由，所以会兴奋于自由这个大义名分。与此相比，中国自由太多，对自由没有不满。中国的问题反倒是民穷财尽，民众挣扎于贫困。所以，即使对民众谈自由，他们也没有任何反应，但是听到发财却会欣喜不已。欧洲一二百年前为自由而战，当时的人民听到自由，就像现在的中国人听到发财一样。

但是，此处所言的发财并不是成为有钱人的意思。孙文把追求赚钱视为资本主义加以否定：

> 民生主义和资本主义根本不同的地方，就是资本主义是以赚钱为目的，民生主义是以养民为目的。有了这种以养民为目的的好主义，从前不好的资本制度，便可以打破。但是我们施行民生主义来解决中国的吃饭问题，对于资本制度，只可以逐渐改良，不能够马上推翻。我们的目的，本是要中国粮食很充足，等待中国粮食充足了之后，更进一步便容易把粮食的价值弄到很便宜。（《民生主义》第三讲，第232页）

在此提出的是通过对资本主义的渐进改良，实现养民，改善中国粮食现状的方策，这是以发财为目标的民生主义的本意。接下来，孙文甚至说：

> 我们革命党向来主张三民主义去革命，而不主张以革命去争自由，是很有深意

的。从前法国革命的口号是自由，美国革命的口号是独立，我们革命的口号就是三民主义，是用了很多时间，做了很多工夫，才定出来的，不是人云亦云。为什么说一般新青年提倡自由是不对呢？为什么当时欧洲讲自由是对呢？这个道理已经讲过了，因为提出一个目标，要大家去奋斗，一定要和人民有切肤之痛，人民才热心来附和。欧洲人民因为从前受专制的痛苦太深，所以一经提倡自由，便万众一心去赞成。假若现在中国来提倡自由，人民向来没有受过这种痛苦，当然不理会。如果在中国来提倡发财，人民一定是很欢迎的。我们的三民主义，便是很像发财主义。要明白这个道理，要辗转解释才可成功。我们为什么不直接讲发财呢？因为发财不包括三民主义，三民主义才可以包括发财。俄国革命之初，实行共产，是和发财相近的，那就是直截了当的主张。我们革命党所主张的，不止一件事，所以不能用发财两个字简单来包括，若是用自由的名词更难包括了。（《民权主义》第二讲，第96页）

孙文认为民生主义是实现经济的平等化与安定化，以保障生活为目标，也很接近于社会主义、共产主义，并以发财主义为三民主义的本质。"我们的三民主义，便是很像发财主义"这句话值得深思。因为发财主义是民生主义，说三民主义类似于前者，意味着三民主义的核心是民生主义。虽然如此，并不是直接以民生为目标，而应该通过三民主义来最终实现民生。

像这样来理解《三民主义》的议论之时，可知孙文对中国社会与中国革命的构想，不是如铃江所言"充满妥协的矛盾与滑稽的理论"，或者如安藤所言"作为理论矛盾太多，显得杂乱无章"。孙文的理论与构想是极其明确、一贯的。

孙文对中华民族濒临灭亡的危机深感忧虑，警告说如果十年之内不实现中国革命，百年后中华民族会灭亡（《民族主义》第二讲）。中国危机的根源在于中国人无法创造出超越家族、宗族的团体。因此，在中国，民族、国家都不能有实体。与此相反，日本模仿欧美确立了民族与国家，成为世界强国。中国也应如此发展，但是却存在着巨大的问题。那就是中国人的自由。在中国，职业选择、移动都是自由的，人们不受所属团体的束缚。其结果造成团体力量的薄弱。这又关系到国家这一团体的脆弱性，因此受到欧美、日本的压迫，民族失去自由，濒临灭亡的危机。这是孙文的基本认识。

三民主义是对治这个危机的处方。最重要的方策是打破中国人的自由。每个中国人必须自发放弃自由，习得优先团体的态度。最应该被优先的是民族这个团体，以此来显著强化国家的力量，使摆脱列强的政治性、经济性压迫成为可能。这就是民族主义，中国革命是为打破中国人的自由才需要的。民权主义是要求中华民族的每个人都自主地靠拢团体，与其成为一体，以对抗列强。民生主义是对中国人为何放弃自己的自由，参加民族团体,有为团体献身的必要性的说明。其目的是发财。唯有通过革命使中华民族摆脱隶属,个人生活的安定与提高才会成为可能。

四、对孙文认识框架的分析

本节对前节所述孙文的认识框架所存在的问题进行探讨。孙文在《民族主义》第二讲对中华民族的危机进行了解释。其要点如下:欧美与日本因近代化使人口急剧增长,但中国近二百年依然是四亿人。两者的人口如果照旧增加,百年后仅日本的人口就可以与中国相匹敌。在这种状态下,如果继续接受帝国主义的政治性、经济性压迫,中华民族真的会灭亡。但如上文叙述,孙文的这种预测在今天看来是完全错误的。

反映孙文对外国的极度恐惧,在《三民主义》中"外国"一词频出,共有498次。此外,提到英国229次、美国223次、日本170次、德国127次、法国116次、俄国106次,总计1439次,超过了提到中国的次数1300次。其中,大多为孙文对外国人的自由思想与中国观等的批判,还有对全信这些思想的中国新青年的指责。无论怎样,这无疑显示了孙文很在意"外国"。特别是把中国人比喻成一片散沙的有名话语,除了一处之外,几乎都是以外国人言辞的形式提及。

在《民权主义》第二讲中,孙文反论说外国人一边批判中国像一片散沙,一边批判中国人因为文明程度低,所以不理解自由的概念,是相互矛盾的。他认为像一片散沙是说无法形成像石头那样坚固的团体,这意味着个人是自由的。所以,他说外国人对中国人不懂自由的批判与中国人是一片散沙的批判是矛盾的。

在孙文的想法中,中国自由过多,完全像空气那样无处不在。所以,中国人无法理解没有自由的情况,无法生起像外国人那样追求自由的想法。因而,才会发生一方面像散沙那样行动,另一方面不理解自由之意义的情况。但如果认为中国人像外国人那样没有自由却是错误的。

孙文认为,外国人的自由概念也曾被视为神圣不可侵犯的,但在现在,像弥勒氏认为不能侵犯他人的自由,为自由设立了一个范围,自由已经不再是神圣不可侵犯。自由既有好的地方,也有不好的地方,中国人像散沙那样,意味着中国人完全拥有这种意义上的自由。(《民权主义》第二讲)

孙文将自由的本质视为"摆脱团体束缚的自由",从这种视角来看,传统中国社会是极端自由的社会。这个看法突出了西欧式自由概念所包含的深刻问题,可谓意味深长。如在安富(2008)中所论,在西欧式想法中:伊甸园 the garden of Eden/大地 the ground 这样的两项对立随处可见《註"Therefore the LORD God sent him forth from the garden of Eden, to till the ground from whence he was taken."The Old Testament, King James Version, http://www.gospelhall.org/bible/bible.php? passage=Genesis+3&ver1=kjv》。失乐园相当于从伊甸园放逐到大地的过程,是从上面之关系的左边向右边不可逆的移转。失乐园是给人类刻印原罪的过程,同时也是逐渐意识到自己是自己,世界是世界的过程。(Weiss,2009)

在伊甸园,人类融于自然,被决定论的必然性所支配,所以感觉不到任何的不安,能够彻底安心。与此相反,被放逐到大地的人类不依据自己的想法劳动就不能生存下去,虽然因受到死亡的威胁而焦虑不安,却有选择自己生活的自由。所以,失乐园也是从被必然性支配的被动存在向自由选择、决定意向的主体的转变。因而,这种两项对立也包含"不自由/自由"这种两项对立。

马克思、恩格斯历史唯物论所代表的"近代化"形象,也是以"伊甸园/大地"这两项对立的隐喻为基础构成的。那就是以

共同体 community/市场 market

或者

共同体 community/社会 society

或者

共同社会 Gemainschaft/法理社会 Gesellschaft

这类两项对立为基础。从左边向右边的不可逆移转是失乐园所隐喻的近代化的过程。在此种情况下,同样是安心、不自由的空间向不安、自由的空间的移转。

构成孙文议论前提的对立两项是以

"团体/散沙"

的形式构成的。它与

"自由/不自由"

两项对立相对应。由此展开了"说中国人像散沙,又说中国人不懂自由,是矛盾"的议论。也就是说,根据上面的图式,中国人如果处于右边的"散沙"状态,必然应处于下面图式的右边所显示的"自由"状态。

对此,我们马上会想到一种批评:把"团体"视为"共同体"是不合理的。如果上述的近代化过程确实如此的话,存在于近代国家的"团体",是与近代化以前的共同社会共同体完全不同的法理社会。外国人说中国人像散沙,不如说没有"法理社会"。把"共同体社会"与"法理社会"都概括为"团体",显然不恰当。所以,把"散沙"置于与"法理社会"、"社会"、"市场"相同的右边是不合理的。如果这种两项对立不成立的话,使其与"不自由/自由"相对应,也就是错误的。如此一来,否定孙文"中国人自由太

多"这一主张,易如反掌。

但是,这样的批判像回旋飞镖那样返回来,把深刻的问题摆在了我们面前。如果是

{共同社会/法理社会} ⊂ 团体

那么,

团体/散沙

这种两项对立就包含以下图式

{共同社会/法理社会}/散沙

右边的"散沙"实际包含的不是相同的东西,应包含中国社会独特的多样性。硬要把它概括为两项的话,恐怕要说是{中国式共同社会/中国式法理社会}。无论怎样,在外国人看来同样是散沙,这与在中国人(或者孙文)看来无论共同社会还是法理社会都只认为是"团体",道理一样。

相同的议论也适用于"自由"。也就是说,不能像孙文那样把"不自由/自由"的对立与"团体/散沙"视为平行关系。而是必须理解为

{外国人的不自由/自由}/{中国人的不自由/自由}

孙文应该思考的题目应该是位于对立项右边的"中国人的自由"到底是什么。但是,遗憾的是,孙文在此处停止了他的思考。

孙文议论的症结在于将"不自由/自由"与"团体/散沙"这两种对立关系等同视之,误认为只要打破过多的自由,会产生从右项向左项的移转,就能实现"散沙"向"团体"的移转。实际的对立关系是

{外国人的不自由/外国人的自由}/{中国人的不自由/自由}

所以"散沙"向"团体"的移转需要打破{中国人的不自由/自由},向{外国人的不自由/自由}转移。这也就等于说不再当中国人,而要成为外国人。如此一来,就等于亲自破坏了民族主义。这是孙文议论的根本矛盾所在。

这意味着孙文尽管反对外国人对中国的不理解与蔑视,却接受了外国人的认识框架。所以,笔者认为以上的误认反映了孙文的灵魂被殖民地化了。当然,这不仅仅是孙文一个人的问题。中国的知识分子普遍具有此种倾向,并一直持续到现在。这也不仅仅是中国的问题,日本的知识分子也一样。至少在几年前,到开始思考这个问题之前,笔者都在接受外国人的认识框架。

那么,「中国人的不自由/自由」到底是什么呢?

确实,孙文所看到的中国社会是欠缺像欧美、日本那样的"团体"。在乡村,无法看到像近世日本的村共同体那样的坚固团体。都市也一样,虽然存在商人团体,但是很少有阻止不属于"座"的团体的营业现象发生。在日本,想要新做货币兑换商,或者获得

发行纸币的权限是很不容易的;但是在中国,只要有钱和想法无论谁都可能。尽管资本主义化已经得到发展,也没有出现像日本、欧美那样的大企业,政府的组织也很小、很脆弱。问题最突出的是军队,中国的军队尽管兵数甚多,却很难像日本兵那样为团体自发地舍弃自己的生命。

很难说孙文所看到的团体之不足是事实误认。如果是这样的话,就不得不承认"团体/散沙"这一图式。在中国团体是薄弱的。

虽然如此,不得不说"中国人像散沙"是错误的认识。在中国社会,人与人的关系在某种意义上比日本、欧美更为坚固。父子、把兄弟、师弟等的联结通常很紧密,也存在像国民党、共产党那样坚固的"党"。尽管如此,孙文对团体的薄弱不满。这无非反映出这些人格性纽带的存在方式以不适合形成团体的形式在起作用。孙文似乎没有看到这个差别。

关于家族、宗族,孙文如下言道:

> 便要善用中国固有的团体,像家族团体和宗族团体,大家联合起来,成一个大国族团体;结成了国族团体,有了四万万人的大力量,共同去奋斗,无论我们民族是处于什么地位,都可以恢复起来。(《民族主义》第六讲,第60页)

也就是说,孙文认为家族、宗族是欧美人所认为的"团体"的一种。所以,认为如果联合宗族形成国族团体,就能抵抗欧美的压迫。

但是,这个看法似乎并不正确。首先,就中国的实际情况而言,恐怕应该认为,正因为家族、宗族给个人带来了很大的力量,国家等团体的力量才会变弱。其次,家族、宗族真的是"团体"吗?那难道不是使散沙发挥作用的机构之一吗?例如,宗族通常在族谱上记载着大量的人,但是出现在族谱中的人是否都从属于宗族,很值得怀疑。那是不是个人为开拓自己人生的人际网络资源呢?

孙文抱有这样的希望性预测,这也是他的灵魂被殖民地化的标志之一。孙文无论如何都想打破外国人所说的像散沙那样的状态。为此,在中国社会的宗族中寻找"团体"的影子。

就这一点而言,毛泽东对情况的理解似乎更精准。在文化大革命中,作为宗族资源的祠堂、族谱都遭到彻底破坏,等于很有效且彻底地销毁了人际网络资源。通过销毁人际网络资源,人被互相疏离,成为真正孤立的个人,再由人民公社等"单位"来收拢。当然,毛泽东继承了孙文通过打破中国人的自由来形成坚固的团体这一根本性的病态认识。假如以病态认识为基础,行为越正确,情况就会越糟糕,所以毛泽东的破坏性远比孙文大。

结　语

现在总结以上的议论。孙文是这样考虑的：中国民族在自然力、政治力、经济力方面受到了社会达尔文主义意义的压迫，面临着十年以内将要灭亡的危机。人口增长率与列国的比较，充分体现了这种危机。

受到这样压迫的最大原因是中国人是一片散沙，无法形成"团体"。原因在于中国人自由太多，所以打破自由才是救国之道。为此，必须涵养最优先民族的精神（民族主义），这通过个人自发参与政治（民权主义）来实现。为促发中国人参与，应该挂起实现"发财"的旗帜（民生主义）。

孙文的这种方案，给近代中国的历史带来了巨大的影响。笔者怀疑毛泽东、邓小平、江泽民、胡锦涛、习近平归根结底都朝着孙文指出的方向走，只不过具体手法不同而已。

假设情况果真如此，我们继续朝着这个方向努力是非常危险的。因为，如前节所述，在此包含两种十分严重的病态认识：一、起因于社会达尔文进化论的"亡国灭种"这一被夸张的危机感，二、只要舍弃中国式"自由"，就能形成欧美式"团体"这一不正常的理论框架。实际上，中华民族灭亡的危机纯粹是杞人忧天，打破"自由"也无法形成"团体"。并且，在现代社会，创造出"团体"也没太大意义。因为有些事情没有团体就做不了，但也有些事情有了团体还做不了。在20世纪前半期，形成巨大而坚固的团体恐怕在很多情况下可能都比较有利。但是，因计算机的出现，情况发生了很大变化，巨大而坚固的团体在现在反而是累赘，灵活、轻快的人际网络才会发挥重大作用。现在，如何创造、经营、发展像散沙那样松弛的组织，才是关键的问题。

在"散沙"性质的社会，"自由"或"不自由"意味着什么？这是当年孙文应该思考，实际上却忽略的问题。这一问题所具有的意义，如今比起在80年前更重要，因为这已经不仅是中国的问题。例如，思考这一问题，或许为日本社会如何走出目前的困境，能够提供重要的启发，因为日本社会正在呻吟挣扎在"团体"的重担之下。

孙文没能注意这个问题，其他许多知识分子也如此。但是，如海部（2010）指出，梁漱溟是个很大的例外。梁漱溟批判性地吸收了功利主义哲学、佛教哲学，并重新研究儒学思想。他通过这些探索，对这个问题进行了彻底思考，认为中国社会的自由的本质就在"理"。孙文寻找中国社会的缺陷，想通过克服缺陷来使中华民族摆脱灭亡的危机。这种态度与孙文作为西医医生的身份正相符。当时的中国受到帝国主义列强的威胁确实是事实，20世纪30年代又发生了日本军的直接侵略。尽管如此，我们现在应该都很明白,当年孙文想要治疗的中华民族灭亡的危机,原本就是杞人忧天。岂止如此,中国正面临着孙文的方案本身所引发的危机,那就是自我被殖民地化的危机。否定自我本来的存在方式,渴望成为"外国人"的想法,会扼杀灵魂的运动。把灵魂卖给"外国人"的民族主义,无非是通向隶属之路。

社会视野

践行篇：参与式治理过程中的公民性

缪 青[①]

一、公民践行：知行合一过程中的公民性表达

当我们指出公民论说不仅是一种知识和价值体系（《中外人文精神研究》前几辑相关论文《公民知识的文化谱系：概念梳理与东西方对话》、《公民文化与社会和谐：活力、竞争力和善治追寻》已经讨论的很多），而且也是解决社会问题的机制，这至少有两方面的含义。其一是在新构架下看到社会结构的扁平化促进了公民话语的兴起。其二是公民论说和新知识作用于社会过程的关键环节不外是公民践行，广泛地践行有助于参与氛围的形成，而新风气则能帮助不少社会问题的解决。老子倡导的"圣人不言而民自正"和无为而治，在很大程度上指向了良俗的作用。

践形篇关注人在变革社会过程中的公民性表达，意味着新价值和角色的实现需要借助主体能动来改变社会关系和资源配置。正是在这里，中国传统中"践行"以及"知行合一"等理念很好地阐发了新知识作用于社会的过程。

在中国文化释义中，"践"就是践履和实行的意思，践行包括"尽性"和"力行"两个方面。"尽性"意味着在深究万物原理和明察心性的基础上发挥能动性并能不断反思，"力行"意味着运用知识来变革社会和解决问题的过程，强调主体介入公共生活和实施社会干预。

还应当看到，在"尽性"的同时"力行"不是被动的，人在力行的过程中会不断反思并对知识构架有所调整。在这个意义上，践行活动的持续进行表达了结构变迁与公民性的"相互建构性"。实际上，在前几篇文章讨论这一建构性命题时，已经涵盖了公民性建构的两方面活动，一是社会环境作用于人，二是人变革环境以满足新需求。很明显，当我们关注"相互构建性"并强调解决问题的过程也是公民性表达的过程，很自然地也就嵌入了"知行合一"的理论来展示践行的丰富性。

[①] 作者系加拿大多伦多大学博士，北京市社会科学院研究员，博士后指导教师。研究方向为社会政策、公民文化、社会工作理论和老年服务研究。近年来发表有关公民文化的英文专著和多篇论文。

强调"知行合一"是中国传统,"以生活实践为基础,行是知之始,亦是知之终。"①这一合知行的取向看重人的价值取向和道德理念能够转化成为实践活动,人生的成就有赖于践行的程度,并以此来衡量人生境界的高低。当然,这种境界的实现不是在宗教的彼岸世界,而是在人的现实生活世界中,形成一种认识与实践、知与行的循环。

从研究策略来看,关注公民践行凸显了解决问题的行动逻辑,也即一种"问题中心—行动研究"的取向,用传统的话语来说也即"经世致用"。沿着这一路径前行,谈论新知识必直面公共生活中提出的各种问题:例如在践行篇中所讨论的消费安全、农民市民化、社区参与以及遏制腐败等公共生活问题。此外,行动研究的提法也涵容了研究者本身也是参与者,以及透过变革社会结构来考察社会及更新知识等内容。

二、践行与行动研究的策略以及行动社会学

(一)文明对话与研究策略的选择

在结合问题的解决来阐发公民文化的重要性之前,有必要从文明间互动的视野来检示一下研究策略。之所以提出这一问题,不仅是要通过文明对话来拓展对践行理念的理解,而且也是在说明对公民文化的解读有不同方法论视角。例如,按照哈贝马斯的看法,不同的研究策略与人的认知旨趣有关联。在《认识与兴趣》(1968年)一书中,哈贝马斯谈到了三种认知旨趣以及与之对应的不同类型的社会科学知识:1)技术的认知旨趣对应于经验—分析的知识;2)实践的认知旨趣对应于历史—解释的知识;3)解放的认知旨趣对应于批评—反思的知识。这些认知旨趣和知识都是科学的并且可以互补。

从研究策略来看,重视践行显然与实践的认知旨趣有更多的契合,因为两者都关注理论作用于社会过程,呈现出问题中心—行动研究的理路。循着实践旨趣的理路前行,就不难看到马克思的实践理念以及韦伯的社会行动理念的影响,两者都关注人的主观能动性及其超越现存条件的各种行动,尽管他们对经济和文化在发展的作用上各有看法。在马克思那里,实践将理论和现实生活连接起来,"人应该在实践中证明自己思维的真理性,即自己思维的现实性和力量"。② 在韦伯看来,人是有目的和不断选择的社会行动者,其行为驱动受到价值理性、工具理性和传统的影响。

一旦对认知旨趣有所了解,就不难看到"问题中心—行动研究"的策略有别于"方

---

① 张岱年:《中国哲学大纲》,中国社会科学出版社1985年版,第367页。
② 《马克思恩格斯选集》第1卷,中人民出版社2012年版,第138页。

法中心——功能研究"的策略。后者更多地带有技术的认知旨趣或者说实证旨趣,以便在了解社会时更多地使用统计测量、变量控制、假设、样本选择、推论总体等。例如,作者在《新老社区居民公共参与意识的变化》一文①就使用了统计测量、变量控制的方法,用以说明社会变迁或者说结构扁平化对公民话语兴盛的影响。还应当看到,单纯依靠实证旨趣的研究策略来解读社会现象,也有"方法中心"层面的局限。对此,美国学者马斯洛有过中肯地批评,"方法中心就是认为科学的本质在于它的仪器、技术、程序、设备以及方法,而并非它的疑难、问题、功能或者目的。……在思考的最高层次上,方法中心体现为将科学与科学方法混而一谈"。马斯洛认为,有作为的研究者当然需要关心方法,但前提必须是它们能够帮助解决重要的问题。正是在这里,前述有关践行和行动研究的讨论提供了观照社会的另一维度,通过学科知识的干预来变革社会和解决问题,并增进对社会的了解。

(二)行动研究:关注社会干预和改善社会情境

尽管对于何为行动研究学界有着多种理解,但在下述方面还是有共识的,例如理论知识必须作用于社会过程、研究者作为社会行动者也是参与者以及通过干预改善社会情境等。

20世纪后半叶,对于行动研究的方法论分析在教育学领域有相当的进展。例如,约翰·埃利奥特认为"行动研究是在社会情境中进行的旨在改善社会情境中的行动质量的研究",强调行动研究必须走出书斋而进入实际的社会情境。凯米斯认为,行动研究是由社会情境(包括教育情境)的参加者,为提高对所从事的社会或教育实践的理性认识,为加深对实践活动及其依赖的背景的理解,而进行的反思研究。② 还有论者认为行动研究是指在自然、真实的教育环境中,实务工作者按照一定的程序,综合运用多种研究方法与技术,以解决实际问题为首要的研究模式。

另外,有关行动研究与定性研究的联系和区别也受到了关注。例如,尽管定性研究包括"人种学研究"、"扎根理论"③等与行动研究都关注归纳法,但定性研究只是观察和解释自然情境中人的活动,并不试图干预情境和推动变革。又例如,定性研究不强调"问题解决",而行动研究者则针对问题解决往往有一些假设。由此看来,在了解社会

---

① 缪青:《新老社区居民公共参与意识的变化》,戴建中主编:《2007年:中国首都社会发展报告》,社会科学文献出版社2007年版。
② 转引自刘良华:《行动研究的史与思》,华东师范大学博士学位论文,2001年。
③ 扎根理论(Grounded Theory)是一种定性研究的方式,其主旨是不预做假设,从原始资料中归纳出经验概括,寻找反映现象本质的核心概念,尔后上升到理论。在哲学方法论上,扎根理论是基于后实证主义的范式,强调对已经建构的理论进行证伪。

以及运用社会研究的方法上,采用的静态观察还是动态干预的方式,有关结构社会学和行动社会学的讨论可以使我们看到更多的东西。

(三)社会变革时期会凸显行动社会学的议题

从学理上看,有关社会学的议题设置常常是成对出现的,例如社会功能与社会冲突、社会结构和社会行动等。一般说来看重功能论的社会学者比较关注社会结构、规范和制度等对人的支配作用,强调"结构"对"行动"的制约性。沿着这一"结构社会学"的理路前行,人们会去探究看似自由的行动背后的结构影响,探究制度和规范如何经由各种途径而被"内化"为人的行为动机。所谓"制度是如何思维的"形象地点出了功能论的理论叙事,与此相关联的是有关"社会化"、"社会结构"和"社会规范"等观念的流行。

相比之下,看重历史主动性的学者会关注人的能动干预、变革活动乃至新知对社会变迁的影响。在这方面除了前面提到的马克思和韦伯外,法国学者图海纳谈论的"行动社会学"值得一提。有别于结构功能论将"社会"看成一系列规则、技术和顺应环境的反应方式,行动社会学首先是对"社会"的理解不同,把"社会行动"理解为"社会自身的某种历史质"(historicity)的体现,"历史质"也即社会根据其文化模式,经由冲突和社会运动来构建其自身实践的能力。其次是对"研究方法"的理解不同,图海纳认为社会学家不是社会生活的外在旁观者,而是社会运动的积极参与者。再次是对"社会学知识"的理解不同,有别于结构社会学强调顺应环境和社会化,行动社会学重视"社会学干预"的方法,认为新知是在社会学家与众多行动者的互动中生产出来的,从而改变了知识的生产方式。

需要指出的是,对于社会研究中的不同知识旨趣,一些学者偏好"结构",而另一些则看重"行动",似乎并非单纯出于个人兴趣。正如有学者指出的,在社会框架稳定的时期,研究者会比较看重"结构"对"行动"的支配作用。而在下述情况下,社会研究会关注"行动"的作用:其一是在社会框架稳定时期,如果社会运动频发,社会研究会强调"行动"的作用。其二是在社会转型期,人们力求改变基本的社会结构,制度变革成为新的需求,这时的社会学自然更多地关注"行动"的意义和作用。[①]

三、公民践行:行动研究视野下的公民性建构

(一)行动研究有助于纠正功能/静态论说的偏颇

以上从践行到行动研究的讨论拓展了眼界,说明关注素质提升和公民文化的生长

[①] 沈原:《"强干预"与"弱干预":社会学干预方法的两条途径》,《社会学研究》2005 年第 5 期。

不仅仅在于列举一堆美德和权利的条文,公民作为有目的的社会行动者,其身份和角色应在变革社会和解决问题的过程中加深理解。也正是通过践行与知行合一的讨论,可以清楚地看到在结构功能构架下谈论公民性的长处和短处。当我们说公民性表现为一组值得鼓励的行为和角色,诸如平等、权利、责任和自由等,在宽泛的意义上其主旨无非是强调这些素养在现代化社会是不可或缺的,是助力科技工商社会运行的软力量。对此,无论是美学者英克尔斯谈论的人的现代性对发展的作用,还是五四文化强调文化更新用以推动现代化变革,该视角更多地是在强调公民性"知"的一面,也即新角色是顺应结构变迁或者说是社会化的产物。然而,"知"的一面如果不能同"行"的一面结合起来,就容易陷入静态说教的偏颇:"一种颇为流行的论说公民意识的做法是,开列一张包含各种美德的清单要人们恪守,诸如礼让、诚信、平等、权利、责任,但却缺乏在践行的视角下如何使这些美德有效实现的讨论。"①

此外,在知行合一视野下审视上述静态论说,不难看到这一取向有可能带来应然与实然之间的脱节。例如,在当下社会人们对教科书中所列举的平等、权利、责任和自由等条文并不陌生,然而,面对公共生活中出现的各种问题和利益纷争,仅靠背诵美德和权利的条文是远远不够的,需要通过法与道德的协同以及协商和妥协等途径来达致利益均衡和公正。在这里,公民作为一个社会行动者,其能动的选择、利益博弈、知识运用和创造新结构的努力都是不可或缺的。

不仅如此,合知行的取向还有助于揭示静态论说叠加西方中心论所带来的误区:例如看不到公民学说的本土资源,认定它是一种纯粹的舶来品,其结果是公民议题的设置似乎成了西方专利以及对西方历史成就的脚注,公民教育往往成了好看的"说教"却不能解渴的"远水"。

这一切在嵌入了"知行合一"的理论构架之后,强调公民性是在变革社会和解决问题的过程中彰显的,人的素养是解决问题和纷争中提升的,局面将大为改观。

(二)行动研究的流程:分析构架、干预过程、改善及反思

上述从践行到行动研究的讨论也为展开公民语用的丰富性提供了宽阔视野。还应当看到,尽管行动研究强调社会解决,但并不是一种"随意性问题解决"的方法。这是因为,面对不同的问题研究者仍须进行相当的文献收集和梳理,确定问题的分析构架并形成某些设定,包括使用从文化分析到统计分析等多种方法。有鉴于此,虽然践行篇的

---

① 缪青:《公共生活参与的素质、分享式发展和善治》,杜丽燕主编:《中外人文精神研究第四辑》,中国大百科全书出版社2011年版,第319—344页。

文章涉猎了不同的社会问题,在行文论述中有关行动研究的流程还是清晰可见的。

步骤1 问题的选择和理论框架

关注日常公共生活中的社会问题,例如消费安全、社区治理、反腐中的制度化参与等。有关问题解决的讨论是在公民文化构架下展开的,凸显了"民治才能民有"的价值观。当然,强调"民治"并不是意味着每个人都要去当官才能参与治理,而是看重在公共生活中参与氛围的生成以及制度化参与的作用。

步骤2 着眼于社会干预和解决方案,关注践行的研究者也是参与者

行动研究关注积极干预并提出解决方案,例如消费者投诉、举报和政策建议等制度化参与的办法,倡导政府和公民的合作治理来及时修补消费安全中的"破窗",①防止后续不法。

有关公民践行的讨论还指出,从传统角色向公民消费者的转变是一个习俗转换的过程。鉴于新风气的形成并非一蹴而就,文章透过问题分析、记者观察和社会影响等多层面来揭示了参与氛围形成的条件。此外,在行动研究构架下讨论问题解决,研究者自然不是置身事外的旁观者,而是致力于变革的参与者。

步骤3 改善情境、增长新知和反思

1)倡导践行和行动研究自然会重视社会情境的改善,包括提供解决问题的思路。例如在有关食品安全的讨论中提出多方参与以及形成治理链等举措。由此看来,践行本身也是一种公民教育,有助于提升公民素养。

2)鉴于问题境况的改善也是在加深了解社会,因而就知识增长而言,行动研究一贯主张研究和行动是互渗的,行动的过程也是建构知识和检验知识的过程。这一取向显然与知行合一的公民论说相契合,一方面说明在变革社会的过程中公民意识和素养能够得到提升,另一方面说明正是在践行和解决问题中"民治"才能落实,包括推进人人起来负责的参与氛围。

3)还应看到,在日常公共生活中参与氛围的形成也即社会资本的积累——不仅有助于解决问题,而且也是推进民主的软力量。谈到民主,引人注目的往往是政治维度的程序性活动,诸如权力制衡、票决选举和政党轮替等,这一解读的眼界尚不够开阔。道理很明显,民主程序(政治维度的)的稳定运行有赖于诸多条件,其中直接的和基础性的要素是公众素养和参与氛围,也即公众能否在关注平等和权利的同时,能够理性地、负责任地和有妥协地介入到公共治理中去,而其水平高下又与社会文化和经济发展相

---

① "破窗效应"源自一项心理学试验,说明被打破的窗子如果不能及时修复,就会给越轨以强烈地暗示性纵容,进而招致更多的不法。这意味着环境中的不良现象如果得不到及时制止就会带来暗示性纵容,诱使人们争相仿效。

关联。这实际上提出了民主运行的社会条件问题,也即社会维度的民主推进问题。这既包括在城市和社区公共生活中的大量微治理问题,也包括社会习俗和文化对制度的影响。例如有学者指出:"社群主义认为民主政治只是个架子,它本身不能培养社群意识,这样民主政治是不会稳固的。社会还是需要有一些基本的共识,而这种共识只能从文化中来,这时儒家就可以发挥它的作用。"对于社会维度的民主对政治民主稳定运行的重要作用,将另文撰述。

4) 对于研究结论的可靠性与有效性,行动研究作为科学的认知旨趣之一,与前述功能研究的实证旨趣同样关注。所不同的是,由于行动研究更为强调知识的建构(反思)与检验(行动)之间是不可分的,因而践行者可以通过行动与反思之间的互动,通过实践感知理论中存在的偏误,从而使令人满意的行动策略被识别并得到发展。在这个意义上,行动研究对研究可靠性的检验更多地带有"动态"的色彩。

相比之下,实证旨趣的研究通常使用"效度"和"信度"来说明研究工具的可靠性。"效度"是指研究工具反映所要测量的概念的真实程度,"信度"是指分析工具能否稳定地测量到所测事项的程度。鉴于功能的和实证的研究更多是通过量化的数据来描述和理解社会现象,其可靠性的检验更多地带有"静态"的色彩。

四、践行篇中两组有关消费安全的论文说明

践行篇收录了近几年笔者对城市和社区公共生活中若干问题的观察和思考,在公民文化的构架下展开有关公民性和参与式治理的探讨,基于问题的不同分为数个单元。读者在研读论文时不难看到,在有关消费安全的讨论中,凸显了解决问题过程中的公民性表达和参与氛围的重要性,这一方面说明人对公民身份和角色的理性自觉是一个多因素互动的过程,它历经了人与体制变革、人与社会结构变迁的互动;另一方面说明从行动研究的视角来看待参与氛围的形成,在讨论社会干预的同时自然会关注公民文化的本土资源,包括新旧习俗的转换以及传统与现代的对接等。

鉴于对公民角色和身份的认同是一个动态过程,对于"公民是什么"的认知以及展开公民教育,仅仅从条文出发的静态讨论是远远不够的。因而新构架下所讨论的公民教育是多层面的,涉及制度变革、习俗转换、参与技术和专业化、高品质民主,以及传统与现代对接等,并非仅限于道德宣示和个体修身的传统视域。

就公民践行及其对宏观发展的作用来看,关注点还包括分析参与氛围的形成条件,以及认识到参与对社区、城市乃至国家竞争力的重要作用。这一眼界既涵容了传统"修齐治平"的德育资源,也即关注人的思想和素养提升对社会治理的推动作用,同时

又超越了修齐治平的传统视域(不仅看到道德诉求还看到了治理链条的其他环节的影响)。这样一来,在参与式治理中的公民就能够从"独善其身"走向维权监督、制度关怀和社会创新,从而在广阔的公共生活参与平台上来实现"兼济天下"。

(一)理顺政府、企业和公民的合作治理

本文作者缪青参加了光明报有关推进食品安全诚信建设的讨论,文章刊发在《光明日报》2011年8月3日02版。编者给出了提要:"无论是强调法与道德的协同还是关注政府与公民的合作,其综合绩效无非是规范市场行为,确立一个公平竞争、规则透明和利益分享的秩序以推进诚信建设。诚信资本的增值不仅表现在降低交易成本,更重要的是让遵守法规的企业和君子不断获利,这样就能使社会风气向君子看齐。"

要使食品安全领域的不诚信付出高成本,政府、企业和公民的合作治理是基础性环节

"红心鸭蛋"、"毒奶粉"的记忆尚未抹去,"牛肉膏"、"染色馒头"、"瘦肉精"等食品安全事件又使人们的神经紧绷起来。尽管不乏舆论抨击和道德规劝,食品安全法也出台了,但问题仍然层出不穷,于是,有关食品安全靠什么的讨论很自然地使人想到诚信问题。

我们看到了现代治理推进诚信建设的重要线索,不诚信行为必须为其违规付出高成本。反之,如果处罚很轻,或是由于制度和技术漏洞少有法律制裁,就会造成"破窗效应":给后续的越轨以强烈的暗示性纵容,带来更多的不法。很明显,在市场趋利和陌生人交往的环境下讨论诚信,仅仅照搬古训"吾日三省吾身"是不够的。如果不断违规的小人能够发财,社会风气就会向小人看齐,而遵守规则的君子反倒成了傻瓜。这样一来,道德底线被频频突破就毫不奇怪了。

要使食品安全领域的不诚信付出高成本,处理好法律、技术和道德的协同,特别是政府、企业和公民的合作治理是基础性的环节。尽管食品安全法已经明确生产者、销售者作为第一责任人,但是政府监管的职责、媒体的责任和广大消费者参与治理也同样重要。正是在这个意义上,我们说搞好食品安全人人有责,下述制度创新和社会创新应当有利于诚信增值。

遇到食品安全有疑问和争议,政府应帮助消费者实现便捷和低成本的质量检验

就政府而言,如何理顺食品安全分段管理的体制、确立信用体系以及开发多种快速检测技术等都是十分重要的。例如,没有几个醉驾者愿意承认自己饮酒过量,但酒精检测仪会毫不客气地指出醉酒的程度。由此看来,开发多种快速检测技术有助于推进食品安全领域的诚信建设。

此外，一个重要的制度创新是一旦遇到食品安全有疑问和争议，政府应帮助消费者实现便捷和低成本的质量检验。以杜绝"地沟油"为例，有官员称要到2020年才能解决。如果有了快速检测的试纸方便消费者使用，显然可以大大加快进程。所以说，在帮助消费者获得低成本的食品检验方面花些钱是一本万利的事，这不仅有助于及时发现问题、敦促商家负起责任和增进政府诚信，而且可以大大降低由于大规模的商品下架和公众恐慌所产生的高昂费用。因此，那些为推进食品诚信而创新制度和技术的人，也应当成为感动中国之人。这也说明，有赖于一系列制度和技术的跟进，道德宣示才不至于陷入空谈。

需要消费者的参与治理，包括投诉、举报和政策建议等，以便及时修补"破窗"，防止后续不法。就消费者而言，形成人人负责的氛围包括媒体参与也是食品安全的重要保证。撇开地方保护和官僚惰性不谈，单靠工商质检部门的有限人员去应对成千上万种商品的质量检验，其成本和精力确实勉为其难。这就需要消费者的参与治理，包括投诉、举报和政策建议等等，以便及时修补"破窗"，防止后续不法。正是从这个层面，我们说制度如果没有参与的支撑就容易陷于空转，食品安全法有赖于从内心尊重它的人和持续的公民教育才能有效运行。

倡导参与以及公民教育也有助于营造对不法行为的普遍抵抗氛围。例如，一些人痛骂不法商家见利忘义，可一旦有利可图，自己就毫不犹豫地投入到制假贩假的活动中去，其责任意识仅限于告知熟人不消费此类商品。所谓"做什么的不吃什么"就是指此类现象，扭转这一风气只有靠公民教育、舆论监督和法律约束。

诚信资本的增值不仅表现在降低交易成本，更重要的是让遵守法规的企业和君子不断获利，这样就能使社会风气向君子看齐

无论是强调法与道德的协同还是关注政府与公民的合作，其综合绩效无非是规范市场行为，确立一个公平竞争、规则透明和利益分享的秩序以推进诚信建设。诚信资本的增值不仅表现在降低交易成本，更重要的是让遵守法规的企业和君子不断获利，这样就能使社会风气向君子看齐，编织起一个遏制欺诈的主动防御网络。

在合作治理的视野下推进食品安全领域的诚信建设，下述社会创新和制度创新也有利于诚信增值。例如，应当表彰那些对食品安全的制度、政策、技术创新作出贡献的专业人士和普通公民，表彰那些理性应对食品安全危机，善于协商和妥协、解决冲突的人员。一个典型的例子是，当非法添加剂事件频频曝光时，专业人士对合法添加剂与非法添加剂的区分及说明，可以有效地帮助公众理性面对食品添加剂问题，避免因噎废食。

由以上讨论可以清楚地看到，如果说现代社会讲求诚信超越了传统社会，那么，这种超越主要地不是表现在道德宣示上比传统更高调,而是表现在一旦遭遇不诚信能够找到更多的办法来应对,从而在问题的解决中增值诚信。当我们不仅指出德育传统在推进诚信建设中的重要性,而且也指出它的局限性;不仅探讨在市场环境中使诚信增值的宽广路径,而且不懈地创新制度和技术来推进诚信,搞好政府、企业和公民的合作治理,也就在传统和现代的交汇上实现了超越。

值得一提的是,对于如何让遵守规则的君子获利并通过社会创新来推进诚信建设,中国传统文化并非没有资源。2000多年前,改革者商鞅设计了立木为信的奖励办法来昭告世人有法必行的道理,引得司马迁把此事载入史册。当然,在运用制度创新和社会创新来推进社会诚信建设方面,今人理应做得更好,这是因为我们眼界开阔而且选择更多。

(二)消费安全和公民参与

本文作者缪青建言并参与了健康报有关无烟锅的讨论,文章刊发在健康报2006年12月18日02版。很有意思的是,在文章刊发后不久,2007年3月中央电视台《生活》栏目播出"无烟锅里的秘密",曝光了"锅王胡师傅"无油烟锅所做广告为虚假广告,而且产品本身也有质量问题,各地工商部门随即查封了该产品。很多媒体报道了这一消息,例如北京晨报的题目是"胡师傅"实为铝锅惹无烟锅行业销量锐减。

(人民网2007年03月30日 http://homea.people.com.cn/GB/5543038.html)

初看起来,谈论公民参与或者说公民文化与无油烟锅的安全性似乎有些不搭界。不过,一旦我们了解公民参与最重要的表达是在日常生活中,例如对消费领域商品质量和安全的监督,两者的内在联系就显露出来了。

目前,有关无油烟锅的电视广告和商场推销方兴未艾,然而,仅仅依据广告和推销员的信息,消费者仍然无法判断无油烟锅是否安全。

面对这种情况,消费者的选择可以是多样的:一个是问问朋友和熟人,如果得不到明确的答案,不买就是了;另一个是找质量技术监督部门询问。笔者就是这样做的,不过没有得到明确回答。印象中质检方面的回答颇为谨慎,这可以理解,因为质检的信息对商品销售有着很大的影响,同时也令人遗憾,从质检部门答复来看,此事似乎和他们关系不大,因为民不举官不究。

笔者以为,有必要结合无油烟锅的案例简略地讨论一下普通消费者和具有良好公民素养的消费者,也即公民消费者的区别。作为普通的消费者,对商品安全性的关注很可能属于被动参与类型,对无油烟锅的关注仅限于与自己有关的范围,至于他人的安全则与己无关,并将这类问题完全看成是政府部门的事。这两种选择都没有看到消费者参与对于商品质量和安全性的重要性,也找不到制度化参与的渠道。

公民消费者对商品安全性的关注则不同,属于主动参与的类型。他们不仅能够清醒地意识到无油烟锅的安全性检测与自身利益相关,而且会从社会公益的视角去看待这一问题,关注该事件与消费者群体乃至社会发展的相关性,并进一步着眼于制度化的公共参与,积极地介入公共事务(在本文中表现为无油烟锅的安全性问题),寻求由公民、媒体、消费者组织和政府的合作。

笔者在向质检部门咨询无果的情境下转而诉诸媒体和消费者组织,就是要清晰地表达这样的信息:每个消费者同时作为一个公民,有责任在推动有关无油烟锅的质量检测、市场准入体制等方面发挥自己的参与作用。道理很简单,商品质量和安全不仅是政府的事情,也是千千万万消费者自己的事情,消费者的主动参与是保障商品安全性的基础性环节,政府、媒体和消费者组织应当为这种参与提供良好的平台。

对无油烟锅的讨论结果会怎样我们还不得而知,不过有一点可以肯定,造就好商品(质量和安全性)不是别人,而是具有良好公民意识的广大消费者自己。

(三)M博士买锅

本文作者为健康报记者陈飞、余运西,文章刊发在《健康报》2006年12月18日02版。

M博士,每天在电视前受着"无烟锅、不粘锅"广告的耳濡目染,终于动心了。按广告的说法,厨房油烟脏兮兮不说,万一患了"油烟综合症",再引起"慢性角膜炎、咽炎、鼻炎、气管炎、脱发、心脑血管疾病、肺癌、乳腺癌",可就不值当了。

于是,M博士特意跑老远到一家大型超市购买"无油烟锅",可一走进厨具区他感到无所适从,各种品牌、各个价位的"无油烟锅"摆满了货架,远比电视广告宣传的多。

为什么能无烟呢?各种锅说法基本一致:油温达到240℃(有的说260℃)就会气化生成油烟,而烹炒食物所需的温度是180℃以上,"无油烟锅"通过特殊材料的导热特性将油温控制在180℃—240℃之间,既保证了烹饪需要又控制了油烟生成,同时还节能、不破坏食物营养。

真能一点油烟都没有么?细问之下导购员说其实也不是,锅的说明书中一般还提醒消费者,最好使用中小火烹饪。很明显,火太大了再特殊的材料也无法保证温度不超过240℃,所以"无油烟锅"并不是真的一点油烟也没有。对此M博士觉得从物理、化学角度也说得过去。

为什么炒菜不粘锅呢?大部分锅的说明书说,锅内表面有精雕微螺纹、军工数据螺纹、微气垫热缓导螺纹等设计,可以实现"物理不粘",还有部分语焉不详。仔细研究说明书大概意思是有一层不粘涂层,且声称不含"特富龙"等物质,绝对无害。一个品牌的导购说,我们这种好,无涂层的,那些有涂层的容易掉,还有毒。M 博士又到有涂层的一家问,导购说别人家我不敢说,但我们这个牌子的锅绝对无毒无害,买的人很多。M 博士虽然听不太懂,就当是吧。

买哪家的锅呢?从材料上看,有锰钛合金、黑金砂、陶瓷晶体、纳米材料、复合不锈钢、航天工业合成材料、航天磁化陶瓷合金超导材料等,还声称整合了传导、对流、辐射等原理。什么材料好?研究社会学的 M 博士搞不清楚,开始犯"晕"。好在几种锅货架前都有导购人员,M 博士进一步咨询,各说各的好。但光听他们说不行,还要看看有没有相关政府部门的质量认证吧。这一看 M 博士就不敢买了,翻了好几种"无油烟锅"的说明书,只看到各种貌似认证印章的"德国品质超群"、"绿色环保"、"十年质量保证"等标志。好容易找到一家有"权威认证"的牌子,写的是"日内瓦国际专利技术成果博览会金质奖"、"FDA(美国食品药物管理局)认证"、"欧共体食品级 84/500 认证"、"中国健康膳食用品生产企业荣誉称号"、"影响中国家电未来发展趋势十大创新产品",就是没有看到我国质量监督部门的认证和相关的技术标准。

虽然货架前很多人和 M 博士一样糊里糊涂,但还是不断有人购买。M 博士最终也买了一口自己觉得差不多的"无油烟锅"回家,但他是作为开始多方求证其安全性的证据,并把这个事件作为自己"公民文化"研究的一个案例。"要是真的安全好用,那就是一场影响十几亿人生活健康的技术革命,当然应该推广,如果是虚假广告,这么多人买回去用,就会后患无穷。"M 博士说,这是跟广大消费者密切相关的公共事务,每个消费者作为公民都有权利和义务参与。

他给北京市工商局 12315 打电话,询问怎么鉴别"无油烟锅"是不是合格安全,工商局说这个事情要问质监局。他给北京市质监局 12365 打电话,质监局把电话转到轻工产品质检所,对方说目前"无油烟锅"没有质量标准,因为没有接到过投诉,他们也没有做过相关检测。M 博士问能不能推荐相关专家提供咨询,质监部门说"不知道"。

"感觉各方对这个事情都很冷漠。"M 博士说,"这个关系食品安全和每个人身体健康的产品,市场上广告铺天盖地,很多不知所以然的消费者趋之若鹜,有关政府部门却因为'没有投诉'而无动于衷,难道又要像红心鸭蛋那样吃了几年才有人想起来?恐怕谁也不希望再出现这样的局面——当众多家庭购买'无油烟锅'并使用了相当长的时间之后,突然被告知这些产品可能存在不安全因素。"

在加拿大留学多年、一直研究"公民参与"理论与实践的 M 博士,较起了真儿——要推动包括消费者、厂家、科学家、社会团体以及政府部门在内的各方,参与到"无油烟锅"到底是否安全的讨论中。他认为,作为公民的消费者要有意识地联合起来主动维护个人和群体的利益,通过自下而上的运动来推进生活环境的改善和社会的进步。目前消费者缺少公民意识和公民文化氛围,光靠政府有限的精力不可能解决分散的食品安全问题,而公民主动参与是改善食品安全的基本环节之一。

链接"无油烟锅"目前尚无标准

针对 M 博士的疑惑,记者进行了采访。国家日用金属制品质量监督检验中心的相关专家表示,产品的标准包括国家标准、行业标准、地方标准和企业标准等,而"无油烟锅"目前还没有强制性的国家标准。该中心受理的针对"无油烟锅"的检验检测,多由企业主动委托,所依据的是企业自己的标准。记者了解到,国内"无油烟锅"的相关企业已经开始就"无油烟锅"的标准制定原则、标准主题框架和主要技术指标进行探讨,"无油烟锅"的行业标准有望出台。

然而,有了行业标准并不意味着消费者可以"高枕无忧"。中国农业大学食品科学与营养工程学院副教授何计国说,标准的制定,一般是经过动物实验和人群流行病学资料进行综合评估,而许多新化学物质由于使用期限较短,还不能进行人群流行病学评估,只能得到动物的最大无作用剂量,这个数据除以 100 后再应用到人体。因而,追求食品中绝对不含有害物质不现实,但食品中的化学物质在标准下应该是安全的。何计国认为,从制度上完全杜绝食品安全事件的发生似乎不太可能,但是通过良好的管理措施来减少化学物质的使用,杜绝违禁化学物质流入食品生产领域是可以做到的。

(四)消费者权益与消费过程的民主参与——现代消费行为的一个战略性问题

本文作者为缪青,文章刊发在《北京社会科学》1988 年第 1 期。为了清晰地展示公民文化理论的发展脉络,将近年的研究文献与二十多年前发表的研究论文(做了部分删节)做一比较,会帮助更多的研究者参与、检视和反思,这本身也是行动研究的重要环节。

1. 在商品生产条件下社会的每一个成员虽然不一定直接参与商品的生产和销售过程,但必定参与商品的消费过程,必定是消费者。现代社会商品经济愈是发达,商品的功能和品种类别愈是丰富,商品进入人们生活领域的范围就愈加广泛,对人们行为和需要的影响也就愈加深远。与此同时,随着大量满足人们各种需求的商品进入消费领域,各种形式的社会监督管理,诸如进行商业企业的职业道德教育,开展生产和流通过程的质量管理,加强工商管理、商品检验、物价监督、食品卫生部门的职能,制定保护消费者的法规,用以维护广大消费者的切身权益,就成为人们普遍关注和日益重要的问题。

商品经济发展实践中消费者权益问题的提出并不是偶然的,它的影响所及也绝非仅限于消费者个人生活。如果在商品流通和消费过程中,各种形式的社会管理、监督和反馈手段不能及时健全和不断完善,那么随着商品生产规模的不断扩大,不能适合消费者需要的商品、劣质商品进入消费领域的可能性就会增大,人们在了解、选购安全适用的产品,避免劣质商品的消费活动方面就会处于被动状态,无法使自己的消费行为成为帮助商品生产和销售部门改进和增加行销对路产品的积极因素。这种情况,处在经济体制变革和发展时期,有时是比较容易出现的。如果处理的不及时,不仅会直接影响广大消费者的切身利益,而且会使人们对发展商品经济产生种种误解和疑虑,从而影响改革开放的进一步深入进行。因此,如何积极地卓有成效地维护消费者权益问题,就不能不提到深化改革、促进商品经济健康发展的战略高度来认识。

消费者权益的问题之所以为人们所关注和探讨,并日益受到社会广泛重视,就意味着消费者的需求没有得到满足以及购买不适用、不合格商品状况的存在。那么,当一个消费者由于种种主客观原因购买了劣质商品,他应当怎样行为,怎样处理才算是正当地维护了自己的权益呢?对于这样一个理论问题,我们可以结合日常消费生活的实践来展开讨论。

2.某消费者在一家商家买了不合格商品,回家后发现物品有问题,拿回去退换时,如果商店声称商品一旦拿出柜台,就概不退换。此时,这位消费者应当如何处理这一事件呢?他至少可以做出下列选择:

(1)把劣质商品扔掉或搁置起来,自认倒霉。下次选购商品时多加小心。

(2)与售货员争吵,甚至试图用暴力解决问题。实际经验告诉我们,这样做的结果多半也无济于事,而且还会带来不确定的后果包括刑事责任。

(3)冷静地说理,寻求第三方进行干预,由有关部门或团体出面调解和仲裁,分清事件中各方的责任,根据具体情况处理责任者。或者由双方分摊损失,或者退换商品,必要时诉诸法律。

对于消费者来说,购买劣质商品不仅造成了物质上的损失,而且意味着消费者在市场上用货币实现了不利于己方的不等价交换;同时也造成了消费者精神心理上的损失,他的高质量的辛勤劳动(如果该消费者是一个称职的劳动者的话)所交换来的是劣质的粗糙劳动。而消费者处理劣质商品的前两种抉择实质上没有解决任何问题。很明显,他在消费过程中所蒙受的物质和精神方面的损失丝毫没能得到适当的补偿。前两种选择也不能对劣质商品的销售者产生任何约束,防止类似事件的再度发生。

更为糟糕的是,如果我们从商品再生产的动态过程来看待这一事件,生产和销售者出售劣质商品的成功和消费者拒斥劣质商品的失败,会继续对双方后续行为产生影响。作为消费者一方,当退换劣币商品的要求未能如愿,而购进劣质商品的事件又间或发生时,他的挫折感和不满情绪还可能由于未得到及时的调解和疏导而累积起来,以至会影响到他的生活和劳动态度。

例如,当消费者在购买了劣质商品后,当投诉无效而受到挫折时,如果未能适当疏导,就有可能在自己的工作和生活范围内寻找发泄对象,拿亲友、工作和服务对象做出气包。个人在受到挫折时,在一定条件下会导致对他人的侵犯,是为社会心理学研究证实的。这样一来,在社会交往网络中就会出现一种不良情绪的恶性循环。目前人们普遍关注的工作和服务态度方面出现的问题,以及社会交往中的不文明问题,部分的恐怕就与消费者权益受到侵害从而引发的消极情绪有关。

此外,作为商品生产和销售者一方,如果他出售劣质商品的行为没有受到及时的制裁,不仅会给生产者带来市场需求的虚假信息,不能促进其改进商品质量,加强质量管理活动,而且还会助长不法销售行为的滋生蔓延。

由此可见,在商品经济从不发达到发达的时期,如何处理劣质商品,维护消费者权益问题,就不单单是消费者个人的事情。维护消费者的正当权益实质上也是在保护商品生产和流通的健康发展的内在环节。

对于广大消费者来说,在仲裁商品质量的争执中,如果第三方能够给予指导和干预,调解买卖双方的关系,使双方的责任得到明确,这无疑可以弱化和卸除消费者的不愉快情绪。同时,仲裁的过程对商品生产销售一方而言,也是一种遵纪守法的教育,有利于增强职业道德规范的约束。实际上这也就是前述的第三种解决方塞。

人常常总有所缺时才想到有所需,然而消费者如何争取实现第三种选择,不仅仅取决于他的一时需要和主观愿望,还必须具备一定的客观条件。因此,处理劣质商品的讨论还需要进一步拓展。

3. 当消费者购买了劣质商品而又被拒绝退换时,他需要哪些条件才能找到一个公平的仲裁者呢? 显然,这需要:

(1)存在着若干为消费者服务的组织和团体。一旦发生问题,能够向消费者提供足够的信息,找寻相应的机构和人员来处理。这些部门包括:工商管理、物价和商品检验、食品卫生,以及大众新闻媒介等能够为消费者提供服务的组织。

(2)提供上述信息和第三方干预的服务要能够方便及时,如果在北京东郊某商店买了几元钱的劣质商品,却要到西郊去处理和仲裁,消费者能否花费这样的时间和精力去奉陪呢? 显然不太可能。

(3)为消费者服务的机构和团体,处在干预和仲裁者的地位,它必须能够及时、公正地调解和裁决买卖双方的争执,并拥有各种有效的手段和法权,为维护消费者的正当权益,对生产销售者和消费者双方的行为都具有一定的处理和裁定的权威。

一般说来,在碰到商品质量和商品消费过程中的问题时,人们常常首先希冀于工商管理、物价检验、新闻报刊部门。而且,这些部门和人员在维护广大消费者利益方面也的确做了大量的工作。然而大量的实践表明,对于兴趣爱好和消费需求千差万别的庞大消费者群体来说,仅仅依靠上述渠道是远远不够的。

第一,工商管理、商品、物价检验部门的活动范围及人员数量是相当有限的。像北京这样拥有近千万人口和成百万流动人口的特大城市,每日发生的购物行为是不计其数的。要求工商管理人员对不同地点时间发生的争执都能随时随地的予以处理,显然是非常困难的。第二,工商、物价管理部门的职权范围和行政干预权限也是有限的,特别是在为消费者提供商品信息、购物选择以及品类繁多的消费指导方面更是难以顾及。第三,上述各政府职权部门的活动本身也需要评价和监督。个别公职人员的失职和官僚主义惰性也有可能造成仲裁的不公正。

由上可见,当消费者权益受到侵害时,由于缺乏信息渠道、商品选择知识、不能方便及时地找到工商管理人员,以及个别公职人员的失职等复杂因素,仍然存在着问题不能马上解决的可能性。那么,这是否就没有解决办法了呢?如果从传统的消费行为方面看,恐怕也就到了山穷水尽的地步。"忍着点吧","算了算了","没办法"之类的话大抵就是这种消极消费行为的反映。

4. 面对日益发达和复杂的商品生产销售网络,单个消费者获取商品信息,选择商品的能力是有限的,但消费者群体的力量却是广泛的、强有力的。如果存在这样的机构和组织,它能够为消费者提供多种多样的商品知识、商品选择信息,及时指导消费行为,在消费者不慎购买了劣质商品时,帮助他找到相应的商品管理和检验部门,公平地调解和仲裁消费者与生产销售者之间的矛盾,充当联系消费者与生产销售部门、消费者与工商管理部门之间的桥梁,这无疑是广大消费者所欢迎和期待的。

那么,谁能够担当这样一个能满足千百万消费者需求多样、标准各异的社会角色呢?说到底,它只能是广大消费者自己。而他们参与管理、监督商品流通和消费中问题的权则是由国家法律所赋予的。以《中华人民共和国食品卫生法》为例,总则第三条明确宣布:"凡在中华人民共和国领域内从事食品生产经营,都必须遵守本法。对违反本法的行为,任何人都有权检举和控告"。从实质上说,法律赋予了消费者参与监督商品流通和消费的民主权利,即商品流通和消费过程中的管理参与权。

谈到民主,许多人往往只注重国家政体和决策事务、公民选举制等方面的国家事务方面的民主参与。这种看法似乎过于狭隘。实际上,现代民主的涉猎范围要广泛得多。中华人民共和国宪法总纲第二条规定:"人民依照法律规定,通过各种途径和形式,管理国家事务,管理经济和文化事业、管理社会事务。"党的十二大的报告中指出:"社会主义民主要扩展到政治生活、经济生活、文化生活和社会生活的各个方面"。总之,现代社会在经济、文化、政治方面的发展,为人的发展开辟了比以往时代远为广泛丰富的活动领域。伴随着主体活动每一新领域的开放,同时也就意味着人需要承担起新的义务和权利,需要相应的决策管理和民主参与。在这个意义上,民主不外是社会组织或群体为维护公众及个体的正当权益,依照制度的和协商的程序来指导人们活动的管理决策过程。[①]

因此,消费过程的民主参与,意味着人们在购买商品充当消费者的同时,还必须能够依照一定的程序,参与对商品生产销售的管理和监督过程。如果人们在商品消费活动中,仅满足于依靠工商部门、质检部门的管理,或者对侵害消费者利益的追责仅停留在舆论和道德指责上,指望这样做就能杜绝一切违章和不法行为,而不是主动采取措施,组织广大消费者参与商品消费过程的管理,这实质上就等于放弃自己享有的参与消费过程的民主权利。其结果势必出现:一方面人员和工作范围有限的工商管理部门负担过重,管不胜管;一方面广大消费者在碰到违章行为、劣质商品时,由于缺乏公正的仲裁,只能限于消极的抱怨,对如何处置却无能为力。这种消极退避行为,在一定条件下甚至会鼓励和助长一些不法商贩侥幸捞一把的心理。

笔者认为,在商品经济较为发达、文化程度较高的区域,应当在群众自愿和需要的基础上,在城乡基层更加广泛地建立,或者在原有的城乡群众自治的单位、企事业单位的基础上分离出维护消费者权益的群众组织,其功能应当包括:

第一,为本地区居民和广大消费者提供商品选择知识、消费咨询、帮助投诉、指导合理消费

第二,在消费者利益受到侵害,或者买卖双方发生争执时,能够给予调解、仲裁,帮助消费者寻求商品管理、检验部门。

第三,与工商管理、食品卫生、法律和大众新闻媒介建立广泛的横向联系,协助企业进行市场调查,成为沟通商品消费者、生产销售者与政府管理者之间的桥梁。

第四,积极搞好维护消费者权益宣传,不断提高广大消费者参与消费过程管理的民主意识,倡导现代消费行为模式与价值观。促使各部门及广大干部群众从深化改革、促进商品经济健康发展的高度来认识和支持。这样就会形成从商品销售,工商管理到消费者参与三个系统,以及它们之间互相促进、互相制约的关系。置身在这样一个反馈系统内,广大消费者形成了保护自身权益的相互沟通的网络,就不再仅仅是被动地接受着

[①] 这里讨论的民主,实际上已经隐含了民主运行的社会条件问题,也即社会维度的民主推进问题。这既包括在城市和社区公共生活中的大量微治理问题,也包括社会习俗和文化对制度的影响。

生产销售的影响,而是积极地创造性的参与对生产销售竞争和反馈。在广大消费者积极地参与消费过程的管理过程中,不仅会限制商品经济发展所带来的某些不良因素,同时也有助于人们在生活中习惯于运用民主与法制的方法自己管理自己,不断实践和创造社会主义民主的生动形式,推动改革开放的进一步发展。这就在消费行为和价值观念上彻底超越了传统小生产看待和处理商品经济发展的狭隘视野。

所谓"无商不奸"、商人总是"见利忘义"等传统观念,虽然一方面看到了发展商品经济的过程中会出现一些投机取巧、弄虚作假、以次充好等违章的不法行为;但在另一方面也反映了小生产由于自身的局限看不到,也不可能找到运用民主与法制的现代手段来亲身参与商品消费的监督管理。其结果不能不导致自觉地或不自觉地赞同和附和因噎废食的封闭性抑商政策。这或许是我国古代商品经济最终未能发达起来的一个重要原因。

五、从知行合一/行动研究的视角看公民践行

通过公民践行的讨论可以清楚地看到,公民论说不仅是一种知识而且也是解决社会问题的一种机制。践行和变革社会的过程也是公民性表达的过程,同时广泛地践行也助力参与氛围的形成,而新风气(参见上述消费安全的讨论)能够促进诸多社会问题的解决。

不仅如此,在知行合一的视野下公民践行又呈现了"问题中心—行动研究"的一面,这一方面使我们看到了变革社会中出现的诸多治理环节(参见前述有关食品安全的讨论),另一方面也增长了我们对社会的认识,包括对公民理论演进的认识。体现了认识与实践、知与行的循环,也即建构知识的过程就是一个行动的过程,而行动的过程也就是一个检验知识的过程。

在这里,比较一下 2007—2011 年文章《理顺政府、企业和公民的合作治理》、《消费安全与公民参与——无烟锅》与 1988 年文章《消费者权益与消费过程的民主参与》,从作者开始倡导消费安全的公民参与,到自觉使用公民文化构架来深化有关消费安全的讨论,相当清晰地说明了公民文化理论的进展,其脉络可以透过行动研究的流程展示出来。

(一)问题的选择和分析框架

1. 两组文章的共同点

它们都关注日常公共生活领域的公民参与,指出在监督商品质量的过程中除了生

产者、政府的责任外,消费者也有主动参与的责任。在 1988 年文中作者区分了传统和现代消费行为,预见性地提出了消费者同时也是商品质量的监督者,消费者参与监督是商品质量提高的内在环节。

2. 知识增长

尽管 1988 年文章提出了消费者主动参与的概念,但尚未使用公民文化的分析框架来展开。在 2007—2011 年文章中则明确提出参与网络和多方参与的理论,并透过无烟锅、食品安全的案例来说明参与氛围对质量管控的重要性。

(二)研究者也是参与者,干预过程

1. 两组文章的共同点

出于公民消费者的责任两组文章都倡导普通公民积极地介入公共事务。而且,研究者很早就注意到日常公共生活的参与是提升公民素养以及生成参与网络的平台,这种积累对政治民主的良好运行也是重要支撑,可以说是民主的社会维度的内容。

2. 知识增长

2007—2011 年文章进一步展开了公民论说是解决社会问题的机制,讨论了制度安排和治理链问题。文章还指出参与氛围的生成是一个习俗转换的过程,从传统熟人文化向公民文化是解决商品质量的战略性环节,在商品消费的过程中每个消费者都面临着一个博弈:如果人人对可能出现的商品质量和安全性问题都认为是别人的事,这种对公共事务冷漠的代价很可能会导致一种相互指责的恶性循环:一方面消费者指责职能部门不作为,另一方面官员则报怨公民素养低下,而消费者仍然会不断地为类似"红心鸭蛋"的事件所困扰。文章还强调了在日常公共生活包括消费领域中公民教育的重要性,这种教育既包括公民消费者理念的提升也包括多种形式的商品质量监督的参与活动。

(三)改善情境、增长新知和反思

1. 两组文章的共同点

两组文章都认为政府与公民的合作治理有助于打破上述恶性循环,促使风气好转。

2. 知识增长

1988 年文章的写作背景是在中国刚刚转向市场经济,随着市场上商品开始增多,商品质量问题也开始增多,如何加强消费者维权和参与监督问题开始提上日程。2007—2011年文章写作背景是在中国已经迈入市场经济多年,商品已经相当丰富,人们对生活质量的要求进一步提高。因而,有关参与和监督的讨论是在更多层面上予以展开。

例如,2007—2011年文章强调不诚信行为必须为其违规付出高成本。对此,处理好法律、技术和道德的协同,特别是政府、企业和公民的合作治理是基础性的环节。尽管食品安全法已经明确生产者、销售者作为第一责任人,但是政府监管的职责、媒体的责任和广大消费者参与治理也同样重要。正是在这个意义上,我们说搞好食品安全人人有责。

又例如,文章指出搞好食品安全需要一系列制度创新和社会创新,包括遇到食品安全有疑问和争议,政府应帮助消费者实现便捷和低成本的质量检验。实际上,公民文化的构架本身就函容了下述议题:中国的发展需要公众参与的大量微创新、精细化管理,这一提法与经济学者倡导管理创新的看法是一致的:"管理革命并不是'疾风暴雨'式的大变革,而是在不同产业、不同生产环节、不同流通领域、不同行政阶层的'和风细雨'的创新。……可惜目前在中国,好多企业家和基层企事业单位管理人员,包括大、中、小学领导和政府官员,整天空谈大的变革,忽视小的创新。而在美国、日本等发达国家,每个企业、学校、科研机构和政府基层单位,每天都在强调这种细节意义上的管理创新,每年都必须拿出一系列这样的创新'产品'出来。'魔鬼都在细节里面'。而管理的要害就是抓细节。中国大中小企业的产品质量服务业的服务质量,城市的交通管理,政府提供的公共服务等,之所以质量低劣,就是因为缺乏这样的对细节的创新意识。问题的关键也出在中国社会目前没有形成对这类创新'产品'的市场激励、回报和竞争。"①

很明显,在未来的发展中无论是在日常公共生活领域还是在市场领域,如果借助质量较好的服务和产品创新管理者和参与治理者就能赢得口碑、社会好评和利润,也即依靠服务质量和信誉来赢得竞争,而不是像初级发展那样依靠低廉价格(或面子工程)来创造市场和赢取市场竞争(或升迁机会),那么跨越中等收入陷阱和迈向发达的机会将大大增加。而上述公共理性和秩序的形成不仅有赖于管理者的贤能,更有赖于人人起来负责的参与氛围,也即"依靠国民更加主动地合作与法律和契约的自我实施",②这也正是无为而治的精要所在。

由此可见,在日常公共生活中有关公民践行的讨论所涉及的领域是相当广泛的,期待着更多的社会研究者和实务工作者的思考、行动和创新。

---

① 文一:《伟大的中国工业革命——"发展政治经济学"一般原理批判纲要》,http://www.docin.com/p-1444795475.html,2016年6月1日。
② 帕特南:《使民主运转起来》,王列、赖海榕译,江西人民出版社2001年版,第130、207页。

新媒体背景下公民参与地方治理方式研究

郑戈溪[①]　崔　晶[②]

改革开放以来,我国社会快速变迁,利益分化、多元性和复杂化使得传统政府自我、封闭、僵硬的管理模式难以为继,传统的公众参与地方治理的方式不再符合当前时代发展的趋势和要求,弊端开始逐步显现,我国地方政府治理也因此面对着严峻考验。更为重要的是,时代的发展和技术的进步推动了新媒体的迅猛发展。在新媒体时代下,人们无论是从心理还是行为方式上都发生了重大转变。尤其是在地方治理中,新媒体以其自身特有的优势,改变了政府与社会公众的互动方式,改变了公民参与地方治理的方式。民众通过这种新的参与方式,不断突出了其主体地位,深刻地影响地方政府治理。这对于改善地方政府工作,提高地方政府治理能力有着重要意义。

改革开放以来,国家与民众关系已经进入了一个崭新的阶段,社会的自我组织能力逐步增强。特别是在城市空间场域中,私营部门、非政府组织和民众等地方成员已经逐渐嵌入到地方政府的政策制定和执行过程中。[③] 同时随着经济全球化的发展,我国在经济、政治、文化等各个方面与其他国家进行着全方位的交流,公民权利、利益诉求、多元价值等潮流正悄然重塑着民众的民主意识和权利判断。[④] 一个相对独立的公民社会逐步建立起来。在公民社会中,人民开始有意识地行使自己的政治权利,参与到公共事务管理中来,尤其是参与到与自身利益联系密切的地方政府治理过程中来。更重要的是,新媒体的出现,则为这个时代背景下的公民参与地方政府治理,提供了技术支撑。它对于促进公民参与,改善地方治理具有巨大的工具性价值。

随着媒介技术的进步和动员能力的增强,新媒体逐渐成为影响中国政府与民众关系的重要变量,重塑了政府和民众的关系。显然相比于书籍、报刊、电视等传统媒介,新媒介技术具有更多优点,它使得人们之间联系、交往、沟通更加快捷。尤其是近年来,在新媒体技术的推动下,网络空间出现了一种"众口嚣嚣"的场面。无论是公民积极参与

[①] 作者系中央财经大学政府管理学院硕士研究生。
[②] 作者系中央财经大学政府管理学院副教授。
[③] 崔晶:《城镇化进程中地方政府治理策略转换的逻辑》,《政治学研究》2015年第2期。
[④] 周雪光:《权威体制与有效治理:当代中国国家治理的制度逻辑》,《开放时代》2011年第10期。

公共政策问题的讨论,还是监督政府执政行为,维护自身的政治主权,甚至通过网络进行权益抗争,都突出了新媒体政治传播对民众行为特征的影响。联合国信息社会世界高峰会议日内瓦回合《原则宣言》曾提出:"信息通信技术是'实现良政的重要手段'"。所以说,"新媒介的发展适应了当前的社会发展需求,它为公民提供了一种全新的平台,使他们能畅所欲言、随意沟通,以及联合起来抵制专权、腐败和社会不公行为。借助于网络进行表达、沟通和联合行动,中国公民主动地参与进了中国政治过程。"[1]

一、地方治理中的公民参与的传统形式

大量政治实践证明,公众参与就是一个还政于民的过程。张紧跟认为,"对于公民而言,通过参与到政府政策的制定和治理过程中,能够使政府聆听公民意愿,进而保证公民权利的实现。对于地方治理绩效而言,通过公民的积极参与,政府可以及时了解民意,保证政府政策得到正确、有效执行、从而提高政府公共服务的绩效。公民参与对政府和民众而言,实际上是一种'双赢'战略,它的存在既是民众为了制约政府的需要,也是政府为了治理社会的需要。"[2]

(一)公民参与的不同发展阶段

美国学者谢尔·阿斯汀(Sherr Arnstein)提出了"公民参与阶梯理论",从政治体制演进与公民参与自主性程度之间关系的角度,将公民参与形式分为由低到高渐进发展的三个阶段,分为八个层次。[3]

表1 谢尔·阿斯汀的公民参与阶梯理论

参与发展阶段	政治体制发展状况	参与形式	参与形式特征	公民参与程度
政府主导型参与	政治民主化水平较低,政府处于绝对支配地位	政府操纵、宣传教育	政府是政治参与的发起人;参与形式选择取决于政府;政府动员公民参与;参与过程公民被动性	低度
象征型参与	政治民主化有所发展,公民权利和意识开始觉醒,公民参与能力逐步提升	给予信息、政策咨询、组织形成合作伙伴关系	公民逐渐认同自身的公民资格;公民参与逐步组织化、制度化;对政策具有一定的影响力	中度

---

[1] Yang G.B., *The Power of the Internet in China*: *Citizen Activism Online*, New York: Columbia University Press, 2009, p.225.
[2] 张紧跟、陈瑞莲:《地方政府管理》,中国人民大学出版社2011年版,第234页。
[3] 转引自孙柏瑛:《公民参与形式的类型及其适用性分析》,《中国人民大学学报》2005年第5期。

续表

参与发展阶段	政治体制发展状况	参与形式	参与形式特征	公民参与程度
完全型参与	政府授权公民,社区自主治理,公民主体意识成熟,参与政治活动能力大幅度提高	授予权力、公民自主控制	公民成为社区治理的主人;积极、能动的公民参与;政策过程的实质影响力;自主治理社区公共事务	高度

"阶梯论"的分类方式帮助人们理解、研究地方政府管理中的公民参与,探求公民参与的有效方式提供了重要的理论基础。根据阶梯理论,结合目前我国公民参与的实际状况,我国公民参与程度基本处于象征型参与阶段。虽然公民意识逐渐觉醒与加强,对政府制定政策具有一定影响力,但距离完全型参与阶段还有较大的差距,公民参与的程度仍旧不高。公众还不能成为社区治理的主人,不能自主管理社区的公共事务。政府依然处于主导地位。

(二) 公民参与地方政府治理的传统形式

1. 参与地方人大选举

在我国现行的政治体制中,主要存在两类选举:一类是人大代表和国家公职人员的选举,另一类是自治组织的选举,如村民委员会等。第一类选举是我国公民参与政府管理最重要的形式之一,通过选举,选民可以直接表达自己的利益和意愿,比较准确地了解选民的价值偏好,更有效地为公民和社会服务。而第二类选举则以村民自治委员会为代表,它由最初的民主选举逐步发展为包括民主管理、民主决策、民主监督在内的全方位的管理体系,是中国公民参与基层管理的有效形式,它极大地提升了农村民众的政治地位,促进了中国政治活动的民主化和科学化。

2. 参与公共政策过程

公共政策的制定和执行过程关系着民众的切身利益,是一种有效的公民参与方式。它是指公民为了维护其自身利益和表达其政治意愿,通过合法、规范的途径,参与政府制定和执行公共政策过程的活动。当前,为了使公共政策更加符合公民的利益和意愿,我国创造了许多公民参与公共政策的形式。例如公示制、职工代表大会制度等。这些形式让我国的公民参与方式和途径更为广泛和多样,也使政府制定和执行公共政策更加规范和合理。

3. 参与政府绩效评估

政府绩效评估是一种有效地促进政府部门履行和承担责任的机制,公民参与政府的绩效评估,可以使政府在决策过程中更加合理和谨慎。其整个过程主要分为三个阶段:准备阶段、实施阶段和反馈阶段。在政府绩效评估的准备阶段中,公民参与主要是为了选择和界定评估对象,为政府绩效评估指明方向;在实施阶段中,公民参与主要是为了提供评估所需的信息,提供具有可信度的各种资料;而在反馈阶段中,公民参与则是指为政府提供切实可行的改进方案。由于公民是政府履行政府职能,提供公共服务的最终承担者。因此,公民参与是绩效评估的基本原则。

4. 信访

信访,即"来信来访",是我国特有的政治概念和形式。国务院《信访条例》第2条规定:"信访,是指公民、法人或其他组织采用书信、走访等形式,向各级人民政府工作部门提出意见或投诉请求,行政机关在接受群众反映的情况后,依法及时处理的活动。"它是人民群众政治参与,表达利益的制度性方式,是实施民主监督的一种最直接、常用的民众利益表达渠道。

(三)传统公民参与形式的弊端

尽管我国的现有的民众参与途径较为多样,越来越多的公民可以依靠一定的机制使政府能够接收到自身意愿和要求,从而影响和参与政府政策的过程,民众参与方式的民主化和法治化的程度也进一步加深。但在现实生活中,依然存在着诸多问题:

1. 公民政治参与途径过窄

公民政治参与途径过窄,不仅包括参与途径的类型不足,也包括现有参与途径的不力。参与途径类型不足,主要体现在我国公民参与机制较为单一,参与类型不够丰富。而现有参与途径不力,则主要表现为公民参与方式的功能没有完全发挥。例如,在现实中经常存在一些人大代表在选举前已内定,从而选举被架空的现象。选举本来是公民行使民主权利的方式,但人民的意愿却往往不能被有效地表达出来。还例如,社会协商与人民信访制度因难以得到支持而无法发挥其作用,经常出现上访群众得到不公正待遇的现象。

2. 参与形式不透明制约公民参与

在传统的公众参与形式中,政府习惯性地忽略民众的参与,民众的政治存在感不强。即使公众最后能够进入到政府制定政策进程中来,也经常会出现政策信息不对称、不透明的现象。例如,在城市的选举投票中,政府部门出于自身特殊利益对部分信息进行封闭,民众对候选人的信息不知情导致选民无法做出正确的选择,从而只能对政策或选举结果盲从。长此以往,公众的权利需求得不到满足,与政府之间的隔阂逐渐加深,而这种心理反应和情绪只能依靠扭曲的方式得以发泄,这会成为影响社会稳定的潜在因素。

3. 参与制度无保障,导致公众参与流于形式

不可否认,我国当前的政治制度在一定程度上保证了公民参与地方政府治理的权力,为公民参与政府政策制定提供了可能。但是,由于缺乏健全的法律体系,缺乏一整套行之有效的完整的法律制度,导致公民在参与政府地方治理的过程中存在较为严重的随意性。而这种随意性危害了公民参与的主体地位,公民参与的热情和积极性开始减弱,当公众感觉自己的意愿在政策制定过程中被政府忽视,公众对政府的不满也就不断加深。另外,由于没有明确规范的参与程序和法律约束,会使得公民参与决策或公共管理活动处于无序状态,甚至会使很多公民参与以非制度化的形式出现,例如非法集会等。这会使公民与政府处于对立的位置,造成矛盾和冲突,对社会产生极大的危害。

最后,除上述弊端外,传统公众参与方式还存在着公民参与成本昂贵、缺乏反馈系统等问题。而这些问题的存在,都会影响政府与民众的互动关系,阻碍公民社会的发展和地方政府的治理。

二、新媒体背景下的公众参与地方治理方式

20世纪90年代中期,新媒体技术迅猛发展,人们开始在网络世界中表达政治意见,监督政府治理行为,维护自身政治权利。比如2016年北京"如家事件"、"魏则西的百度推广事件",正是由于广大民众通过网络媒介等形式积极参与讨论,形成舆论压力,最终对政府政策、司法过程等方面产生了深刻影响。

毋庸置疑,新媒体背景下的公众参与方式是随着互联网发展而区别于其传统政治参与方式的新型手段和工具,是对传统公民参与方式的革新。新媒体的出现改善了上述传统公众参与地方治理形式所带来的弊端,它大大拓宽了民众参与政治活动的范围,打破了地域与时空的严格限制,代替传统媒体成为公共舆情的集散地。人们可以借助网络充分表达自己的意愿和意志,而不仅仅是借助原有的参与方式,去影响地方政府政策的形成。同时,民众还可以通过新媒体监督政府的行政行为,政府的一举一动都可以通过新媒体迅速传播出去,政府被置于社会和民众的放大镜下。任何关系民众切实利益的政府活动都会通过网络媒介等方式,随时随地受到社会的密切关注。

(一)新媒体背景下公众参与地方治理的方式

"新媒体"概念最早由美国哥伦比亚广播电视网技术研究所的戈尔德马克(P·Goldmark)于 1967 年提出的。目前国内外学术界对于新媒体的概念界定尚未形成统一的定论,本文参考杨艳东的观点,认为"新媒体是指相对于广播、报刊、电视等传统媒体而言的新的媒介载体,是利用各种信息技术,通过互联网、有线网络、卫星等渠道以及电脑、手机、数字电视等终端,向用户提供互动信息的新的媒体形态。"[①]在新媒体时代下,公民的参与方式也发生了转变,而就其性质而言主要包括以下三大类:

1. 网络围观

网络围观是新媒体时代下,公众参与地方治理的最普遍的一种形式。它是指公民围绕某

一关系自身利益的政治议题,或某一社会热点事件,通过媒介平台例如微博微信的方式进行虚拟聚集、讨论,进而形成能够代表自身利益的意见诉求,以期影响政府的决策的网络行为。这种网络围观行为通常是一种自发的无组织的参与行为,但是一旦其围观人数众多,参与程度较高时,就会形成强大的政治参与力量,推动政策议题形成、监督政府治理行为。

2. 网络政治动员

网络政治动员是指动员主体在一定的触发因素下,通过网络媒介聚集一定的利益相关者,有目的地传播信息、煽动情绪、争取支持和组织行动,以此来获得与政府交涉的政治资本的活动。网络政治动员是一种有组织的集体活动,其目的是对政府形成合法性威胁,从而对政府政策形成压力并迫使其做出反应。较为典型的是环境维权事件,例如"厦门 PX"事件,由于环境污染影响了民众的居住环境和生命健康,关系到人民群众的切身利益,人们通过微博、博客、微信等社交平台进行信息交流,为了争取更多的社会支持,其内容和情绪表达也往往极具煽动性。最后,网络政治通常都会延伸到现实生活中,转化为具体的现实行动,动员者会通过煽动号召、组织规划,将网络力量转化为现实力量,从而对政府造成更大的政治压力,迫使政府回应其利益诉求。

3. 网络监督

网络监督是指民众通过新闻媒体、网络政务平台、微博问政等方式,对政府的治理

[①] 杨艳东:《新媒体发展与高校统战工作的新问题及应对思考》,《云南社会主义学院学报》2014 年第 4 期。

工作和决策行为进行监督的行为。在新媒体时代下,网络使社会逐步趋于透明化。政府作为社会事物的管理者和社会资源的掌控者,首当其冲地成为了所有社会成员关注和监督的对象。正是由于这种监督力量的存在,会使得政府被动或主动地在决策过程中更多考虑公众的意见,使其政策制定过程更加科学规范。同时,也会使政府决策过程背后的腐败和不作为得到极大程度的改善和约束。

(二)新媒体背景下公众参与方式的优越性分析

1. 新媒体的平等性培育了公民意识

新媒体具有平等性,在新媒体时代中每个人都有平等的机会去表达自己的意见和观点,没有阶级阶层之分,话语权不再掌握在国家或少数精英手中。这种平等性抹平了人与人之间身份、财富、年龄甚至性别的区别,使得那些社会底层的人群都有了自己的发声平台,都有机会表达自己的利益诉求,任何公民都能就社会的重大事件发表意见。而这些现象在中国传统的政治文化中是不可想象的,在中国的历史传统乃至当今社会,民众对于政府都有着天然的畏惧心理,认为政府具有绝对的权威,民众必须服从政府的决策,并且将这一切视为理所当然。这种强烈的上下尊卑关系,使得政府具有强势和专断的官本位思想。

但新媒介的出现则改变了这种状况,互联网具有平等、开放、协作和分享等基本特点,其思维方式就是一整套强调"客户至上"和"服务极致化"的理念体系。在这一思维方式的推动下,人们可以通过各种媒介去发表意见。在如今的网络社会,人人都是麦克风,都是信息传播中心,都掌握着信息传播的权力。"人人都有机会和自信在网络空间中,展示一个不一样的自我,这个自我不再羞涩、口齿不清和慌乱无措,相反则会表现得自信与能言善辩。"[1]任何人都可以在网络上自由地展示和表达自己的观点,不再受到传统参与方式的审查和约束,人们在这一过程中不断进行着自我赋权。网络的产生从心理层面上对政府造成了巨大的冲击,使其逐步抛弃原来的权威独断的治理心理。

这种现象的发生,使得政府必须转变其执政理念,建设服务型政府。以民众为中心,将公民的意愿和利益作为政府治理的终极目标,积极提升公共产品价值,努力改进公共服务的质量。另外,互联网的发展使政府行政过程的公开性和透明性大大增强,政府的"不作为"和"乱作为"极大地得到了遏制,政府必须以新的态度和价值理念回应网络空间民众的各种诉求,积极地借助于网络与普通民众进行平等对话,就相关问题广泛征求民意,积极回应民众的各种诉求,将公民纳入到地方政府治理的决策过程中来。这

---

[1] 方建移:《传媒心理学》,张芹译,浙江大学出版社2004年版,第175页。

样才能赢得民众的信任和支持。

２. 新媒体的互动性改善了民众与政府的互动关系

不同于传统媒介单向、线性的传播模式,新媒介例如微博、微信等是一种交互性媒体,它实现了信息的多向、发散传播,"使所有人对所有人的传播"成为现实。人人都是信息的接收者,也是信息的生产者。人们在这种互动关系中,形成了一个不容忽视的讨论域场,这个讨论域场具有强大的政治力量,并最终对政府的决策产生影响,同时,新媒体的互动性也使得政府与民众之间的交流更充分,政府能够准确及时地回应民众的利益诉求,极大地改善了政府的治理水平。

在过去传统媒介传播过程中,政府垄断着话语权,政府与公众间的信息互动方式主要是以政府为主导的一元化传输模式,若仅仅依靠传统的大众媒介,民众难以向政府表达其政治意愿。虽然随着改革开放和市场经济的发展,社会力量不断壮大,政府和民众之间的互动关系得到了一定的改善,但是仍然存在诸多不足,彼此沟通不畅的问题还普遍存在。由于政府机构的垂直设置和公民话语权的缺失,使得公民在与政府对话等受到了多方面的限制,缺乏良性的互动机制,不利于政府与民众之间的沟通和相互信任的建立。有学者说:"在中国传统的全能主义政府背景下,社会中缺乏自下而上的沟通机制,民众的利益表达和利益聚合缺少必要的组织形式和组织通道,因而政策输出与利益需求之间存在较大差距。"①

但是,新媒体的发展在很大程度上改变了民众与政府的沟通状况。截至 2015 年 12 月,中国网民规模达到 6.88 亿,互联网普及率达到 50.3%,中国居民上网人数已过半。② 如此庞大的网民群体已经成为政府治理过程中不容忽视的力量,加之网络技术的改进,如博客、微博、微信等技术手段的出现,为人们与政府互动创造了便利条件。互联网成为政府与民众共享的交流平台,这逐步改变了传统媒介政治传播背景下以政府为中心的互动结构,这些互动方式更为直接,更有利于政府与民众进行沟通和交流,更能倾听到真实的民意。而这种尊重民众话语权前提下的沟通、辩论等理性互动行为,已经逐渐成为政府执政合法性的重要组成部分。借助于各种网络通道与民众互动,不仅表明了中国政府对民意的尊重,更为重要的是它反映了与民众互动方式的革新,更在一定程度上反映了政府与民众间权力结构的变化。

---

① 杨宏山:《当代中国政治关系》,经济日报出版社 2002 年版,第 274 页。
② 中国互联网络信息中心:《第 37 次中国互联网络发展状况统计报告》,中国互联网络信息中心: http://cnnic.cn/gywm/xwzx/rdxw/2015/201601/t20160122_53283.html。

3. 新媒体的扁平化优化了政府治理模式

在新媒体时代下,信息技术的迅速发展,打破了组织内部的层级结构,使社会结构越来越趋于扁平化。个人、组织和社会随着信息资源的共享,变成了一个密切联系的整体。约翰·奈斯比特曾预言道:"不断加强的分散趋势超过了正在消失的集中趋势,改变了社会关系和社会结构"、"新的网络状模式正在取代使我们越来越感到沮丧、失去个性、养成惰性和遭到失败的等级制结构。"[①]

在工业化时代下,政府是管理社会的唯一主体,实行一元化管制型的治理模式,强力支配着民众社会生活的各个方面,牢牢掌握着全社会范围内的信息资源和物质资源。为了更有效地实现政府目标,整合社会资源,维护社会秩序,政府设计出一套严密明确的组织机构,对上至顶层的决策人员到下至底层的执行人员都有着严格规定和细致的分工。在这种治理模式下,政府处于强势状态,民众属于弱势状态。政府与社会公众之间沟通交流面对重重障碍,公民很少参与政府行政权力的运行过程,无法影响与自身利益切实相关的政策制定过程,民众的政治参与活动受到地域与时空的严格限制。

然而,随着互联网的发展,人们的需求更趋复杂多样,信息的传播可以跨越组织和时空界限进行,资源开始深度整合,社会结构趋于扁平化。政府与民众的关系开始重构,并不断凸显社会和民众对于政府的制约能力,公民开始以主人的姿态对政府的治理行为进行审视。由此,建立在民众畏惧心理基础上的管制型政府,其执政合理性受到挑战和质疑,无限政府和全能政府得以存在和运行的基础将不复存在。传统层级式下的一元化治理模式,无法适应社会多元主体协商、共治的需要,政府必须与社会和公民展开分工协作,与社会公众共享信息资源和分享公共权力。同时海量信息下导致的公共事务的复杂化,也要求政府建立一种更为弹性灵活的以电子政府为中心的新型治理模式。在这种新型治理模式下,政府与民众的交互更为频繁和迅速,与民众进行充分的沟通与协商,逐步形成多权威中心间的互动方式,实现政府与社会之间的合作与共治。

三、结　语

近年来新媒体传播的发展对于政府的治理行为产生了深刻影响,无论是政府工作报告的出台、重大政策方针的实施还是法律的修改,都越来越注重对网民意见的征求,这样的做法,被称为新媒体时代下的"新型群众路线"。较之传统的公众参与方式,新媒体时代下的公民参与方式更为直接、有效,更有利于政府与民众进行沟通和交流,更

[①] 约翰·奈斯比特:《大趋势——改变我们生活的十个新趋势》,梅艳译,新华出版社1984年版,第124页。

能倾听到真实的民意,从而为政策最终决策提供有益参考。对面对转型的中国政府来说,这既是一种机遇,也是一种挑战。虽然目前而言,政府在信息传播过程中仍然处于主导和强势的地位,远远没有充分发挥和利用新媒体的政治力量,尚存在许多有待解决的问题,但新媒体的政治传播对政府的冲击和影响已毋庸置疑。为适应时代发展的要求,中国政府尤其是地方政府必须因此对自身的治理理念和方式作出许多相应的调整,借助于互联网增强与民众沟通,转变政府作风,充分发挥网络政治传播的优势用以调整和改善政府和民众关系,提高政府治理效能,这无疑是新媒体时代下政府施政的重要发展方向。

转型期有序引导和培育社会心态的路径

刘 东[①]

在日常话语中社会心态是一个已被广泛使用的概念,它并不能简单地等同于所谓"社会心理状态",但确实影响到人们的精神状态和处世态度。伴随着转型期新的社会矛盾和冲突的产生,特别是现代通讯手段和媒介的迅速发展,使得一系列公共事件通过媒体和舆论发酵,其不仅能以最快速度弥漫到全社会,还使得社会心态呈现出了无序性的特点。一方面,人们对社会公平、公共安全之类的心理预期在增强;另一方面,人们的盲目感、浮躁感、困惑感和不适应感也在增加。经济社会的发展虽然取得了巨大的成就,但是社会心态中的非理性因素和消极因素却没有因此有所减少,还反而因为社会不公等问题的凸显而日益增多。针对这种状况,"十二五"规划纲要曾明确提出要"加强人文关怀,注重心理疏导",要"培育和引导社会心态",可见,社会心态作为社会热点问题所引起的关注。

一、重视心态失衡现象的"转型期"特征

社会心态包含了与人们社会行为密切相关的许多心理因素,其中既有与社会历史文化相联系的较稳定的部分,也有与时代转换、社会变迁相联系的较易变化的部分。在中国,社会心态问题的研究日趋升温,通过目前的检索发现,在期刊标题中有社会心态字样的文章共计1485篇,且有一半以上的文章是2011年以后发表的。纵观国内学术界对于社会心态研究所取得的成果可以看到,研究内容多集中在内涵、特征、影响因素和构建途径等几个方面。有学者指出,社会心态是反映特定历史条件下人们的某种利益或要求、并对社会生活有广泛影响的思想态势或倾向,是以整体面貌存在和流行于社会成员之中、并内化在每一个人身上的精神状态,是指以社会情绪情感、社会态度、社会风气等感性形式表现出来的各种精神因素。[②] 有学者认为,社会心态是通过社会舆论、

[①] 作者在北京社科院哲学所从事研究工作,研究领域涉及文化哲学、环境哲学。
[②] 孙伟平:《论影响社会心态的诸因素》,《吉首大学学报》(社会科学版)2013年第1期。

话语系统、社会风尚和社会习俗等形式表现出来的社会整体意识。① 在国外,法国学者古斯塔夫·勒庞在《乌合之众——大众心理研究》一书中,把社会心态的变化作为一种必要条件放到了社会学的重点研究之中,认为其是观察、记录、理解特定社会变迁的重要窗口,是形成对现实问题基本判断的不可缺少的依据。面对国内社会心态的现状,有学者指出,我国社会心态状况具有积极社会心态与消极社会心态交织增长;社会心态的表达方式和传播手段多种多样;社会心态的调控疏导难度不断加大等特点。② 还有学者指出,群体性事件频发的根源在于社会转型过程中各利益集团矛盾的激化,但归根结底这种驱动力来源于人们的情感或心理,尤其是社会心态。普通群众经历了各种不公平的社会现象,但受社会地位的限制,不公平的社会事实长期得不到有效解决,从而积累了强烈不满的社会心态。一旦有敏感的社会事件发生,这种不满情绪和社会心态就会爆发。尤其是身处新媒体时代,局部性的矛盾经媒体渲染和扩散,形成了规模庞大的群体性事件……群体性事件还反映出普通参与者的从众心态、搭便车心态等一些非正常的心理状态。从社会心态的视角寻求群体性事件的治理机制,能从根源上减少群体性事件的发生。③

应当看到,当前社会处于转型期的变动之中,甚至是一种极为紧迫的转型变动。所谓社会转型,不是某种要素或简单层面的转变,而是整体的全面的结构转换,机制转轨,利益格局的调整,这其中当然也包括人们观念和心理的转变。可以说,从社会生态到社会心态也都会发生一系列相应的改变。社会群体间利益的分化在某种程度上使贫富差距扩大,带来了群体间的价值感分化和心理需求的分化,而利益的失衡又加剧了公众心理的失衡。由于转型期的变化特点,突发事件和偶发事件都在增加,非常态的社会心态更易被激活,而偶然性与非常态都是与无序性相关联的。社会矛盾冲突的积累和尖锐化,使得人们急需寻找发泄口,以此来释放压抑,获得心理上的安慰。社会心理学认为,当人具有某一需要而又渴望获得满足时,就会引起内心的紧张状态,这种内心的紧张导致心理的不平衡,从而促使其去寻求满足这种需要的相应行为。从这里可以看出,现实事态的变化是情绪的源泉,特别是当变化涉及人的利害关系时,而情绪的产生则以人的直接需要作为起点,情绪的性质又是以人的需要能否得到满足作为前提的。如果人的需要得到满足,那么这种紧张与不平衡就会相应消除,不论是兴奋、希望、感激等积极的情绪体验,还是痛苦、惊慌、愤怒、沮丧等消极的情绪体验,都是以人的需要是否得到满足和实现为基础的。可以这样说,人的需要作为核心因素,不仅决定了其情绪的产生,

---

① 王小卫:《从当前中国社会心态看国家与社会关系的重构》,《社科纵横》2012年第8期。
② 薛洪:《重视将社会心态的培育纳入社会建设的视野》,《唯实·现代管理》2012年第1期。
③ 王云飞、刘悦、王效柳:《社会心态视角下的群体性事件治理》,《黄河科技大学学报》2015年第2期。

而且决定了情绪的两极性特征。

　　社会心态作为一种社会群体的态度和情绪,研究它首先应该从对现实具有重大影响的问题入手,由表及里地弄清人们对这些问题所持的态度,究竟是肯定还是否定,抑或是抱着无关紧要的漠然态度;并通过对人们社会情绪的测量,来说明群体心理怎样受到社会舆论环境的影响,同时又是如何影响着社会舆论环境的。从内在的原因看,很多时候人们的需要难以得到满足时,紧张情绪就会持续并且发酵,甚至导致心理失衡和行为失控。从外在的影响看,人们的判断和认识上常常表现出附和公众舆论的趋势;而在一些需要专业知识来解释的问题上,人们又往往倾向于相信某些最先发表意见的"权威"。现实中,某些代表性的"话语"往往能唤醒人们共同的情绪体验,也能表达群体成员共享的内心感受,这就是一种社会情绪,而此时的情绪主体已经不是个人了,其更多地表现为群体成员之间,甚至是不同群体成员之间的互动。社会舆论环境中的不同意见表达和情绪叠加,常常呈现出复杂且失序的状态,这其实也是转型期社会心态特有的一些表现。有学者在分析转型期社会心态的问题时指出,其主要表现就是:失衡与迷茫;浮躁和盲从;不安全感和怀旧心态;心理矛盾与评判标准的二元化。[1] 还有学者通过群体性事件来审视转型期的社会心态,指出,一是由严重的社会不公平、不公正所导致的失衡心态。二是基于阶层分化的社会冲突意识和对立情绪。三是因政府部门公信力下降而产生的社会信任缺失。[2] 也有学者指出,在社会急剧变革时期,有时人会产生出一种弱者心态。这种心态主要表现为严重的依赖心理;内耗;小人勾当;人际关系紧张。从而对人的整个精神状态产生持久的消极影响。[3]

　　转型期社会心态的复杂性不容忽视。心理学研究表明,人有一种分享负面信息的心态,正所谓"负面偏好",也就是说,人往往会更多地注意负面的信息和事物。只有从这一点入手,再具体了解和仔细查找原因,才有可能把消极情绪控制在可承受的范围内。从进化论的角度看,人们之所以有负面偏好的心理倾向,是因为负面的信息和事物对我们的生存和繁衍影响更重大。在日常生活中当人们对一些事物留下不好的印象时,就会把这种印象加在同类上,甚至对该类事物的优点表示怀疑,有意无意地保留负面印象或降低评价。一般而言,人们从负面印象中返回所需要的时间,要比从正面印象中返回的时间长一些,即使是有了正面印象,往往还伴随产生某种理想化的心理倾向和情绪,这种心态会使人们不自觉地提高预期,一旦遇到实际结果与想象不符就更容易产生不满意的体验。因此,在社会上传播的评价信息里,负面的信息往往比例很高,尤其

---

[1] 贾书明:《论转型期社会心态问题的有效疏导》,《山东省青年管理干部学院学报》2005年第5期。
[2] 马广海:《从群体性事件看转型期社会心态》,《中国海洋大学学报》(社会科学版)2012年第6期。
[3] 马秀怡:《和谐社会弱者心态及其调适》,《石家庄职业技术学院学报》2009年第3期。

是借助网络平台分享负面信息的人群要比分享正面信息的更多。在世界各地的新闻中,一般也是坏消息比好消息多。由于人们会更注意和传播某些负面信息,舆论环境也就更容易转化成负面社会心态的环境。人们之所以关注负面信息,在某种程度上是因为产生了认同感;人们之所以有一种分享负面信息的心态,则是因为有情绪宣泄的需要。2010年,著名市场调查公司美国尼尔森公司曾发布一份亚太各国网民的用户习惯报告,中国网民发表负面评论的意愿超过正面评论,约为62%,而全球网民的这一比例则为41%。此后,中国青年报社会调查中心的调查显示,41.3%的中国网民明确表示"认同"尼尔森公司的这一调查结果。41.9%的网友认为批评性言论更有价值;35.6%的网友认为负面评论多表明中国网民维权意识增强。① 这也在一定程度上说明,转型期心理资源上的负资产是不容忽视的。

二、信息时代对社会心态打上的烙印

随着现代通信技术发展和以互联网为代表的新兴媒体的普及,带来了传播方式的变革和舆论格局的深刻变化,越来越庞杂的信息日益渗透到社会生活的各个角落。人既是信息的接收者,也是信息的传播者和加工者,信息流动所具有的信息量大、离散程度高、信息源广、各种信息处理方式多样化等特征,也已经在很大程度上影响到社会心态的稳定。社会转型期人们需求的变化以及利益格局的复杂化,又进一步推升了人们的怀疑态度和盲目心理。一些非理性情绪的传递,不仅可以发动和促成破坏人们正常认知过程的行为,也常常会形成负面的舆论压力与更多的思想混乱。通常来说,通过各种渠道得到的信息信号,是影响人们认知、情绪和行为的重要因素,也是人们获取归属感、支持感以及受到压力产生焦虑的重要原因。在一般情况下,有效的信息资源如同许多社会财富一样,是一种稀缺资源。在媒体网络等公共渠道中,由于受到广告等商业因素的污染以及媒体加料炒作的诱导等,许多无用的信息被大量植入,网络搜索也经常被竞价排名所覆盖,有效信息资源的真实作用和意义经常难以被识别和认可,而过多的附加内容甚至会让人们产生种种疑虑。在2015年的央视3·15晚会上,由《企鹅智酷》针对广大中国网民发布的一项调查显示,在10万名参与调查的消费者中,86.3%的用户表示,自己遭遇过手机预装垃圾软件的烦恼,这些预装的无用软件所推送的信息令人不堪忍受。

一般说来,人的情绪是由所处的信息环境与其主观意愿之间产生某些联系之后发

---

① 《中国青年报》2010年8月3日。

生的,因此,由于人们所处情境之中信息的污染和关键信息的不对称,引起心态上的混乱和失衡应该是一种常态。还有,不断产生的社会矛盾和冲突,也使人们在内心积累了许多负面的体验和情绪,一旦遇到一些诱因,就容易爆发。在网络与手机结合日益明显,微博微信成为最活跃的媒介的情况下,某些评论和意见虽然并不一定源于公众情绪,但是却能点燃激烈的公众情绪,促成一些极端行为和事件。应当说当前社会心态中最突出的情绪就是不公平感,而贫富差距的增大就正是一个打破以往稳定和秩序的突出问题。在现实中,许多人没有快速致富,不能尽快改变自己的困境,在与他人的攀比中更容易产生失落感和相对剥夺感,这时正常的利益期待就会逐渐演化成为消极的社会心态。复旦大学传播与国家治理研究中心发布的《中国网络社会心态报告(2014)》中,将近年来关注较多的社会议题归纳为反腐、房价、收入分配、环保、户籍、医疗、食品安全、就业、教育、养老、民族、宗教等12项。在对1800位网络样本用户进行统计分析后的数据显示,不公平感和不安全感是现今社会相对广泛的负面情绪。网络用户中,持有不公平感、不安全感的用户分别占44.7%和41.3%。在不同年龄层次中,进入中年的70后"不公平感"最强,51.2%的70后表现出或强或弱的"不公平感",社会底层群体的"不公平感"和"社会不安全感"最为强烈。商界精英与高资产人士成为"不安全感"的第二大群体,占45.8%,财富两极人群均表现出较强的焦虑情绪。当现实与人们的期待之间存在着差距时,往往会产生不公平感和相对剥夺感。特别是处于社会底层的群体,在转型期的社会变局中,与上层的群体相比较并发现自己处于劣势时,更容易产生这种不公平感和相对剥夺感,而这类情绪会成为一些对抗情绪和社会问题产生的根源。贫富差距不仅体现为近些年来高位徘徊的基尼系数,也已经是被社会公众所切身感知到的现实。可以这样说,较大的贫富差距状况,就是猜疑情绪、冷漠情绪、怯懦情绪、嫉妒情绪、逆反情绪等负面社会心态重要的"应激源"。

在现实中,网络和自媒体的发展使人们的眼界更开阔了,言论的自由度更大了,与此同时,影响情绪的事情也更多了,以至于不满情绪也在不断增加。在社会热点问题的讨论和流行话语中,信息的失真、心态的失衡、意见的失当以及行为的失序之间几乎形成了链条。特别是一个时期以来,自媒体方式的泛滥,使得信息来源更加杂乱,人们的盲目感和不信任情绪在事件的后续效应中不断扩散和发酵。而针对某些突发情况的焦虑感经常在短时间内难以得到及时平复,这也造成人们的安全感遇到了挑战。必须承认,社会心态的失衡与行为的失序代表着某些不确定性,代表着社会上怀疑的态度和不信任感的积累和增加,这既是社会整体从以政治为核心到以经济利益为核心建构秩序的一种变化,也是社会转型和现代化过程中社会心态变化的必然现象。英国学者齐格蒙特·鲍曼曾指出:"只要存在分为秩序和混乱,它便具有了现代性,只要存在包含了秩序和混乱之抉择，它便具有了现代性。"①在当今，社会心态所对应的是社会整体和各类群体，而各类群体大多是由利益凝聚而成的，共同利益聚合为一个群体，不同的利益分化为不同的群体。利益的背后反映出的是各类人群的现实需要。与此同时，群体成员之间的相互影响、相互作用也形成了相对稳定的情绪体验。这种情绪性的心态具有某些强烈的群体认同，群体中的一些人可能由于种种不同的原因，在一定程度上对其他人产生心理上的联系，产生同情，并在情绪上引起共鸣，在价值感上产生共识。而探究社会情绪基调背后的深层次原因，就要细分人们内心体验和表达的时间与场合，就要区分是偶发事件中的情绪体验还是比较稳定的社会价值认同，就要了解事态背后人们的各种需要以及根本利益的满足状况，及时梳理不断复杂化的利益诉求。

值得引起重视的是，扩大负面社会心态的另一种倾向即"贴标签"式的认知和表达方式，而更为严重的是现实中许多人已经习惯了这种粗暴的方式。从立场到身份，从阶层到人群，从是非判断到道德评价，面对事物预设立场，进行"一刀切"式的套用。从传播效果看，"贴标签"这种简单化的认知和表达方式，具有较强的定性导向的作用，人们接受看法时，只需知道"是什么"，而不用知道"为什么"，这样就会在心态和行为等方面无形中都会发生微妙的变化。"贴标签"的情绪体验甚至还能强化使用这种方式的人的某些价值认知，导致实际评价夸张的后果和影响。在网上论坛或媒体上的一些"标题党"就经常制造这样的效果。一些缺少善意的"标题党"，为了吸引眼球、增加访问量、提高点击率，别有用心地使用带有刺激性的色情标签、暴力标签、弱智标签、道德标签、敏感问题标签等，在阅读心理上影响受众的判断。这种现象导致的结果是，一方面催生了过高的欲望期待和不满足心态，另一方面则使人们错过了真正有价值的信息，造成"狼来了"的焦虑效果。近年来社交媒体的迅速发展，使得"标题党"的现象更加泛滥，"尺度"越来越大，辐射面也越来越广，而在一些即时性、突发性的新闻报道中，媒体的主办方也常常强调，导语必须要以惊悚的手法直接抓住读者眼球。一些"标题党"的做法非常低劣，国外的新闻分类甚至把"标题党"归为点击引诱新闻的类型。"贴标签"和"标题党"的手法，以其粗暴定性误导了公众的认知，对社会心态造成了严重的负面影响，这是需要引起强烈关注的。因此必须强调，一定要用相应的法律制度规范舆论环境，用自适应控制方法尽快过滤有害信息，才可能减少舆论对负面情绪的助推。

三、梳理和疏导都切忌简单粗暴

规范化、有序化是一个社会健康发展的必要前提，即使是在社会激变、矛盾叠加的

---

① 齐格蒙特·鲍曼：《现代性与矛盾性》，邵迎生译，商务印书馆2003年版，第159页。

转型时期,有序性也是社会生活中不可缺少的。美国学者亨廷顿在《变革社会中的政治秩序》中就曾指出,"现代性孕育着稳定,而现代化过程却滋生着动乱。"[①]社会心态从不适应到逐渐适应,从矛盾冲突到理性包容,从消极到积极本身就是一个经过无序、混乱和自洽的过程,而分析和引导社会心态的过程则是一个需要有序和自觉的过程。在影响正常秩序和社会稳定的因素中,消极和负面的情绪基调往往是隐藏在各种公众意见背后的,也往往是弥散在一个时期当中的。这些是与人们的社会体验相联系的,因为情绪与认知是带有因果性质和互相伴随而产生的。一方面,人的情绪可以严重影响人的认知过程和社会行为,另一方面,人的认知也可以转移或改变人的情绪和体验。也就是说,当人的疑惑和盲目感增加时,人的心绪就会产生混乱,甚至行为的有序性就开始被破坏了。2011 年 7 月中国社会科学院社会学研究所发布的第一份关于社会心态研究的年度报告中就指出,当前社会上一种值得注意的心态就是"怨气",这种消极和负面的情绪对人们的社会感受、行为倾向和心理调适等方面造成困惑和压力。还有,近年来食品、医疗、环境安全问题的凸显,使人们的安全感、风险感、信任感等遭到一次又一次的挑战,严重影响了人们对正常生活秩序的信心和满意度。而当消极和负面的情绪基调达到一定的比例时,许多消极的暗示和潜意识就会代替正常的思考和判断。

　　应当明确,及时觉察和发现消极因素是疏导工作的起点,也是健康心理建设的开端,但是也必须强调方式方法的恰当性。在现实的舆论环境中,一些正面宣传的刻板与强势,往往会让人们对所谓的正面和官方的信息抱有怀疑的态度,对于某些事件的解读也会出现完全不同的结果。特别是要看到,经过各种"运动文化"的洗礼,动员公众情绪起来支持什么或反对什么的方式早已失灵了,今天人们的心态变得更加复杂多元,甚至还出现了所谓"情绪反向"的变化特点。主流媒体的舆论输出主要是为宣传中国共产党和政府的方针政策,为传播社会主义核心价值观等任务服务的,以往这种方式经常忽视了当下人们的内在状态和体验,而更多表现出的是一种单向输出,严重缺乏对广大受众情绪激活之后的互动,从而变成了一种自说自话,最终也没有收到预期的效果。另外,又由于政策规定和领导意志,以及层层申报批示的程序过程,使来自官媒的信息在时效性、客观性甚至真实性等方面都有所损益。不仅如此,由于流变的社会心态往往影响到不同人群看问题的角度和立场,这就使得普通人的价值观与执政者所倡导的价值观之间并不一定是一致的,有时还会产生严重的错位。因此必须强调,社会心态的基础和内核是人们的内在需求和根本利益,而有序有效疏解心理问题最终就要落实到保障安全、满足需求与解决利益问题上,这其实也是衡量社会发展的重要指标。要将多样化

---

① 参见萨缪尔·亨廷顿:《变革社会中的政治秩序》,王冠华译,上海世纪出版集团 2008 年版。

的、无序的诉求和矛盾合理的归因,逐渐转化为清晰的问题和有序的思路,并且找到恰当的信息处理方式。实际上,当转型期的社会变化与人们的预期产生不一致甚至是严重矛盾的时候,人们迫切需要得到合理的归因,需要得到来自社会道义的支持和社会支持系统的帮助。

从适应变化、包容变化,到预测变化、控制变化,是了解社会心态的有序过程,同时也是疏解负面心理、走向理性平和的过程。马斯洛的需求层次理论认为,人的需要是由低向高逐步发展的,较低层次的基本需求得到满足后产生较高层次的需要,基本需求得不到满足就难以产生较高层次的需要,而个体的心理需求属于较高层次的发展需求。当然,社会发展的目的并不只是从个体需求出发,也不仅是限于个体需求的满足,而是有更加广阔的社会价值取向,并且是一个追求排除了个体活动的不确定性的有序过程,是一个通过人们共同遵守的秩序和共同认可的价值来保障需求得到满足的过程。而当制度安排存在缺陷时,社会心态就会出现偏差和对抗,群体之间的合作与互惠就难以形成,因此,还要尽可能使各项规则与制度之间有序化。正因为如此,社会治理就不能只是物质环境的治理和社会关系的改善,还要强调在精神层面优化人们的心理环境。只有在人与人之间通过制度建立稳定的信任关系的情况下,人们才可能在心理上积极认同并且融入秩序,而不只是各有心机的相互利用或得过且过地凑合在一起。引导和培育积极健康的社会心态,是对转型期社会治理提出的新的要求,需要更多人的理性实践和有序参与。健康的心理建设还要进一步跨越利益问题,注意修正极端性思维方式,以增加包容性和心理弹性。还要畅通信息传播渠道,积极寻找合理因素使人们去变通对逆境现象的理解,拓展人们健康向上的情绪,从而有助于推动社会理性的不断增长。从有序和可控的角度看,通过对社会心态的准确把握,能够从一个侧面去深刻了解社会变迁过程;同样通过对社会心态的引导和培育,也能够有助于积极推动经济社会改革发展的顺利完成。

关注"塔西佗陷阱"与重视相关的负面社会心态

刘 东[①] 丁 青[②]

信用不仅是现代市场经济的重要支撑点,信用关系也是维系各个市场主体之间经济关系的重要纽带。在当今,信用缺失仍是中国经济社会发展中突出的"软肋",更是互联网发展中突出的"软肋"。面对信用缺失、社会信任度降低等一系列问题,亟需从转型期国家治理的实际出发,修复政府公信力,修复由于各种原因导致受损的官民关系、警民关系、医患关系等。要认真分析产生负面社会心态的复杂原因,主动引导和培育积极健康的社会心态。而以公平感、信任感等为代表的社会心态,不仅是增强民众社会认同感和归属感以及凝聚力和向心力的基础,其本身也是社会公平正义的重要体现。

一、不信任感增多的态势不容忽视

社会心态是社会的晴雨表,社会心态的状况不仅影响着对幸福的度量,也影响着现实的社会环境。有学者认为,社会心态是在一定时期的社会环境和文化影响下形成的,社会中多数成员表现出的普遍的、一致的心理特点和行为模式,并成为影响每个个体成员行为的模板。[③] 有学者指出,社会心态是指在同样社会环境下生存的社会民众成员对现实社会存在的普遍心理反应、心理感受和心理评价。[④] 还有学者则认为,社会心态是与特定的社会运行状况或重大的社会变迁过程相联系的,在一定时期内广泛地存在于各类社会群体内的情绪、情感、社会认知、行为意向和价值取向的总和。[⑤] 社会心态具体反映了特定环境中人们的某种利益诉求,对社会生活有着广泛影响,也间接或直接地影响着经济社会的发展。特别是改革过程中不断出现新情况、新问题,有时触及甚至

[①] 作者在北京社科院哲学所从事研究工作,研究领域涉及文化哲学、环境哲学。
[②] 作者在北京行政学院从事科研和教学工作,研究领域涉及历史哲学和中西文化比较。
[③] 王俊秀:《关注社会情绪,促进社会认同,凝聚社会共识——2012—2013年中国社会心态研究》,《民主与科学》2013年第1期。
[④] 李霓:《从执政党执政视角直面社会心态建设》,《毛泽东思想研究》2011年第5期。
[⑤] 马广海:《论社会心态:概念辨析及其操作化》,《社会科学》2008年第10期。

损害了某些人或某些局部的利益,比如城乡居民收入差距、东中西部地区居民收入差距、高低收入群体的收入差距,以及一些不合理、不合法现象所导致的贫富差距、身份差距等,都直接影响着社会心态,影响着人们的社会安全感、信任感、认同感和社会支持感,也直接影响着人们的正义动机。

贫富差距过大、经济正义供给不足,必然会使人们感觉不公平,使社会心态失衡或者恶化,使一些消极情绪不断滋生蔓延,导致对公权力的不信任,甚至对制度丧失信心。据一项调查显示,一个时期以来社会信任度持续降低。根据《中国社会心态研究报告2012—2013》调查显示,中国社会的总体信任度值得关注,不信任现象很多,具体表现有:患者质疑医生的仁心;消费者怀疑经营者的商德;群众不把干部的承诺当真;官员往往疑虑百姓的理智;穷人只信为富不仁;富人担心人穷生祸;帮人的随时提防讹诈;受助者担心误入陷阱。总之,不信任问题必须引起足够重视。[1] 尤其是近年来,一些地方政府在突发事件处置中或因掩人耳目,推卸责任而避重就轻,置事实于不顾;或因应对匆忙,调查不深而草率发布,还原不了事实真相;或因重视不够,方法简单而后续乏力,结果难以让人信服。一些地方政府或政府职能部门公信力严重缺失,导致在众多突发事件应对中官方说官方的,公众说公众的。使一些原本并不复杂的问题在舆论"拉锯战"中变得更加扑朔迷离,继而衍生出无数版本,让一些地方政府在始料未及中穷于应付,甚至被舆论牵着鼻子走。在真实结论普遍不被接受的情况下始终处于被动应付的境地,极少数的突发事件还由此演变为相当规模的群体性事件或者恶性事件。[2] 对于此类现象,西方政治学早就有一个"塔西佗陷阱"的著名定律能够说明,即当政府部门失去公信力时,无论说真话还是说假话,做好事还是做坏事,都会被认为是说假话做坏事,"都会同样得罪人民"。

还有一个不容忽视的问题是,由于计算机、网络以及视频技术的普及和发展,加速了社会生活信息化;信息作为可以共享的社会性资源,已经成为了人们精神生活中不可或缺的一部分。然而,一方面一些人已经在很大程度上严重依赖网络,一方面网络的迅速发展又几乎是在无序状态下自由进行的。在目前的"网络社会"中,可以看到许多目的不一致、利益彼此冲突以及态度非常相左甚至恶性相斗的现象,有的人利用网络污辱攻击诽谤他人;有的人利用网络散布虚假信息,危害公共安全等,而所谓的"话语霸权主义"又使许多信息渠道传不出真实的声音。一些媒体和信息系统对信息的录入、信息的更新以及信息资源的深加工,缺乏法律意识和行业规范,一些操作人员或媒体从业

---

[1] 高媛、李丹:《强化利益多元下健康社会心态的培育》,《共产党员》(河北)2015 年第 17 期。
[2] 何伟:《政府公信力缺失是最大的危机》,《安庆晚报》2013 年 3 月 25 日。

人员的个人素质不高,一些政务诚信的缺失更是影响到了民众对政府的信任。可以看到,目前一些官方发布的信息、统计数据或者对公共事件的解释往往遭到社会普遍的质疑或嘲讽,如"被增长"、"被平均"、"被代表";一有年轻干部被提拔,立刻就怀疑是"官二代";官方释放的善意则往往被解读为"作秀"。"台上反腐败、台下搞腐败";"左手拿现金、右手拿先进";"上有政策,下有对策";"数字出官,官出数字";"讲成绩层层加码,谈问题级级克扣"……社会上流传的这些段子虽有偏颇之处,但也值得关注和思考。一项大型调查显示,71.8%的受访者确认身边普遍存在习惯性质疑者,41.1%的人坦言自己就有"习惯性质疑症",而习惯性质疑的对象有一些指向公权力。① 还有学者指出,通过调查发现:人际不信任的影响面广。只有不到一半的人认为社会上大多数人可信,不需要小心提防,但如果这个人是陌生人,那么信任的比例更少到只有2到3成。对多数人的不信任使得每个人都生活在谨慎和不安的相互提防中。要防止这种相互的不信任固化为我们的社会性格,以至形成一种不信任文化。②

　　应当看到,当今中国无论在经济领域还是政治领域都面临着更加复杂的局面。针对公信力下降或丧失所带来的中国目前的一些社会现状和社会心态,有学者指出:政府公信力的缺失是最大的危机,绝不是危言耸听。修复政府的公信力,已经到了必须要上升到维护改革稳定的大局上来,科学分析、统筹解决是迫在眉睫的时候了。应当看到,民众不愿、不敢或者根本不相信政府,固然有多种原因,但是最应引起警觉的是一些地方政府或政府部门在处理事务特别是处理突发事件的过程中严重失信。"一次失信,终身难信",一些官员不仅自身从此难以得到民众的谅解和认同,失去民心,还殃及了政府普遍公信力,使政府形象严重受损。调查显示,社会总体信任水平进一步降低。社会不信任进一步扩大化、固化,已经成为群际冲突、社会矛盾的温床,表现为官民之间、警民之间、医患之间、民商之间等主要社会关系之间的不信任,也表现在不同阶层群体之间的不信任。普遍的社会不信任已经成为许多社会性事件发生的培养基。社会的不信任导致社会冲突的增加,社会冲突又进一步强化了社会的不信任,社会信任陷入恶性循环的困境中。近年来,一些地方强拆民居,农村基本公共服务缺失,政府管理上一些信息、政策不公开、不透明等,当然会使部分人产生不信任感。不诚信的现象在其他领域的存在也导致了人们的不信任感,比如企业、个人诚信的缺失等,所有这些与我们的法制不健全、社会信用伦理制度不健全有着直接的关系。③

　　当今,在国家治理现代化的过程中,必须强调,诚信是法治政府的基本原则,事关政

---

① 周望、孔新峰:《深耕"政无信不立" 避免"塔西佗陷阱"》,《光明日报》2014年10月11日。
② 王俊秀:《当前社会心态的新变化》,《北京日报·理论周刊》2015年11月30日。
③ 徐永健、吴昊:《当前社会心态存在的问题及对策》,《青年与社会》2015年第1期。

府公信力,而其根本就在于权力制约,其重点就在于失信惩戒,其关键就在于制度落实。在相关方面我们也确实有过沉痛的教训。新中国成立后不久,由于中国共产党对在执政条件下如何正确有效地领导意识形态工作还缺乏足够的经验,对意识形态发展的特殊规律也缺乏清醒的认识,因此,在实际工作中出现了一些问题,造成社会信息的反馈渠道趋于单一,社会信息的内容比较单调,多侧面、多角度的社会舆论被统一的宣传口径所代替。这些问题的存在,不仅使社会舆论不能有效地发挥人民群众的监督作用,而且还使一些有价值的信息被掩盖起来,甚至造成信息失真,并进而导致有关部门决策失误。比如"大跃进"运动中虚报瞒报和浮夸之风盛行,就在一定程度上掩盖了国民经济的真实情况和潜伏的危机,使最高领导层不能作出准确的判断。还比如,"文化大革命"开始后,各种舆论工具所传播的内容一般就是"左"的错误路线、方针、政策,以及这些方面的"典型事例"。在这一时期,人民群众失去了起码的知情权和发言权,既无法从正常的信息渠道了解国内外的真实情况,也无法通过舆论工具表达自己的真实愿望,与此同时,"假、大、空"谎言更是比比皆是,即便是"内参"之类保密程度较高的内部刊物,也难以真实地反映各地发生的实际情况。国家政治生活缺乏必要的公开性和透明度,人们只能靠揣摩"小道消息"来分析、判断国家的政治动向,社会呈现出了舆论的高度一律与充斥社会各个角落的"小道消息"畸形共存的局面。之后,更是出现了信仰缺失,理想虚无,盲目怀疑,什么都不信等现象。这些教训都是十分深刻的。

二、积极健康的社会心态有利于建立社会共识

严重的社会不公平、不公正所导致的失衡心态,基于阶层分化的社会冲突意识和对立情绪以及因政府部门公信力下降而产生的社会信任缺失,[1]一系列负面社会心态影响了经济社会的发展,影响了党群关系,对执政党提出了严峻的考验。在党的十七大报告中有8处都提到风险,在纪念党的十一届三中全会召开30周年大会上的讲话中,胡锦涛又12次提到风险。党的十七届四中全会通过的《关于加强和改进新形势下党的建设若干重大问题的决定》中,更是首次明确提出要"应对国内外各种风险和考验",号召全党居安思危,增强风险意识。在党的十八大报告中则进一步提出,"不断提高党的领导水平和执政水平、提高拒腐防变和抵御风险能力,是党巩固执政地位、实现执政使命必须解决好的重大课题。"2014年3月18日,习近平在河南省兰考县委常委扩大会议上还曾提到了著名的政治学定律"塔西佗陷阱",指出:当公权力失去公信力时,无论

---

[1] 马广海:《从群体性事件看转型期社会心态》,《中国海洋大学学报》(社会科学版)2012年第6期。

发表什么言论、无论做什么事,社会都会给以负面评价。习近平说:"我们当然没有走到这一步,但存在的问题也不可谓不严重,必须下大气力加以解决","如果真的到了那一天,就会危及党的执政基础和执政地位"。现实表明:作为一个执政党,必须与时俱进,努力促进本国经济社会的平稳发展,没有发展,任何政党、政府都终将垮台;而只偏重经济发展,忽视社会公平正义,忽视政府公信力,也不可能有稳固的党群关系。因此,作为执政党必须高度重视社会心态,重视民心所向,以争取最广泛民众的支持和拥护。

人是环境的产物,人的心态与复杂的环境相互作用。社会心态既不是多变的个体情绪,也不同于较高层次的社会理想。而了解社会心态的变化,了解民众的需求、愿望、满意度和预期等,是把握人心向背,正确判断形势,保持社会有序和稳定的重要前提。应当注意到,影响社会心态的因素有内在的也有外在的,有历史的也有现实的,关键在于经济社会发展是否提供了一种让人们普遍感到公平的社会心理基础。在2015年11月30日《北京日报·理论周刊》上发表的《当前社会心态的新变化》一文中指出:群体间的不信任可能固化。表现为医患之间、民商之间等许多主要社会关系之间的不信任,也表现在不同阶层群体之间的不信任。在2011年的社会信任调查中,我们发现民众对政府机构、政法机关的信任度不高,对广告业、房地产、食品制造、药品制造、旅游和餐饮等行业的信任度低。根据对发生的舆情事件的分析,地方政府的粗暴强征、强拆成为排在网络第一位的维权事件,涉警涉法事件紧随其后。不同社会关系下的信任也扩展到跨越这些关系的不同社会阶层之间的不信任,特别是贫富之间的不信任。[1] 另据一项发表在2015年第36期《人民论坛》上的调查显示:占比最多的农民、农民工、国企下岗工人、失业人员等,抱怨贫富差距过大;中等以及中上收入群体,公平感最低,根本原因就在于他们有更高的社会参照群体,有更敏锐的社会洞察力,有更强的相对剥夺感。因此,虽然财富的绝对值在提升,然而比较之下,除了生活于社会金字塔顶端的权力、富裕阶层外,其他各职业阶层、各收入阶层,均存在着程度不一的不公平感,这是当前很多社会负面情绪的源头。[2] 政府的决策和一些公共政策不够公开透明,公众权益得不到切实保障,社会离实现公平正义尚有距离;一些官员以权谋私,贪污腐败;一些职能部门的决策缺少法治化、民主化,一些政府官员"不作为"、"胡作为"等,都使民众产生了不公平感和不信任感以及不安全感,"而这种社会不信任已经成为许多社会性事件发生的培养基……其结果是,社会的不信任导致社会冲突增加,社会冲突处理

---

[1] 王俊秀:《当前社会心态的新变化》,《北京日报·理论周刊》2015年11月30日。
[2] 朱力、朱志玲:《当前社会心态的特点及变化趋势》,《人民论坛》2015年第36期。

不当又强化了社会的不信任,社会信任进一步陷入困境中。"①由此可见,在当今中国,尽快在分配领域实现公平正义,让人民共享发展的成果,已经成为社会转型期的一项重要任务。

谈到政治现代化问题,西方学者亨廷顿认为包括三个基本方面:第一,权威的理性化,即由单一的、世俗化的、全国性的政治权威,取代各种传统的、宗教的、家族的或种族的政治权威。理性化的权威对外坚持民族国家的主权,以抵制外国的影响;对内坚持中央政府的主权,以控制地方性和区域性权力。因此,政治现代化意味着国家的整合,把权力集中于公认的公共机构手中。第二,政治现代化包含着政治功能专门化。各种专门职能部门,如立法、军事、行政和科学,都应由专门化的机关去执行,应从政治王国中分离出来。科层组织变得更精密、更复杂、更有纪律性。职位和权力的分配越来越以个人成就为标准。第三,政治现代化包含着全社会各阶层广泛地参与政治。在现代国家中,不管是动员性参与还是自主性参与,公民已直接置身于各种政府事务中,并直接受其影响。整个社会的各个阶层或团体在超于村镇层次上参与政治,以及创立能够组织这种参与的新的政治制度(如政党、政治社团),这些是政治现代化的最基本要素。亨廷顿认为,要达到政治现代化的三个标准,必须首先满足两个前提:一是国家适应能力增强,不断地推动社会的经济改革;二是国家有能力将新生的社会力量纳入制度之内。这就是说,衡量政治现代化的总的原则就是合法性政治、有限政府和民众的广泛参与。② 合法性政治依赖民众的广泛参与,而民众广泛参与的前提就是民众要有知情权,民众要信任公权力。在2013年召开的国务院常务会议上提出要"研究部署进一步加强政府信息公开工作","各级政府和部门都要主动回应社会关切,在重要政策、法规出台后,应通过多种方式做好科学解读,让公众更好地知晓、理解政府经济社会发展政策和改革举措;对重要舆情和社会热点问题,应积极回应、解疑释惑,并注意把人民群众的期盼融入政府决策和工作之中。"政府部门必须牢固树立"想群众之所想、急群众之所急"的为民服务意识,积极改进工作作风,实行阳光政务,使政府信息的公开真正成为新常态。政府部门在回应公众的要求和疑问时,要秉持诚信原则,实事求是地向民众说明情况,既不能封锁消息,暗箱操作,也不能互相推诿,不负责任。

要发展,更要稳定的发展,保持稳定是国家治理的突出特征。中国在经济增长方面的成就有目共睹,但是在快速推进市场化同时,竞争性、多元化以及急剧性的变化所产生的矛盾冲突也越来越多。用传统的眼光看问题,用"头痛医头、脚痛医脚"的应对方

---

① 王俊秀:《当前社会心态的新变化》,《北京日报·理论周刊》2015年11月30日第19版。
② 萨缪尔·亨廷顿:《变革社会中的政治秩序》,王冠华译,上海世纪出版集团2008年版,第35—37页。

式,难以从根本上解决问题,消除矛盾。在全面深化改革的过程中,必须把握好改革、发展和稳定的关系,认清稳定是发展的内在要求。十八届三中全会公报中指出,"必须更加注重改革的系统性、整体性、协同性",而"科学的宏观调控,有效的政府治理,是发挥社会主义市场经济体制优势的内在要求。"治理一个现代国家,不仅要看经济发展的数字,而且要看社会和谐与稳定的程度,要看国家制度的现代化程度。在特定的历史时期,如何处理好眼前利益和长远利益、局部利益和全局利益、个人利益和国家利益的关系,并集中力量解决主要矛盾;如何全面处理好改革、发展和稳定的关系;如何牢牢抓住经济建设这个中心,不断积累、持续发展、加快转变经济发展方式;如何不断解放和发展社会生产力,实现好、维护好、发展好人民群众的根本利益;如何统一协调行动,集中力量有效应对境内外恐怖主义的威胁,维护国家安全,确保人民安居乐业、社会安定有序等,都直接反映中国政府治国理政的水平,特别是运用国家制度管理社会各方面事务的能力。2013年在接受金砖国家媒体联合采访时,习近平说:"这样一个大国,这样多的人民,这么复杂的国情,领导者要深入了解国情,了解人民所思所盼,要有'如履薄冰,如临深渊'的自觉……",所有这些都要求政府和相关部门,必须了解人民所思所盼,及时掌握社会心态的最新动向,认真研究负面社会心态产生的根源,花大气力从源头上防止社会心态的进一步恶化。

任何社会都会出于某种需要,提出能够集中体现现实社会主体的理想、愿望和需求以及利益等的核心价值。在古代中国,"礼义廉耻,国之四维"以及"仁义礼智信"、"恕庸忠孝悌"等儒家礼教思想,逐渐成为了维系社会秩序和稳定的核心价值,这其中都强调了信义、信用、诚信。荀子曾经说过:"诚信生神,夸诞生惑。"[①]就是说诚实守信可以产生神奇的力量,而虚夸妄诞则会发生社会动乱。在儒家经典《礼记·大学》中,更是把"诚"从做人之道延伸为治世之道,使其成为道德内养与外成的关键。社会环境是社会认知的起点,社会认知的水平决定着社会心态的差异。一定的社会心态反映出一定的价值偏好。在今天,尤其要加强网络信用体系建设,规范网络信息传播秩序,完善网上舆论引导与社会心态的整合。要争取实现社会心理调控的良性状态,预防和避免恶性状态,积极促进中性状态向良性状态的转化。要从民众的社会心理感受与情绪基调等方面了解其普遍接受的价值共识。还要强调,民生工作既要满足民众衣食住行等生活需求,也要重视其社会性需求;建立制度层面的社会信任机制,摆脱社会信任困境;保障中低社会阶层的权益,关注弱势群体,用社会公平淡化阶层意识;关注社会情绪,消解

[①] 参见《荀子·不苟》。

负向情绪,积聚情感正能量;从建立共享的价值观开始,逐步建立社会共识。① 此外,一定要注意认真分析负面心态和心理失衡的复杂原因,了解从众心理与群体效应所形成的传播环境,主动引导和培育积极健康的社会心态。只有这样,才可能不仅在心理层面消解各种不良的社会情绪,也在政治、法律和道德等层面站在了推进国家治理现代化的制高点。

---

① 王俊秀:《关注社会情绪,促进社会认同,凝聚社会共识——2012—2013年中国社会心态研究》,《民主与科学》2013年第1期。

责任编辑:杜文丽
封面设计:汪 莹

图书在版编目(CIP)数据

中外人文精神研究.第九辑/杜丽燕 主编.—北京:人民出版社,2016.9
ISBN 978-7-01-016844-9

Ⅰ.①中… Ⅱ.①杜… Ⅲ.①人文科学-世界-文集 Ⅳ.①C53

中国版本图书馆 CIP 数据核字(2016)第 246105 号

中外人文精神研究

ZHONGWAI RENWEN JINGSHEN YANJIU

第九辑

杜丽燕 主编

人民出版社 出版发行
(100706 北京市东城区隆福寺街 99 号)

北京中科印刷有限公司印刷 新华书店经销

2016 年 9 月第 1 版 2016 年 9 月北京第 1 次印刷
开本:787 毫米×1092 毫米 1/16 印张:13
字数:275 千字 印数:0,001-3,000 册

ISBN 978-7-01-016844-9 定价:47.50 元

邮购地址 100706 北京市东城区隆福寺街 99 号
人民东方图书销售中心 电话 (010)65250042 65289539

版权所有·侵权必究
凡购买本社图书,如有印制质量问题,我社负责调换。
服务电话:(010)65250042